Elīna Garanča

Zwischen den Welten

Elīna Garanča

Zwischen den Welten

Mein Weg auf die grossen Opernbühnen

Aufgezeichnet von Ida Metzger
und Peter Dusek

ecowin

FSC
www.fsc.org
MIX
Papier aus verantwortungsvollen Quellen
FSC® C014138

Bei diesem Buch handelt es sich um eine erweiterte und aktualisierte Ausgabe von »Wirklich wichtig sind die Schuhe« (2013 bei ECOWIN erschienen).

2. Auflage 2021

Satz: MEDIA DESIGN: RIZNER.AT
Redaktion Anhang: Helga Kostka
Gesetzt aus der Minion Pro, Goess Font, Trajan Pro
Umschlaggestaltung: s-stern.com
Printed by Finidr, Czech Republic

ISBN 978-3-7110-0233-4

Ich widme dieses Buch all jenen, die immer an mich glaubten, die mich himmelhoch jauchzend und zu Tode betrübt täglich begleiten und trotzdem immer lieben – und das ist vor allem meine Familie. Ohne sie wäre mein Glas nur halbvoll und ich nur eine halbe Person!

INHALT

I
ZWISCHEN KUHSTALL UND MUSIKSALON

Opernstar. Diva. Stimm-Malerin. Kühle Blonde aus dem hohen Norden – Beschreibungen, die in den letzten Jahren mit meinem Namen verbunden wurden. Mein Selbstbild ist jedoch ein anderes. Die Elīna Garanča von der Bühne hat wenig mit der privaten Elīna gemein. Ich sehe mich nicht als Künstlerin im Stil der legendären Diven aus dem vergangenen Jahrhundert, die auch am Tag nach der Vorstellung ihre Rolle vom Vorabend weiterlebt. Die Bühne ist für mich etwas ganz Besonderes. In Lettland würde sich niemand trauen, mit Straßenschuhen die Bühne zu betreten. Der Schmutz der Außenwelt und der Alltag gehören nicht ins Theater. Hier taucht man in eine andere Welt ein, gönnt sich ein paar Stunden Zauber, Fantasie und starke Emotionen. Während der Vorstellung gehöre ich ganz dem Publikum. Aber wenn die Show vorbei ist, der Vorhang fällt, der Applaus verstummt ist, gehe ich in die Garderobe, streife mein Kostüm ab, ziehe mich ins Hotel oder in die Mietwohnung zurück und bin sehr oft allein. Der Erfolg schützt den Künstler nicht vor der Einsamkeit. Der Zauber hat sich verabschiedet, und an diesem Punkt beginnt für mich das echte Leben – der Alltag als Mutter und Ehefrau, Tochter und Frau. Ich lebe in zwei Welten. Führe eine Art Doppelleben. Und das schon seit meiner Kindheit.

In meinem Herzen bin ich ein intellektuelles Bauernmädchen. Meine lettischen Freunde, die mich fast mein

Leben lang kennen, lachen oft – denn ich bin die beste melkende Sängerin. In Riga wuchs ich mit der Crème de la Crème der Intellektuellen auf. Musiker, Sänger, Schriftsteller, Maler gingen in der Wohnung meiner Eltern ein und aus. Wir lebten auf knapp hundert Quadratmeter. Ursprünglich war die Altbauwohnung im vierten Stock doppelt so groß. Aber wie im Kommunismus üblich, wurden Wohnungen von dieser Größe einfach geteilt – aus eins mach zwei. So mussten wir uns das Vorzimmer mit den Nachbarn teilen, wir lebten im linken Teil der Wohnung und unsere Nachbarn im rechten Trakt. Durch die Teilung des Appartements wirkte unser Zuhause wie ein langer Schlauch. Über einen schmalen Korridor nach rechts gelangte man in den Musiksalon. Er war das Herzstück meines Zuhauses. Mitten im Zimmer stand ein riesiger Flügel. Hier feierten meine Eltern Anita und Jānis viele Feste. In unserem kleinen Musiksalon diskutierten die intellektuellen Freunde meiner Eltern leidenschaftlich die Kompositionen von Tschaikowski oder Brahms. Hinter dem Musiksalon waren mein Zimmer und das Schlafzimmer meiner Eltern. Vom Korridor nach links gelangte man in eine Art Kabinett. Es war das kleine Reich meines Bruders, und am linken Ende der Wohnung kam erst die Küche. In Lettland ist eigentlich die Küche der Lebensmittelpunkt. Wenn etwas ganz Intimes besprochen werden sollte, zogen sich alle in die Küche zurück. Hier sind auch unsere Gäste dann oft bis in die Morgenstunden geblieben.

Die Wohnung meiner Eltern lag ganz in der Nähe des Nationaltheaters. Ich musste von zu Hause nur einen kleinen Park und eine Brücke über einen kleinen Kanal überqueren, um meine Mutter zu besuchen. Jeden Tag nach der Schule, die auch nicht weit vom Theater lag, lief ich zu meiner Mutter ins Theater. Auch sie war ein »Mezzo« wie ich und arbeitete als Gesangslehrerin am Nationaltheater. Meine Schulaufgaben erledigte ich irgendwo in der Garderobe zwischen Theater-Make-up und Kostümen. Danach hörte ich bei den Proben zu. Oft schlief ich auf einem Sessel in der Kantine erschöpft ein, bis mich meine Eltern nach den Proben oder einer Premiere nach Hause trugen und ins Bett legten.

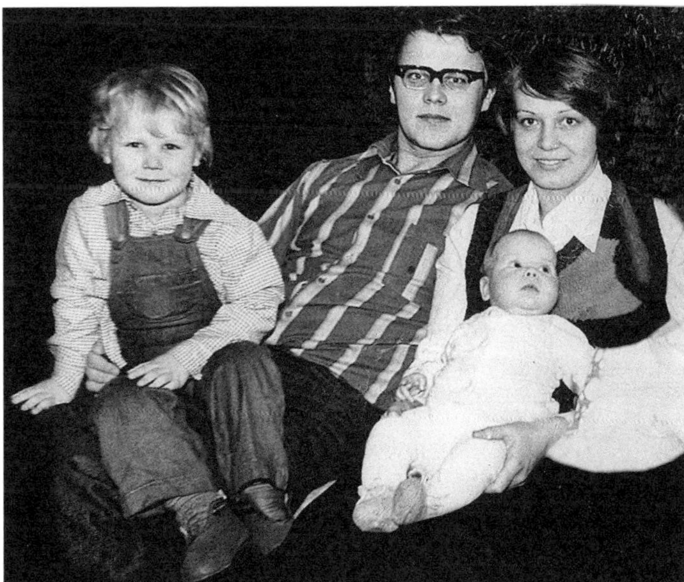

Meine Eltern Anita und Jānis, mein Bruder und ich als Baby in Riga im Jahre 1977.

Ein Kontrapunkt dazu war die Welt meiner Großeltern. Sie waren Bauern. An den Wochenenden und in den Sommermonaten ging es ab aufs Land. Auf dem Bauernhof von Oma Nellija und Opa Albert, den Eltern meiner Mutter, gab es alle möglichen Tiere: Schweine, Kühe, Schafe, Hühner. Sie lebten in dem kleinen lettischen Dörfchen Mežarasas, 200 Kilometer von Riga entfernt. Wir reisten mit Bahn und Bus an, da hatten wir die paar Stunden Zeit zum Lesen. Die letzten paar Kilometer bewältigten wir oft mit dem Rad, sehr oft auch zu Fuß. Jeden Freitagabend fuhren wir aufs Land, auf dem Weg zu meinen Großeltern diskutierte ich gern mit meiner Familie über die Erlebnisse der vergangenen Woche. Später durfte ich auch allein zu meinen Großeltern reisen. Während ich die letzten Kilometer zu Fuß zurücklegte, habe ich den Kühen auf den Wiesen und den Nachbarn kleine Dialoge oder Lieder aus dem Theater vorgespielt, die ich in Riga gesehen hatte. Sie waren mein erstes Publikum.

Auto konnten wir uns damals noch keines leisten, denn Anfang und Mitte der achtziger Jahre war das Geld sehr knapp. Und der Bauernhof bot uns alles, was wir zum Leben brauchten – Gemüse, Milchprodukte, Fleisch. Montags standen wir für die Rückreise oft um drei in der Nacht auf, damit ich rechtzeitig wieder in der Schule war. Zu den Eltern meines Vaters hatte ich weniger Kontakt. Das lag daran, dass ihr Bauernhof noch weiter entfernt lag und mein Opa Anton bei einem Autounfall schon sehr früh gestorben ist.

Mein erster Weg am Freitagabend auf dem Bauernhof führte mich sofort in den Stall. Ich wollte sehen, was es Neues gab. Meine Oma sagte immer zu mir: »Geh in den Stall und schau, was alles geboren wurde.« Es faszinierte mich, wenn ich ein neugeborenes Kalb streicheln durfte oder wenn ich sah, wie die jungen Ferkel in einer Woche gewachsen waren. Ich liebte es als Kind, meine Hand in den Mund eines kleinen Kalbes zu stecken und zu spüren, wie es an meinen Fingern saugt. Dieses Gefühl der Wärme und

Nässe fehlt mir heute manchmal, weil es für mich das absolute und pure Bauernhofgefühl symbolisiert. Was romantisch klingt, war für meinen Bruder Jānis und mich auch harte Arbeit. Denn das Leben auf dem Bauernhof bestand für uns nicht nur aus Spielen und Kälberstreicheln. Wir wurden von unseren Großeltern als vollwertige Arbeitskräfte eingesetzt. Zeit für Blödeleien, wie andere Kinder in den Ferien, hatten wir kaum. Wenn wir uns einmal vor der Arbeit drücken wollten, war unser Geheimversteck der Dachboden. Über eine unglaublich steile Treppe im Flur des Haupthauses gelangte man hinauf. Es war ein dunkler, verstaubter Raum, nur mit einem kleinen Fenster ausgestattet. Hier gab es jede Menge zu entdecken. Mein Bruder und ich kramten in den Büchern, fanden alte Fahrräder, Fotos, Wolle für Handarbeiten meiner Großmama, Militärstiefel und Sachen meines Opas. Aber auch Mäuse hatten hier ihr Zuhause, doch das störte uns nicht. Hier tauchten wir in eine eigene Welt ein, abseits des Bauernalltags.

Tagwache auf dem Land war um sechs Uhr. Morgens, nachdem meine Oma die Kühe gemolken hatte, musste ich diese aufs Feld treiben. Danach gab es erst Frühstück. Vormittags musste ich stundenlang Unkraut jäten oder andere Feld- und Gartenarbeiten erledigen. Vor dem Mittagessen durfte ich zur Abkühlung in den kalten Fluss springen. Hier, im kleinen Fluss in der Nähe des Bauernhofs, lernte ich auch als kleines Kind schwimmen. Nachmittags half ich meinem Großvater Albert beim Heumachen. Als ich älter war, durfte ich mit Opa Albert auch mit der Sense das Gras mähen. Mein drei Jahre älterer Bruder musste beim Holzhacken helfen, und ich durfte die Holzstücke stapeln. Abends wurden die Kühe in den Stall zurückgetrieben, dann standen Melken und

Jungtierefüttern gemeinsam mit Oma auf dem Programm. Nach so einem Tag hatten mein Bruder und ich meistens einen ordentlichen Hunger, und es gab Abendessen. Uns blieb nicht viel Zeit für kindliche Unbekümmertheit. So habe ich gelernt, mir meine Zeit immer genau einzuteilen.

Das Haus meiner Großeltern war sehr schlicht möbliert, die Einrichtung war auf das Notwendigste beschränkt. In den Sommermonaten, wenn Verwandte zu Besuch kamen und im kleinen Haupthaus kein Platz mehr war, schliefen mein Bruder und ich auf dem Dachboden des Stalls, wo das Heu eingelagert war. Ich liebte den Geruch des frischen Heus, und es war einer unserer liebsten Spielplätze, wo wir etwa Robin Hood spielten. Doch einmal ging so ein Abenteuer beinahe schief. Aus dem Holz der Fensterkreuze schnitzten wir echte Pfeile und schossen aufeinander … Plötzlich hörte ich ein »Au!« Voller Stolz schrie ich: »Getroffen! Getroffen!« Bis mein Bruder aus dem Versteck kam und ich sah, dass sein Gesicht blutüberströmt war – ich hatte ihn am Augenbrauenknochen verletzt. Wenn ich mit dem Pfeil nur ein paar Millimeter tiefer getroffen hätte, hätte er blind sein können. Ich glaube, ich muss nicht weitererzählen, was passierte, als unsere Tat aufflog.

Auf dem Dachboden des Stalls fühlte ich mich so unheimlich erwachsen und unabhängig. Ganz allein im Stall schlafen zu dürfen, allein mit der Angst zurechtzukommen, das war Abenteuer pur. Auch wenn die Nächte im Sommer in Lettland nicht besonders lang dauern. Denn der Himmel färbt sich, ähnlich wie in den skandinavischen Ländern, erst nach Mitternacht pechschwarz.

Höhepunkt der hellen Nächte ist der 23. Juni, wenn in Lettland mit dem Johannesfest die kürzeste Nacht gefeiert wird. In dieser Nacht wird es nicht wirklich dunkel. Überall gibt es Feuerstellen, es wird gesungen und getanzt. Die Letten springen übers Feuer, weil es nach einem alten Brauch heißt, dass man im Sommer nicht von den Mücken gebissen wird. Es wird Bier getrunken, und Oma Nellija tischte stets ihren selbst gemachten Käse auf – sie hatte den besten im ganzen Dorf. Die Häuser sind mit Blumen und Eichenkränzen geschmückt, auch Frauen und Männer tragen sie, und jene Jugendlichen, die etwas mehr als platonische Liebe füreinander empfinden, gehen in dieser Nacht auf die Suche nach »papardes zieds«, der »fernen Blume« … Weil es in unserer Familie gleich zwei Johannes gab – meinen Vater und meinen Bruder –, war in dieser Nacht an Schlaf nicht zu denken.

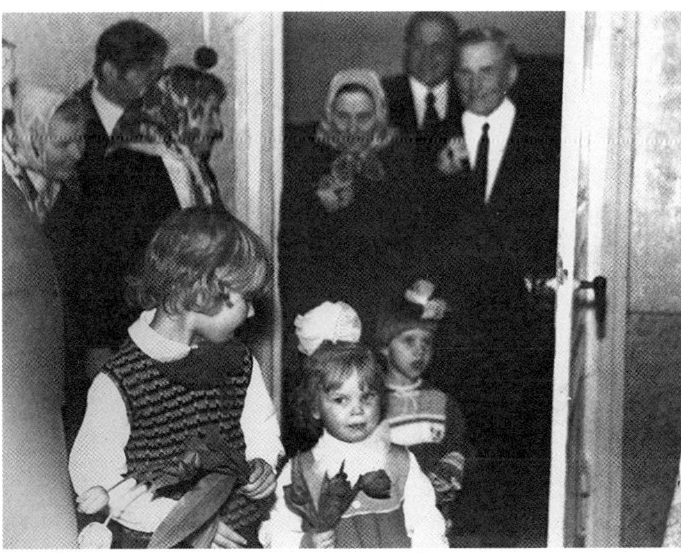

Meine Großeltern Monika und Anton, die Eltern meines Vaters.

Wenn im Juli in der Nacht plötzlich ein Gewitter aufzog, hatte ich oft unheimliche Angst. Also sprang ich durch die Heuluke hinunter in den Stall und kuschelte mich neben die Kühe. Die Tiere kannten die kleine blonde Elīna, und so musste ich mich nicht fürchten. Am nächsten Tag um halb sieben in der Früh fand mich dann Oma Nellija oft schlafend im Futtertrog.

Meine Großeltern waren zwar einfache Bauern, aber sie liebten die Musik. Mein Großvater Albert und seine drei Brüder waren allesamt sehr talentierte Amateur-Musiker. Einer spielte Geige, der andere Akkordeon, der dritte war ein toller Bariton. Bei Familienfesten oder zu Weihnachten gab es immer Musik – wenn auch in sehr einfacher Form. Und auch meine Oma Nellija hatte ein großes Herz für Musik und Kultur, so wie eigentlich alle Letten – wir alle singen, spielen etwas oder tanzen. Sie war eine ebenso unglaublich zierliche wie zähe Frau. Neben dem eigenen Bauernhof musste sie in einer Kolchose mit achtzig Kühen arbeiten. Mehr als vier bis fünf Stunden Schlaf bekam sie nie. Ich erinnere mich noch an ihre überaus zarten, aber muskulösen Arme. Vom Melken war jeder Muskel genau definiert. Und ich kann mich auch nicht erinnern, meine Großmutter jemals mit offenem Haar gesehen zu haben. Ihr Kopf war stets mit einem Tuch bedeckt. Auf dem Bauernhof wurde fast alles selbst produziert. Milch, Butter, Brot, auch die Tiere wurden selbst geschlachtet. Am Webstuhl webte Oma Nellija die Bettwäsche, die Tischdecken bestickte sie wunderschön mit Kreuzstichen. Heute noch habe ich Omas Tischdecken bei mir zu Hause in Spanien und decke jedes Jahr den Weihnachtstisch damit. Sie war es, die mir das Stricken beigebracht hat. Selbst das Brotbacken habe ich von ihr gelernt – und ich mache es heute noch. Die Spezialität von Oma Nellija war ein Süßsauer-Brot mit viel Kümmel. Meine Oma Monika, die Mutter meines Vaters, hat gern Roggenbrot gebacken. Das ist eine Höllenarbeit, denn der Teig muss bis zu zwei Stunden geknetet werden, weil der Roggen irrsinnig klebrig ist.

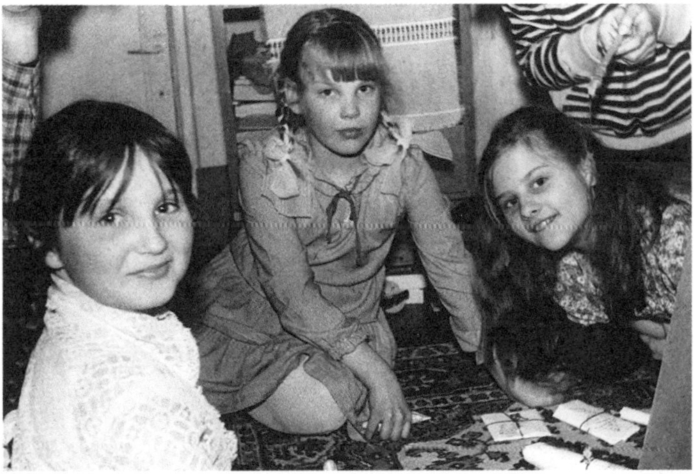

Glückliche Kindheit in Riga.

Trotz der harten Arbeit, dem wenigen Schlaf, wusste Großmama Nellija immer, was im Theater oder in der Oper in Riga passierte, wer was gesungen hat, welcher Sänger oder Schauspieler gerade populär war. Sie war eine Bäuerin, aber sie war unheimlich weise. Man konnte mit ihr über Kultur, Politik oder einfach über Herzensangelegenheiten sprechen.

So pendelte ich zwischen Bauernhof und Musiksalon. In Riga mussten mein Bruder und ich ein Musikinstrument lernen. Klavier, hatten meine Eltern für uns entschieden.

Keiner von uns mochte es, und mein Bruder stieg später auf Klarinette um. Als ich von meiner Mutter zur ersten Klavierstunde gebracht wurde und vor der Tastatur saß, begann ich zu weinen. Trotzdem spielte ich letztendlich zwölf Jahre Klavier. Es war eine Qual für mich. Ich träumte von einer Flöte, einer Klarinette oder einem Saxofon. Aber ich konnte mich gegen meine Eltern offenbar nicht durchsetzen. Jetzt bin ich ihnen unglaublich dankbar, dass sie es nicht aufgegeben haben, denn heute kann ich alle meine Partien und Lieder allein einstudieren.

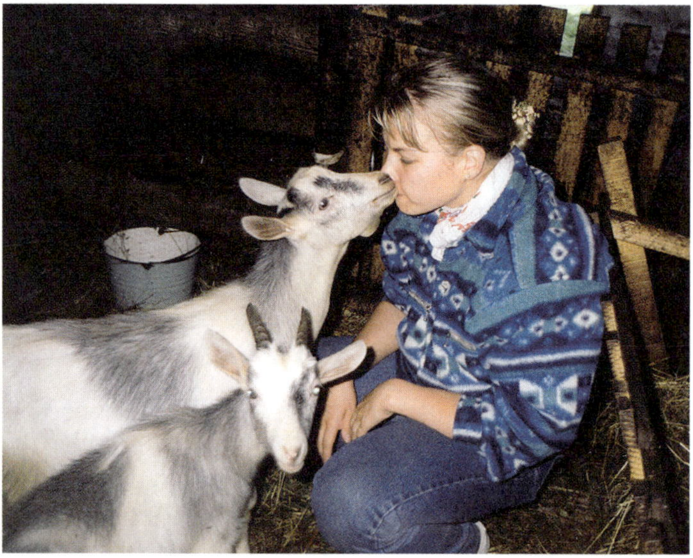

Auf dem Bauernhof meiner Großeltern: »Ich bin die beste melkende Sängerin.«

Mein Bruder ist kein Musiker geworden, sondern Medienkünstler, und als solcher lebt er zwar in Lettland, ist aber dauernd in der Welt unterwegs. Und auch er profitiert bei seiner Arbeit von der musikalischen Ausbildung. Ich finde es äußerst wichtig, dass sich Eltern die Mühe machen und Kindern den Zugang zur Musik ermöglichen. Dazu benötigt man keine eigene Geige und kein eigenes Klavier, es reicht schon, wenn die Kinder in einem Chor singen können, eine Trommel in die Hand gedrückt bekommen oder eine Kinderoper besuchen dürfen. Es geht darum, dass die Kinder lernen, ihre Ohren zu spitzen, und dass sie bei Prokofjews »Peter und der Wolf« oder Humperdincks »Hänsel und Gretel« ein Orchester live erleben. Opernbesuche sollten genauso ein Fixpunkt in der Erziehung sein wie der obligatorische Besuch im »Disneyland«.

Die Welt des Theaters und der Bühne faszinierte mich von der ersten Minute an. In diesen Zauber hatte ich mich verliebt. Meine Mutter erzählte mir, dass ich zwei Jahre alt war, als ich zum ersten Mal den Wunsch äußerte, Sängerin zu werden. Damals musste ich meine Mutter stets zu ihren Gesangsstunden begleiten. Ich trug als kleines Mädchen einen Pagenkopf, saß ganz ruhig in einer Ecke und hörte vierzig Minuten zu, wie meine Mutter Vokalisen übte. Ihre Lehrerin fragte mich einmal: »Na, kleine Lina, was möchtest du machen, wenn du groß bist?« Und ich antwortete: »Ich werde Sängerin, wie Mama.« Das waren meine ersten Zukunftspläne.

Mit fünf oder sechs Jahren allerdings träumte ich davon, Schauspielerin zu werden. Nach der Schule kam ich ins Theater. Meine Mutter arbeitete gerade an einem Musiktheaterstück von Mark Twain, »Der Prinz und der Bettelknabe«. Sie studierte mit der Schauspielerin zuerst den Gesang ein. Dann verschwand die Mimin in der Garderobe.

Zurück auf der Bühne, hatte sich die Schauspielerin in eine Prinzessin verwandelt, die ein wunderschönes Kleid, mit weißen Perlen bestickt, trug. Ihren Kopf schmückten eine Perücke mit weißen Locken sowie ein Diadem mit Perlen und Steinen. Ich war so perplex von der Verkleidung und dachte: Das will ich auch.

Anfangs war ich überzeugt, Schauspieler sterben sogar für ihren Beruf. Ich war beeindruckt von dieser Leidenschaft. In der ehemaligen Sowjetunion hatten wir nur zwei oder drei TV-Sender. Und meistens liefen Kriegsfilme: Panzer, Bomben und jede Menge Tote. Ich war damals noch so naiv, dass ich tatsächlich dachte, die Schauspieler lieben ihre Profession so, dass sie sich dafür vor der TV-Kamera oder auf der Bühne opfern und sich vergiften, erschlagen oder erschießen lassen. Irgendwann klärten mich meine Eltern auf, dass alles nur Show ist. Und plötzlich entdeckte ich, dass dieselben Schauspieler, die ich auf der Bühne sterben gesehen hatte, zwei Monate später einen Liebhaber spielten. Als mir das bewusst wurde, stand für mich fest: Ich will auf die Bühne und Schauspielerin werden.

Mein Doppelleben zwischen Bauernhof und Theaterwelt machte mich in der Schule zur Außenseiterin. Durch die Künstler-Freunde meiner Eltern war ich es gewohnt, schon als Kind intellektuell anspruchsvollen Gesprächen zu folgen. Dieses Getratsche der Mädchen über Kleider, Puppen und ihre Lieblingsfarbe Rosa interessierte mich einfach nicht. Mehr noch, es langweilte mich. Ich fand keinen Anschluss. Auch bei den Burschen nicht. Durch die ständige Arbeit auf dem Bauernhof hatte ich viel Kraft, war ich nicht so zierlich wie meine Mitschülerinnen. Die kräftige Elīna jagte den gleichaltrigen Buben Angst ein. Keiner hat sich getraut, mich am Zopf zu ziehen, sie fürchteten wohl, dass sie von mir eine übergezogen bekommen. Ich war ein ziemlich wildes Mädchen. Bei meinen ersten Auftritten in der Schule, wo ich mit meiner Klassenkameradin ein Duett aus dem Mark-Twain-Stück sang, bekam ich stets nur die Bubenrolle zum Singen. Da musste ich den Mädchen mit den hohen Sopranstimmen den Vortritt lassen. Also bin ich als Mezzo schon seit dem Alter von acht bis zehn Jahren an Bubenpartien gewöhnt.

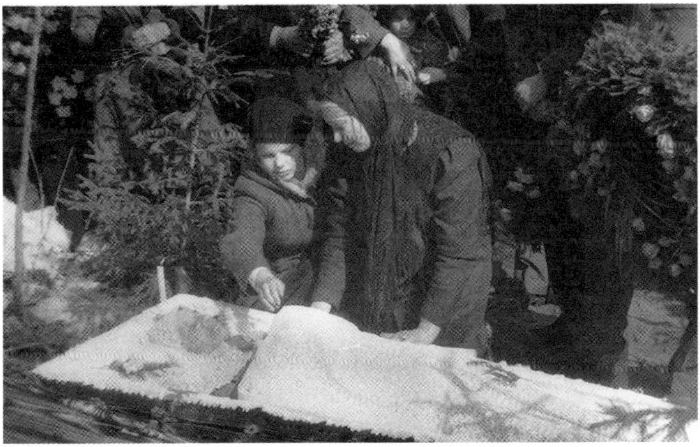

Abschied von meiner geliebten Oma Nellija.
Auf ihrem Bauernhof verbrachte ich meine Kindheit.

Als ich elf war, starb meine Oma Nellija, bei der ich auf dem Bauernhof eine wunderschöne und sehr einprägsame Kindheit erleben durfte. Sie hinterließ meiner Mutter ein kleines Erbe, womit sich Mama einen kleinen Lebenstraum erfüllen konnte. Ende der achtziger Jahre kaufte sie sich ein kleines Sommerhaus mit zwei Hektar Land, ungefähr hundert Kilometer von Riga entfernt. Die kleine Landwirtschaft stellte sich als Glücksfall heraus. In den Jahren des Zusammenbruchs der Sowjetunion waren Lebensmittel in Lettland oft sehr knapp. Für Geburtstage haben wir schon Monate vorher eine Dose Erbsen oder Kaffee aufgespart. Selbst so einfache Haushaltsartikel wie Toilettenpapier waren Mangelware. Ich erinnere mich noch, wie sich mein Vater einmal im Geschäft um Toilettenpapier anstellen musste. Familien wurden bevorzugt, für jedes Kind gab es ein paar Rollen mehr. Also standen mein Bruder und ich mit meinem Vater in der Reihe, dann das Ganze noch einmal mit meiner Mutter. Und am Ende haben sich die Nachbarn mich »ausgeliehen« – ich bekam eine Mütze und einen Schal um den Hals, damit ich »anders« ausschaue. Und so gingen wir stolz mit so viel Klopapierrollen nach Hause, dass wir für ein halbes Jahr »versorgt« waren.

Vor allem Zucker war eine echte Rarität, und so beschloss meine Mutter, auf unserem neuen Landsitz Zuckerrüben anzubauen. Ende Oktober, ein Jahr nach dem Hauskauf, rückten wir zur ersten Zuckerrübenernte aus. Die ganze Familie war im Einsatz, und ich erinnere mich noch heute, wie bitterkalt es war. Der erste Schnee war schon gefallen, und ich hockte mit meinen Eltern auf dem Feld und holte die Zuckerrüben aus der harten Erde. Zuerst musste man die Rübe mit einem Spaten aus der Erde stechen und dann mit einem Messer Kopf und Blätter abschneiden. Natürlich jammerte ich: »Mama, mir ist viel zu kalt. Ich möchte ins Haus.« Aber Mama blieb hart: »Wir müssen ernten, sonst war unsere ganze Arbeit umsonst.« Wir ernteten sechs Säcke Zucker, die jeweils fünfzig Kilo wogen, also 300 Kilo Zucker. Zucker war damals das perfekte Geschenk. Zum Geburtstag, zu Weihnachten oder nach einer Premiere gab es von meinen Eltern ein Kilo Zucker. Und alle waren überglücklich.

Diese Überlebensnot von damals gibt mir heute eine gewisse Gelassenheit, über kleine Probleme zerbreche ich mir nicht den Kopf. Unsere Generation hat gelernt: Arbeite und du wirst belohnt. Ich scheue keine manuelle Arbeit; als ich zum Beispiel in Frankfurt lebte, habe ich alle meine Ikea-Möbel selbst zusammengebaut – das Bett, den Kleiderschrank, sogar die Lampen habe ich selbst montiert. Es gab Tage am Monatsende, an denen wir nicht viele Lebensmittel zum Kochen im Kühlschrank hatten. Doch die Not macht erfinderisch, so habe ich gelernt, aus wenigen, einfachen Zutaten wie Kartoffeln, Zwiebeln, Öl köstliche Gerichte zu zaubern. Die Zubereitung geht bei mir ruckzuck, innerhalb einer halben Stunde stehen alle Gerichte auf dem Tisch. Ich bin auf so vielen Empfängen, Diners, Cocktail-Abenden, dass zu Hause alles im Handumdrehen fertig sein muss. Ich finde es einfach unfair, dass man vier Stunden ins Kochen investiert, und nach zwanzig Minuten ist die ganze Mühe, die du in die Zubereitung gesteckt hast, aufgegessen. Eine Ausnahme ist natürlich Weihnachten. Für das Festtagsmenü stehe ich zwei Tage selbst hinter dem Herd, backe mein eigenes Brot, Speckröllchen und Kekse. In Lettland will es der Weihnachtsbrauch, dass am Heiligen Abend mindestens neun Gerichte aufgetischt werden. Diese Tradition erfülle ich jedes Jahr. Die Familie um mich, der Geruch von braunen Erbsen mit Speck und Zwiebeln, panierte Schweinekoteletts oder »Rosols« (ein spezieller lettischer Salat mit fein geschnittenem Gemüse, Ei und Fleisch und Mayonnaise), dazu kommt der Duft von echten Wachskerzen und dem Tannenreisig vom Weihnachtsbaum – das ist für mich das perfekte Weihnachtsfest.

2
»MIT EINER SOLOSTIMME WIRD ES NICHTS WERDEN. DU HAST DEINE STIMME VERRAUCHT«

Als Teenager hatte ich endlich eine beste Freundin gefunden. Laura kam wie ich aus einer sehr musikalischen Familie und war ein paar Jahre älter als ich. Ihr Vater war einer der bekanntesten Cellisten in Lettland, und mit ihrer Mutter, einer Pianistin, hat meine Mutter sehr oft Konzerte zusammen gesungen. Während unsere Mütter im Salon musizierten und probten, haben wir in unserem Zimmer unsere »Dinge« besprochen. Die Liebe zur Musik und die Ungeduld beim Üben (Laura spielte Cello) haben uns verbunden. Aber wir waren auch typische Teenager, gingen auf Partys, und weil wir eben Teenager waren, haben wir auch mal Zigaretten oder Wein ausprobiert – das volle Programm. Und wir hatten einen gemeinsamen Traum: eines Tages berühmt und reich zu werden. Ich glaube, dieses Ziel war mein Antrieb. Wobei mir der Ruhm wichtiger war als der Reichtum. Das Geld stand für mich nie im Vordergrund, selbst als ich noch jung war und Geld oft eine echte Mangelware.

Bei meinem ersten Engagement an der Oper in Meiningen in Deutschland wurden meine Freunde und ich für mehrere Beethoven-Konzerte in Fulda und Eisenach unter Vertrag genommen. Als Honorar gab es einen Scheck über 9000 D-Mark. Vier Monate später bekam mein Freund Thomas – ein Bariton – vom Intendanten des Orchesters einen Anruf:

»Sie kennen doch Frau Garanča?«

»Ja, sie ist eine Freundin hier im Theater. Wieso?«

»Können Sie bei Frau Garanča nachfragen, ob sie ihren Scheck verloren hat? Denn wir müssen unsere Buchhaltung abschließen, und der Scheck wurde immer noch nicht eingelöst.«

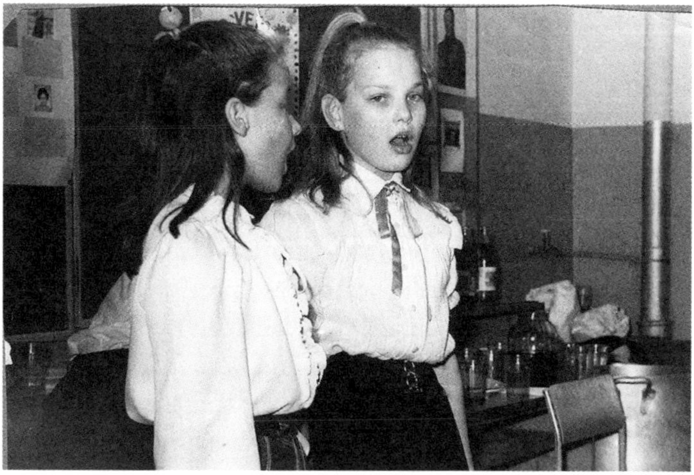

Meinen ersten Auftritt hatte ich mit neun Jahren in der Schule.

Ich war auf meinen ersten Scheck so stolz, dass ich ihn eingerahmt und in meiner Wohnung aufgehängt hatte. Auf die Bank zu gehen und mein Honorar abzuholen, daran habe ich einfach nicht gedacht. Und da ich noch nie zuvor in meinem Leben einen Scheck überreicht bekommen hatte, wusste ich auch nicht, was man damit macht. Ich war noch sehr naiv.

Der Weg bis zum ersten Scheck war allerdings ein steiniger. Ich erlebte viele Galeerenjahre, bis ich meinen ersten großen Erfolg auf der Opernbühne feiern durfte. Anfangs schaute es sogar so aus, als würde es mit einer Künstlerkarriere bei mir nichts werden. Meine ersten Karriereversuche waren allesamt Niederlagen. Am Ende der Schulzeit stellte mir meine Mutter die Frage: »Du bist jetzt siebzehn. Die Schulzeit ist vorbei. Was willst du in deinem Leben machen?«

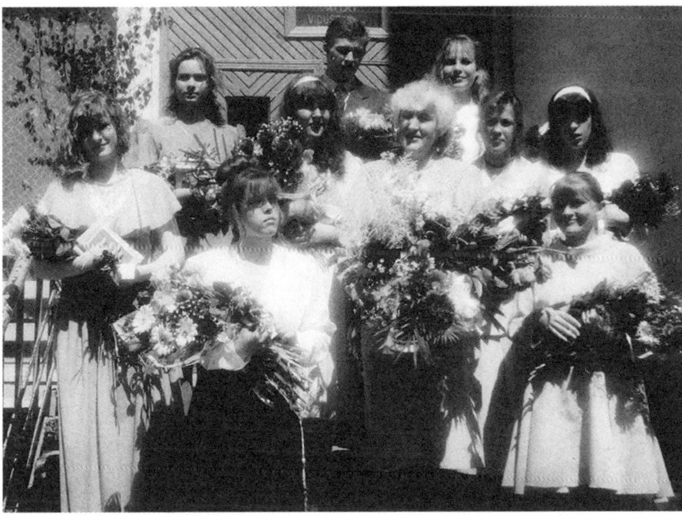

Mein Schulabschluss – damals war ich siebzehn Jahre alt.

In mir schlummerte noch immer der Wunsch, Schauspielerin zu werden. Die Aufnahmeprüfung wird ein Klacks, dachte ich. Schließlich war ich von Kindesbeinen an im Theater. Wo, wenn nicht auf der Bühne, wusste ich, wie die Uhren laufen? Ich sah alles ziemlich locker, studierte ein Gedicht ein. Als Lied wollte ich »Summertime« aus »Porgy and Bess« vortragen. Ich ging selbstbewusst zur Prüfung für die Schauspiel-Akademie. Beim Singen wurde ich gleich mit einem ziemlich enttäuschenden »Ja, nett« beurteilt. Dann musste ich einen kleinen Monolog vortragen. Zusätzlich wurden noch kleine Etüden verlangt. Ich sollte eine Kuh auf der Wiese und eine Blume auf der Wiese darstellen. Nach einer kurzen Jury-Besprechung wurde mir mitgeteilt: »Es reicht nicht. Durchgefallen!«

Ich war unheimlich enttäuscht und dachte mir: Was jetzt?

Der Heimweg war eine Qual. Meiner Mutter zu beichten, dass ich durchgefallen bin, war mir unheimlich peinlich. Ich schämte mich. Aber es kam anders. Sie nahm die Nachricht überraschend gelassen, fragte nicht lange nach dem Grund für mein Versagen, sondern präsentierte mir gleich eine Alternative: »An der Kulturakademie gibt es einen Kurs für Kulturmanagement. Du hattest immer die besten Noten in Englisch und Russisch. Das könnte was für dich sein.« Also meldete ich mich für den Vorbereitungskurs an.

Bei der ersten Prüfung mussten wir eine Geschichte schreiben, und ich habe einen kurzen Krimi geschrieben. Darauf fragte der Professor meine Mutter: »Schreibt Elīna zu Hause? Haben Sie noch was von ihr?« Ich hatte nichts.

Zwei Wochen später mussten wir wieder etwas schreiben, einen Businessplan erstellen, wie ich ein Event organisieren würde, und mir ist nichts mehr eingefallen … Mir wurde schnell klar, dass die Organisation von Kulturevents, das Suchen nach Sponsoren nicht meine Welt war.

Wieder musste ich den Canossagang zu meiner Mutter antreten:

»Kulturmanagement ist nichts für mich.«

Als nächste Alternative hat mein Vater vorgeschlagen, mich zur Musikpädagogin ausbilden zu lassen. Er versuchte mir diverse Einsätze wie Forte oder Diminuendo beizubringen. Ich bin sogar mit einem Chorlied zu einem »Vor-Dirigat«

in das Musikgymnasium gegangen, um einem Kollegen meines Vaters vorzudirigieren. Aber vergeblich. Auch hier scheiterte ich. Ich konnte mich mit meinen Händen einfach nicht ausdrücken.

»Nichts Besonderes«, hieß es.

Dieses Mal war auch Mama schon ein wenig verzweifelt: »Was willst du jetzt machen?«

Wir diskutierten den ganzen Abend, gingen mehrere Varianten durch. Für Jobs wie Rechtsanwalt fühlte ich mich auch nicht berufen. Diese Art von Gehirnarbeit, wie ich es nenne, lag mir nicht. Das Auswendiglernen von Paragrafen erschien mir wie der reinste Horror. Mathematik, Physik waren in der Schule immer meine schwächsten Fächer gewesen. Ich wälzte mich im Bett hin und her, suchte nach einem Ausweg aus der Misere. Schließlich kam ich zu dem Entschluss: »Ich werde singen.«

An die Opernbühne dachte ich damals noch lange nicht. Das Musical erschien mir eine realistische Variante, um endlich Erfolg zu haben. Es war ein Mix aus beidem: Schauspiel und Singen. Aber auf einem Niveau, das ich schaffen müsste.

Ich erinnere mich noch genau, es war ein Sonntagsfrühstück im Dezember in unserer Küche, als ich meiner Mutter bei einem Butterbrot meinen Entschluss mitteilte. Das Frühstück hatte in unserer Familie immer einen besonderen Stellenwert. Durch die Engagements meiner Eltern waren sie abends meistens nicht zu Hause. So habe ich sehr früh für uns Kinder und auch manchmal für meine Eltern gekocht, das Haus geputzt oder Wäsche gebügelt. Also alles, was ein ordentliches Mädchen zu Hause können muss. Für meinen Bruder und mich gab es nur das gemeinsame Frühstück, um wichtige Entscheidungen mit den Eltern zu besprechen. Den Rest des Tages mussten wir selbstständig bewältigen.

»Ich will singen«, sagte ich zu meiner Mutter.

»Warum hast du jetzt diese Entscheidung getroffen?«

»Ich habe doch schon bei Vater im Chor gesungen, warum nicht?«, sagte ich.

»Na gut, dann gehen wir nach dem Frühstück an den Flügel und werden ein paar Töne probieren.«

Ich sang dann ein paar Vokalisen. Aber Mama war nicht überzeugt von meiner Stimme: »Zur Solostimme wird es nicht reichen. Du hast die Stimme mit deinen Diskotheken-Besuchen und dem Rauchen ruiniert.« Ich habe natürlich *nie* zugegeben, dass ich geraucht habe. Vor meinen Eltern einen Glimmstängel in die Hand zu nehmen war für mich ein absolutes Tabu. Dennoch wieder durchgefallen. Dieses Mal sogar bei der eigenen Mutter.

Wie kann eine Mutter über ihre Tochter ein derart hartes Urteil fällen, statt ihren Traum zu unterstützen? Ich glaube, es steckte damals vor allem ihre mütterliche Sorge dahinter. Sie war selbst Mezzosopran und wusste aus eigener Erfahrung, wie schwer dieser Beruf ist. Dass es Jahre dauert, bis man die Stimme im Griff hat. Wie lange es dauert, eine Technik zu erarbeiten, bei der man die Stimme möglichst wenig belastet. Wie hart manchmal die Kritiken sein können und wie einsam man sich auf den Reisen fühlt. Meine Mutter wollte mir ersparen, dass ich als Mezzo Nummer zehn am Theater bei den Rollen leer ausging. Vielleicht aber haben mich gerade ihre Zweifel angespornt, meine Sängerkarriere doch nicht aufzugeben. Es war dieses »trotzdem«, das mich antrieb. Und dann noch das Rauchen? Es kann doch nicht sein, dass die Stimme so verraucht ist?!

Zugegeben: Meine erste Zigarette probierte ich mit fünf Jahren. Damals beobachtete ich meinen Großvater Albert auf dem Bauernhof, wie er sich vor dem Abendbrot seine Papyrossa anzündete und rauchte. Jeden Abend kurz vor neun Uhr startete er diese Zeremonie. Oma hatte ihm verboten, im Zimmer zu rauchen, wo der Fernseher stand. Also musste er seine Papyrossa erst ausrauchen, und erst dann durfte er ins Zimmer. »Die Kinder sind doch bei uns, sie können nicht im verqualmten Zimmer schlafen«, ermahnte ihn Oma Nellija.

Einmal jedoch machte mein Großvater nur zwei Züge und ließ die Zigarette liegen. Das war meine Chance. Ich setzte mich wie mein Opa auf seinen Sessel und griff nach dem Glimmstängel. Geschmeckt hat es mir überhaupt nicht, aber mir gefiel das Ritual. Damit die Großeltern meine kleine »Sünde« nicht entdeckten, stopfte ich mir Knoblauch und Zwiebel in den Mund. Die Faszination ließ mich nicht los. Am nächsten Tag wollte ich wissen, ob es an der freien Luft genauso toll war, und kraxelte auf einen Baum und rauchte meine erste *eigene* Zigarette. Das Abenteuer dauerte nur kurz, denn mein Bruder erwischte mich und erzählte es den Eltern.

Damit war meine Raucherkarriere fürs Erste zu Ende. Bis ich sechzehn wurde. Damals bin ich mit Laura und ein paar anderen Freunden in die Diskothek gegangen, und um erwachsen zu wirken, haben wir geraucht. Die Schauspielerinnen im Theater haben auch alle geraucht, also war es für mich nichts Ungewöhnliches. Als meine Mutter aber sagte, der blaue Dunst hätte meine Stimme ruiniert, war mir die Lust auf eine Zigarette für immer vergangen.

Eigentlich bin ich überall durchgefallen. Ich war siebzehn und stand vor dem Nichts, war in einer Sackgasse angelangt. So konnte es nicht weitergehen. Meine Entscheidung lautete:

Ich bleibe beim Singen. Das wollte ich bei meiner Mutter durchsetzen. Ich ging zu ihr und forderte: »Du arbeitest doch als Gesangslehrerin mit allen. Warum nicht mit mir? Du musst mit mir arbeiten.«

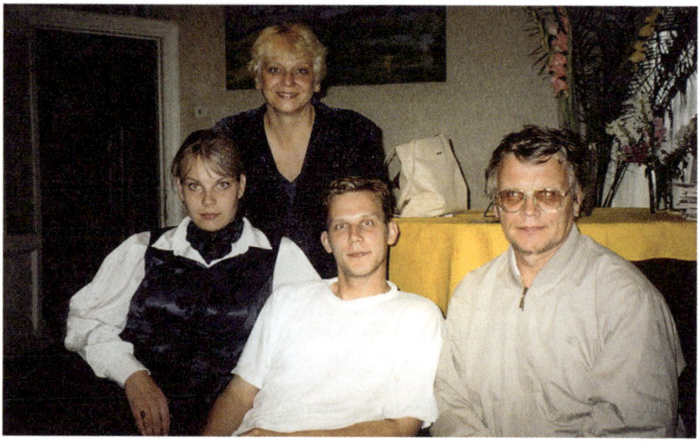

Meine Eltern, mein Bruder und ich vor dem Flügel im Salon.

So hat sich meine Mutter doch breitschlagen lassen und zwei Monate mit mir geübt. Es flogen auch mal die Fetzen. Mal habe ich die Notenblätter auf den Boden geschmissen, dann wieder sie. Der Deckel des Flügels wurde vor Wut zugeknallt. Einmal schmiss ich die Tür des Musiksalons so heftig zu, dass das Kristall darin zerbrach. Meine Mutter sagte immer wieder: »Nein, die Stimme reicht nicht. Sie ist zu klein.«

Ich gab nicht auf und antwortete: »Aber ich will es.«

Das ging einige nervenaufreibende Wochen so dahin. Bis mich meine Mutter packte und zum Vorsingen zu ihrer ehemaligen Gesangslehrerin Ludmilla schleppte. Sie war eine Russin, die seit vielen Jahren an der Akademie unterrichtete.

Ludmilla ließ mich ein Liedchen singen und sagte: »Es könnte sein, dass da irgendetwas tief unten steckt. Das könnte interessant werden. Lass mich mit ihr ein bisschen arbeiten. Dann werden wir sehen.«

Endlich. Der erste Lichtblick. Die erste kleine Bestätigung. Ich war wie beflügelt.

Die nächsten zwei Monate übte ich zwei Mal pro Woche jeweils vierzig Minuten mit Ludmilla.

Im Juni sagte sie: »An der Akademie gibt es jetzt Vorbereitungskurse, die dauern zwei Jahre. Melde dich zum Vorsingen an. Zu diesen Prüfungen kommen junge Sänger und Musiker aus allen Familien und Regionen Lettlands. Sie singen ein Volkslied und vielleicht eine Vokalise, einfach um zu zeigen, ob eine Stimme vorhanden ist.« Ich meldete mich an. Und schaffte die Aufnahmeprüfung für den Vorbereitungskurs. Das erste Mal in meinem Leben hatte ich ein richtiges Erfolgserlebnis.

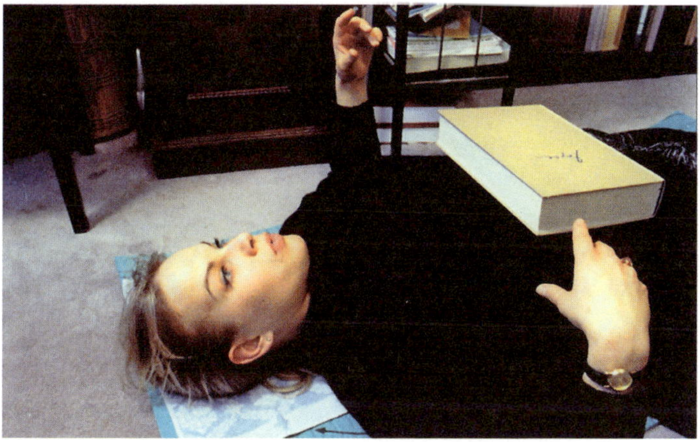

Die Atemstütze wird mit einem Buch auf dem Bauch trainiert.

Bis dahin hatte ich gedacht, beim Singen und beim Schauspiel strömt alles aus dem Menschen von selbst heraus, weil es in einem drinsteckt. Doch ich musste erkennen, dass ohne harte Arbeit nichts geht. Wie bei einem Mathematiker, der seine Formeln auswendig lernen muss, muss auch der Sänger lernen, seine Stimme zu beherrschen.

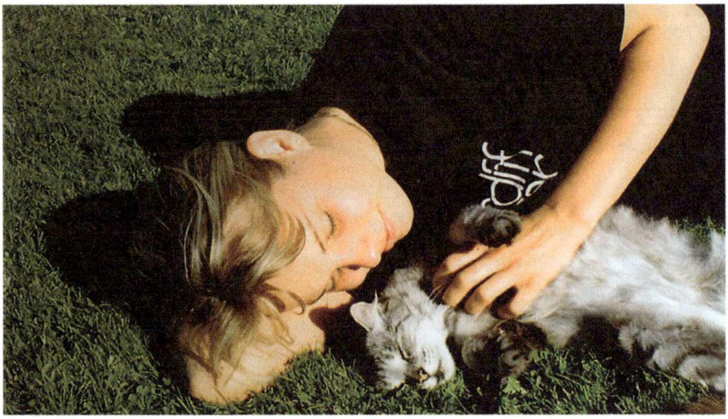

Katzen sind eine große Liebe von mir.

Jetzt hatten mich der Ehrgeiz und die Lust zum Singen endgültig gepackt. Auf der Akademie legte ich so richtig los. Drei Mal pro Woche arbeitete ich mit den Lehrern. Aber das reichte mir nicht. Ich war von der Früh bis am Abend in der Akademie, besuchte alle Meisterklassen und beobachtete die Prüfungen. Ich wollte wissen, wie man im ersten Jahr singt, was man im zweiten Jahr beherrschen muss. Wie man eine berühmte Arie interpretiert, die man auf einer Schallplatte gehört hat. Ich besuchte die Opernklasse. Hier lernte ich, wie man kleine Duette oder eine Szene aus einer Oper singt. Alles saugte ich wie ein Schwamm auf. Und wenn alle Studenten die Akademie verlassen hatten, tobte ich mich beim Üben so richtig aus. Das war auch nötig. Denn meine Stimme hatte nur eine Oktave in der Mittellage. An ein »hohes C« oder ein »A nach unten« war gar nicht zu denken. Innerhalb der ersten zwei Jahre an der Akademie konnte ich meine Stimme auf eineinhalb Oktaven steigern. Mehr Stimmvolumen war damals noch nicht drin.

Um meine Ausbildung zu finanzieren, verdiente ich mir mein Geld mit Putzen. Ich hatte zwar ein Stipendium bekommen, aber das war nur mit sieben Euro fünfzig im Monat dotiert. Es reichte nicht einmal, um die Fahrkarten zur Akademie zu bezahlen. Drei bis vier Mal pro Woche rückte ich neben meinem Studium an der Akademie als Putzfrau aus. Meinen ersten Job fand ich bei einem Paar. Sie waren beide Opernfans und haben mir die Tür zur barocken Opernwelt geöffnet. Bei ihnen habe ich Opernsängerinnen wie Vesselina Kasarova oder Barbara Bonney entdeckt. Zu Hause hatte ich nur die Schallplatten gehabt, mit sehr viel russischer Musik und russischen Sängern; zum Beispiel Aufnahmen von russischen Sängern an der Scala. Eine echte Rarität war eine Platte von Joan Sutherland, auf der sie die berühmte Casta-Diva-Arie aus Bellinis »Norma« sang. Die große Diva habe ich später, im Jahre 1999, bei einem Wettbewerb getroffen. Die Arie hat mir so gut gefallen, dass ich sie zu Hause, wenn keiner da war, immer und immer wieder aufgelegt und mitgesungen habe. Bis eines Tages der Nachbar aus dem gegenüberliegenden Haus über den kleinen Innenhof schrie: »Halt endlich die Klappe, blöde Kuh.« Ich hatte nicht bemerkt, dass die Fenster des Salons offen waren. Und ich konnte dem Nachbarn auch nicht böse sein, denn nicht jedem gefällt dieselbe Arie nach dem zehnten Mal noch immer so gut wie mir … Während ich den Boden schrubbte, Staub wischte, die Wäsche wusch oder bügelte, hörte ich Bach-Kantaten, Vivaldi-Opern oder den »Rosenkavalier« von Richard Strauss mit der Mezzosopranistin Anne Sofie von Otter. Diese Werke waren eine echte Offenbarung für mich. Ich war so begeistert, dass ich Aufnahmen machte, um sie meinen Eltern zu Hause vorzuspielen.

Als die zwei Vorbereitungsjahre zu Ende waren, stand ich wieder vor einer großen Aufnahmeprüfung. Dieses Mal stand viel auf dem Spiel. Aus allen Musikgymnasien Lettlands bewarben sich die Studenten und sangen um die Wette für ein volles Opernstudium. Acht Plätze wurden vergeben – unabhängig vom Stimmfach. Es gab also keinen festen Schlüssel, wie die Plätze an der Akademie unter den Studenten aufgeteilt wurden. Es hätten vier Bässe, zwei Tenöre und zwei Soprane, aber kein Mezzosopran auf den acht Plätzen landen können. Aber dieses Mal versagte ich nicht, und ich wurde als reguläre Studentin an der Akademie aufgenommen.

Ab diesem Zeitpunkt wurde das Studium noch gnadenloser. Ich gab alles dafür auf. Das Rauchen war schon seit zwei Jahren kein Thema mehr. Auch das Partyleben reduzierte ich auf ein Minimum. Keine Party war mir das Risiko wert, dass ich am nächsten Tag vielleicht nicht singen konnte. Ich trainierte meine Stimme mit einer ungeheuren Beharrlichkeit – oft bis ich heiser war. Ich übte die Töne, Arien, Koloraturen, Vokalisen so lange, bis sie besser und besser wurden. Als Triebfeder für meinen unbändigen Arbeitswillen gab es noch einen Grund: An der Akademie wurde viel getuschelt – die einen behaupteten hinter vorgehaltener Hand, ich wäre nur aufgenommen worden, weil meine Eltern an der Akademie unterrichten. Andere wiederum meinten: »Ihre

Stimme ist gar nicht so schlecht, aber Elīna ist nicht so musikalisch wie ihre Mutter.« Niemand hat mir diese gehässigen Sätze jemals ins Gesicht gesagt. Gehört habe ich sie trotzdem. Und so wollte ich allen beweisen, dass ich Talent und Stimme besitze und nicht nur die Tochter einer exzellenten Sängerin bin.

3
MEIN ERSTES ENGAGEMENT: VON RIGA AN DIE OPER NACH MEININGEN

Einen ersten entscheidenden Wendepunkt in meiner Karriere gab es 1997 – die Begegnung mit der rumänischen Gesangslehrerin Irina Gavrilovici, die schon seit vielen Jahren in Wien lebte. Sie wurde als Gastprofessorin an die Oper nach Riga eingeladen, und die Akademie-Studenten hatten das Privileg, bei den Proben mit Gastprofessoren als Zuhörer dabei zu sein. Wir saßen meistens in einer Ecke und beobachteten, wie die Professoren mit den Solisten Arien einstudierten. Meine Mutter wollte unbedingt, dass ich die Chance für ein Vorsingen bei Gavrilovici bekomme.

»Du musst dir das irgendwie erkämpfen«, lag sie mir in den Ohren.

Ich bettelte Irina Gavrilovici darum an, dass sie mich nach einer Probe an der Oper anhörte. Irina ließ sich überreden und gab mir einen Termin. Ich sang ihr eine Arie vor, und sie fand Gefallen an meiner Stimme, sodass sie noch die eine oder andere Übungsstunde mit mir einlegte. Kurz vor ihrer Abreise lud sie mich nach Wien ein.

»Du musst im Jänner zu mir kommen, damit ich dich auf den Gesangswettbewerb im Belvedere vorbereiten kann«, sagte sie.

Meine Mutter versuchte sofort, mithilfe von Sponsoren Geld für die Reise zusammenzukratzen. So trat ich im Januar 1998 meine erste große Reise an und kam mit dem

Flugzeug nach Wien. Ich erinnere mich noch, dass es unglaublich kalt war. Trotz der Kälte bewältigte ich alle Wege zu Fuß, weil ich mir kein U-Bahn-Ticket leisten konnte. Ich verirrte mich unzählige Male. Das Studio von Irina lag hinter dem Wiener Westbahnhof in Richtung Schönbrunn. Jedes Mal wenn ich die Mariahilfer Straße entlangging, um zur Wiener Oper zu kommen, blies mir ein bitterkalter Wind ins Gesicht. Ganz oben auf den billigen Galerie-Plätzen erlebte ich meine erste Vorstellung in der Wiener Oper. Ich war begeistert von der Größe der Wiener Staatsoper, das Opernhaus in Riga mit seinen knapp tausend Plätzen wirkt dagegen doch sehr zierlich und klein. Beeindruckt von der unglaublichen Bühne, entstand bei mir der Wunsch, zumindest einmal im Chor auf dieser Bühne singen zu dürfen. Die Rolle, die die Oper und die Wiener Philharmoniker in der Musikwelt spielen, war mir damals noch gar nicht bewusst, das habe ich erst sehr viel später realisiert. Das passiert in meinem Leben sehr oft, erst wenn ich wieder zu Hause bin, kann ich das Erlebte erst so richtig verarbeiten.

Eine Woche blieb ich bei Irina in Wien. In ihrem Musikstudio durfte ich auf dem Sofa übernachten. Im Vorraum gab es ein kleines Badezimmer und zwei Herdplatten, auf denen ich mir abends eine Pasta kochen konnte. In dieser Woche absolvierte ich einen Intensiv-Kurs, jeden Tag übte Irina eine Stunde mit mir. Den Rest des Tages verbrachte ich vor allem damit, meine Ohren zu spitzen. Ich beobachtete und hörte mir sehr genau an, wie Irina mit ihren Studenten arbeitete, welche Fehler sie ausbesserte und wie der Ton dann richtig gesungen wurde. Sobald ich allein im Studio war, legte ich Platten auf und übte so lange, bis die Nachbarn an die Wand klopften und mir zu verstehen gaben: »Es reicht!« Und so gelang mir in meiner ersten Woche in Wien ein Durchbruch: Ich steigerte meine Stimme auf zwei Oktaven.

Wenn ich heute zurückblicke auf meine Versuche, zu Hause zu üben, fallen mir immer sofort meine armen Nachbarn ein. Als ich schon in Frankfurt engagiert war, habe ich zu Hause die Partie des Hänsel ins Humperdincks »Hänsel und Gretel« geübt. Immer wieder wiederholte ich jene Szene im Wald, in der ich einen Kuckuck nachmachen musste. So lange, bis meine Nachbarin an die Tür klopfte und sagte: »Hören Sie doch endlich auf! Das ist nicht zu ertragen. Wenn Sie wenigstens ein Bass wären oder ein Tenor, aber dieses Koloraturen Gequetsche ist nicht auszuhalten.« Auch später in Wien hatte ich kein Glück. Unter uns lebte ein Anwalt. Ich war gerade mit Verdis »Falstaff« beschäftigt, als er zu mir an die Tür kam und sagte: »Hören Sie auf! Sie sind hier nicht in der Oper. Sie stören meine Arbeit. Ich kann mich nicht konzentrieren, und meine Kunden sind irritiert. Wenn Sie nicht gleich aufhören, verklage ich Sie wegen Ruhestörung.« Seitdem singe ich nicht mehr zu Hause, was ich eigentlich mag. Aber ich gehe zum Üben ins Theater und bin für ein paar Stunden nur für die Stimme und die Musik da – kein Telefon und kein Computer, die mich ablenken könnten. Nur in Spanien habe ich mein »Brüllzimmer«, wie wir es in der Familie nennen, in einer umgebauten Garage, weit weg vom Haupthaus.

Im Juli reiste ich wieder nach Wien, um am Internationalen Hans-Gabor-Belvedere-Gesangswettbewerb teilzunehmen. In der Opernwelt gilt der Wettbewerb als *die* Chance, um einen Agenten oder Theatervertrag zu ergattern. Unzählige Agenten und Operndirektoren kommen zu diesem Event, um junge Talente zu entdecken.

Ich erreichte das Semifinale, kam unter die besten vierzig Sängerinnen, das Finale war damals noch außer Reichweite für mich. Siegerin wurde 1998 die deutsche Mezzosopranistin Anke Vondung. Auch wenn ich noch nicht dem damaligen Wiener Operndirektor Ioan Holender auffiel, der angeblich auch im Publikum saß, hatte sich der Wettbewerb für mich gelohnt. Christine Mielitz, die Intendantin des Südthüringischen Theaters Meiningen, wurde auf meine Stimme aufmerksam. Über eine Agentur und meine Gesangslehrerin Irina suchte sie den Kontakt zu mir und lud mich zu einem Vorsingen im September für die Rolle des Octavian im »Rosenkavalier« nach Meiningen ein. Irina schlug das Notenbuch auf und zeigte mir den ersten Auftritt, in dem der junge Liebhaber Octavian bei der Feldmarschallin Fürstin Werdenberg im Bett liegt. Es waren fünf bis sechs Notenseiten, und wir wollten keine Zeit vergeuden und fingen gleich mit dem Einstudieren an. Wenige Wochen später reiste ich zum Vorsingen nach Meiningen, wo ich erstmals auf einer Originalbühne stehen durfte.

Während der Reise nach Meiningen bekam Irina einen Anruf, ob sie eine Sängerin wisse, die innerhalb von zehn Tagen für eine Inszenierung in Bukarest die Rolle der Giovanna Seymour in Donizettis »Anna Bolena« übernehmen könne. Sie fragte mich, und ich sagte sofort zu – ohne jemals die Oper gehört oder den Klavierauszug gesehen zu haben. Aber ich dachte mir, so etwas darfst du dir nicht entgehen lassen, und so studierte ich die Partie in zehn Tagen ein. Auf der Reise nach Bukarest wurde ich an der Grenze zurück nach Wien geschickt, weil ich kein Visum hatte. Später hat sich herausgestellt, dass das gar nicht notwendig war – ich glaube, der Grenzpolizist wollte mich junges naives Ding einfach zahlen lassen. Die Reise hat fast zehn Stunden länger gedauert – aber es war mir egal, denn ich wusste: Ich werde bald mit einem echten Orchester und mit echten Sängern auf einer echten Bühne singen!

Wieder zurück in Riga, wartete ich ungeduldig auf Post aus Deutschland. Jeden Tag durchstöberte ich die Briefe, die der Postbote meinen Eltern brachte. Ich hatte zwar beim Vorsingen ein gutes Gefühl gehabt, aber bei meiner Abreise wusste ich nicht, ob ich den Vorstellungen von Christine Mielitz entsprochen hatte und sie mir tatsächlich die Rolle des Octavian geben würde.

Ein paar Wochen später kam ein Kuvert mit dem Absender Südthüringisches Theater Meiningen, ich riss es voller Neugier auf, und tatsächlich lag im Kuvert ein Vertrag. Er war mit 2900 Mark im Monat dotiert – ich besitze den Vertrag noch heute. Ich war so unheimlich stolz. In den Westen zu gehen und als Solistin professionell arbeiten zu können war die Erfüllung meines Traumes.

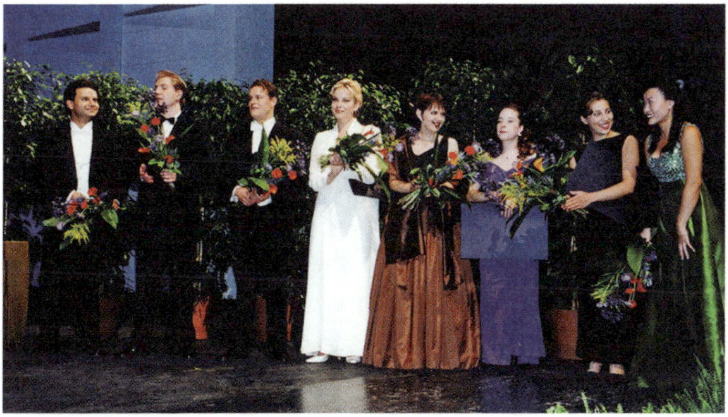

Den Internationalen Mirjam-Helin-Wettbewerb gewann ich 1999.

Ganz anders war die Stimmung bei meinen Eltern, für sie war es ein kleiner Albtraum. Sie hatten größte Bedenken und wollten auf keinen Fall, dass ich den Vertrag unterzeichne, denn ich war erst im dritten Jahr meiner Ausbildung an der Akademie. Es begann ein tagelanges Tauziehen um die Entscheidung.

»Du bist erst 22, hast den Abschluss an der Akademie noch nicht gemacht und kannst *kein* Deutsch. Dein Vater und ich wollen nicht, dass du nach Deutschland gehst«, sagte meine Mutter.

Aber ich ließ nicht locker. Ich wusste, so eine Chance kommt so schnell nicht wieder.

»Mama, was kann schon passieren? Wenn ich versage, schicken sie mich wieder nach Hause, und dann gehe ich wieder auf die Akademie. Aber in Lettland habe ich keine Chance. Da spielen sie nicht das Repertoire, das ich jetzt singen kann. In Lettland inszenieren sie keinen Rossini, keinen Mozart und keinen Händel, sondern immer nur die dramatischen Opern von Verdi und Puccini. Da wird mir maximal eine Hebammen-Rolle angeboten.«

Ich glaube, irgendwann fühlte meine Mutter, dass ich kein Gegenargument von ihr mehr akzeptieren würde. Wie heißt ein Sprichwort so schön: »Reisende soll man nicht aufhalten.« Also ließ sie mich ziehen, wenn auch schweren Herzens.

Am 13. Februar 1999 stieg ich in Riga in den Bus nach Berlin. Nach zwanzig Stunden stieg ich beim Tiergarten aus und suchte die Zugverbindung nach Meiningen. Damals musste ich vier Mal umsteigen. Ich hatte einen riesigen Koffer mit, der mit Lebensmitteln für ein halbes Jahr vollgestopft war – Brot, Maggi-Beutelsuppen, noch einige andere Sachen, ich wusste ja, dass ich mein erstes Gehalt erst am Ende des

Monats bekommen würde. Ich hatte keine Ahnung, dass man sich das Gehalt auch im Voraus auszahlen lassen kann. Der Koffer wog fast vierzig Kilo, und ich schleppte ihn die Treppen hinauf und hinunter zu den Regionalzügen.

Am Abend des 14. Februar kam ich in Meiningen an, und einen Tag später begannen die Proben. Ich war so erschöpft, dass ich kaum eine Flasche Wasser heben konnte, aber das war mir egal – Hauptsache, ich konnte mein neues Leben beginnen. Das Theater hatte mir ein Hotel für ein paar Tage reserviert, während ich mir eine Wohnung suchte. Irgendwie hatte ich angenommen, dass sich das Theater um alles kümmern und mir eine Wohnung zur Verfügung stellen würde, die ich natürlich von meinem Gehalt bezahlte. Aber die Realität schaute anders aus. Zu Hause in Lettland hatte ich bei meinen Eltern gewohnt, also stürzte ich mich zum ersten Mal in das Abenteuer Wohnungssuche. Als ich in Meiningen aus dem Zug stieg, sprach ich kaum ein Wort Deutsch. Meine mangelnden Sprachkenntnisse stellten mich vor einige Probleme: Ich konnte keinen Immobilienmakler anrufen und einen Termin vereinbaren, denn nur wenige Vermieter sprachen Englisch. Erschwerend kam hinzu, dass ich am Vormittag und am Nachmittag Proben hatte, also blieben mir nur wenige Stunden, um meine erste eigene Wohnung zu suchen. Am dritten Tag verlor ich die Nerven und stürzte vollkommen verzweifelt ins Künstlerische Betriebsbüro. Den Tränen nahe erzählte ich, dass ich nicht wusste, wie ich eine Wohnung finden sollte. Der Zufall wollte es, dass ein Bühnenarbeiter ein zweistöckiges Haus in der Nähe des Theaters hatte und mir in der unteren Etage eine Zwei-Zimmer-Wohnung anbot. Die Wohnung war möbliert, hatte eine kleine Küche und die Dusche auf dem Gang. Ich hatte endlich ein Zuhause!

Jetzt konnte ich mich voll auf meine erste Rolle und aufs Deutschlernen konzentrieren. Die Sprache brachte ich mir selbst bei, indem ich mit einem Lexikon vor dem Fernseher saß und mir jede Talkshow von Arabella Kiesbauer bis Bärbel Schäfer ansah, das ganze Programm von ungewollten Schwangerschaften über enttäuschte Liebe bis hin zu den Rosenkriegen. Mit dem Duden übersetzte ich das Gehörte. Und mit dem Deutsch-Lettisch-Langenscheidt lernte ich Wort für Wort, was in den Libretti stand. Dazwischen debütierte ich als Dritte Dame in Mozarts »Zauberflöte« auf der Opernbühne, und ein Jahr lang studierte ich die Rolle des Octavian für den »Rosenkavalier« Note für Note ein.

Aus heutiger Sicht war ich für die Rolle des Octavian noch viel zu jung. Ich glaube, ich brüllte damals die Noten mehr heraus, als sie tatsächlich zu singen. Meine Stimme war noch nicht reif, und meine Technik reichte noch nicht für eine derart schwierige Aufgabe. Aber über all das habe ich damals nicht nachgedacht. Vielleicht war es die Unbekümmertheit der Jugend oder eine Art Übermut. Ich sah nur die Chance, mit einem großen Orchester auf der Bühne zu stehen und eine große Partie singen zu können.

Der Octavian gilt als eine der anspruchsvollsten Verwandlungsrollen eines lyrischen Mezzo. Der »Rosenkavalier« von Richard Strauss spielt zur Zeit Kaiserin Maria Theresias und wurde 1911 in Dresden uraufgeführt. Damals gab es sogar eigens Züge von Wien nach Dresden, damit die Wiener die neue Strauss-Oper sehen konnten.

Graf Octavian ist siebzehn Jahre alt und der Liebhaber der um viele Jahre älteren Feldmarschallin Fürstin Werdenberg. Mit Octavian will die reife Fürstin noch einmal das Leben und vor allem das beflügelnde Gefühl der Liebe spüren. Eines

Morgens wird das ungleiche Liebespaar vom Vetter der Feldmarschallin, Baron Ochs auf Lerchenau, gestört. Damit die Affäre nicht auffliegt, verkleidet sich Octavian schnell in die Kammerzofe Mariandl. In dieser Maskerade kann sich Octavian der Zudringlichkeiten des mit seiner unersättlichen Begierde prahlenden Baron Ochs kaum erwehren. Der Grund für den überraschenden Besuch von Baron Ochs bei seiner Cousine: Er bittet die Feldmarschallin, ihm für seine Hochzeit mit Sophie, Tochter einer reichen, in den Adelsstand erhobenen Familie, jemanden zu empfehlen, der nach alter Sitte der Braut am Hochzeitstag eine silberne Rose überreicht – der Rosenkavalier. Die Feldmarschallin schlägt Octavian vor. Bei der Übergabe der Rose verlieben sich Octavian und die Braut Sophie sofort ineinander. Über die schlechten Manieren des Womanizers Baron Ochs zeigt sich Sophie hingegen entsetzt …

Die Rolle birgt gleich mehrere Schwierigkeiten und Tücken für eine Opernsängerin. Kaum eine Richard-Strauss-Oper besitzt diesen Schwierigkeitsgrad, denn sie hat die Dimension einer Richard-Wagner-Oper. Der »Rosenkavalier« dauert fast vier Stunden, und Octavian muss ein riesiges Orchester übertönen. Als ich die ersten Male die Notenblätter durchsah, unterschätzte ich meinen Part und dachte mir: Da sing ich nicht, da gehe ich in die Garderobe und ruhe mich aus. Aber so war es nicht, der Octavian spielt den ganzen Abend durch, und man ist als Opernsängerin fast vier Stunden auf der Bühne präsent. Und es wird einem auch noch schauspielerisch alles abverlangt, denn Octavian verwandelt sich gleich mehrmals: Die Opernsängerin spielt die Rolle des Octavian, dann verwandelt sich Octavian in eine Frau, und in der Folge wird die Frau wieder zu einem

Mann. Klingt nicht nur kompliziert, sondern ist es auch. Im ersten Akt verwandelt sich Octavian vom Liebhaber in eine Kammerzofe; im zweiten Akt mimt er wieder einen Burschen mit einem Degen; und im letzten und dritten Akt ist er sowohl junger Graf als auch Kammerzofe. Bei dieser Oper muss man blitzschnell umschalten können. Durch die multiplen Verwandlungsszenen besteht die Gefahr, dass die Rolle oft zu klamaukig angelegt wird. Viele rutschen in ein übertriebenes Frausein und verlieren dann während der Vorstellung die Männlichkeit. Eine gute Komödie zu spielen ist für mich eine der schwierigsten schauspielerischen Herausforderungen, denn jede gelungene Komödie benötigt einen gewissen Ernst. Eines der besten Beispiele dafür sind die Sketche von Mister Bean. Ich glaube, wir lachen deswegen so herzhaft über die Figur, weil bei ihm alles so ernst wirkt. Nicht übertriebene Komik ist das Herzstück einer Komödie – tatsächlich ist die Ernsthaftigkeit der Schlüssel für den Lacherfolg.

Mir sind Details bei der Umsetzung eines Charakters unheimlich wichtig. Um die Hosenrollen so überzeugend wie möglich zu spielen, entwickelte ich meine ganz eigene Art des Männerstudiums. Da ich die Akademie in Riga im zweiten Jahr verlassen hatte, konnte ich noch nicht auf eine Schauspiel-Ausbildung zurückgreifen. Also behalf ich mir anders. Für den Octavian ging ich extra auf Fußballplätze, um zu sehen, wie sich junge Burschen bewegen und inszenieren. Ihre Gestik und Blicke halfen mir, die Frische und den Übermut junger Männer realistisch darzustellen. Für meine nächste Männerrolle in Meiningen – den alkohol- und vergnügungssüchtigen Prinz Orlofsky in der »Fledermaus« von Johann Strauss – fand ich den perfekten Ort, um den Charakter entstehen zu lassen und die Körpersprache zu studieren, in einem Bahnhof. Ich lebte damals in der Nähe der Bahnhofstraße, auf dem Weg nach Hause drehte ich oft eine Runde durch die Wartehalle. Ich glaube, es gibt keinen Bahnhof, wo nicht heruntergekommene Männer mit Alkoholproblemen herumhängen. Ich prägte mir ihre Gesten, ihre Auseinandersetzungen, die Art, wie sie Alkohol trinken oder betrunken herumtorkeln, ganz genau ein. Meine Beobachtungen habe ich in die jeweiligen Männerpartien eingebracht, und die Regisseure waren begeistert. Ich habe mich in die Rollen so vertieft, dass ich auf der Bühne oft vergaß, dass ich eine Frau bin. Manchmal träumte ich sogar, dass ich aufs Männer- statt aufs Frauenklo gehe. Ich fühlte mich als Mann.

Im Frühjahr 2000 gab es dann nach einem harten Jahr mit vielen Proben die Premiere. Meine Eltern reisten extra nach Meiningen. Ihre Tochter auf einer großen Bühne zu erleben erfüllte sie mit großem Stolz. Sie waren vor Glück zu Tränen gerührt. Meine Mutter meinte nach der Premiere: »Du bist zwar eigentlich noch zu jung für diese Rolle, aber du hast wunderbar gesungen.« Es folgten in den nächsten Jahren noch einige große Premieren auf den großen Opernbühnen, aber keine kam für meine Eltern emotional an jene von Meiningen heran. Das erste Mal ist eben etwas Besonderes. Nervös war ich vor der ersten großen Rolle erstaunlicherweise kaum. Heute gehe ich mit mehr Lampenfieber auf die Bühne als damals beim »Rosenkavalier«. Wahrscheinlich ist mir jetzt einfach viel mehr bewusst, was von mir erwartet wird, ich muss meinen Namen verteidigen, die ganze Promotion rechtfertigen. Ich selbst kann am besten beurteilen, ob meine Darbietung auf einem gewissen Niveau ist oder nicht. Und obwohl ich schon einige große Erfolge gefeiert habe, wird von mir jedes Mal auf der Bühne ein Zauber oder ein Wunder erwartet. Aber jede Entwicklung braucht seine Zeit und steht auch nicht immer mit einer neuen Premiere oder mit einem Konzert im Einklang. Den großen Plácido Domingo habe ich einmal gefragt, ob er jetzt weniger Angst hat als vor dreißig Jahren. Er hat den Kopf geschüttelt und mir bestätigt, dass das Lampenfieber nie vergeht – ganz im Gegenteil, es ist unser Antrieb, unser Lebenselixier für die Bühne. Mit der Zeit lernt man, damit besser umzugehen. Wenn wir vor dem Auftritt keine Nervosität mehr spüren, keine Schmetterlinge im Bauch oder weiche Knie mehr haben, ist uns der Beruf egal geworden. Und Gleichgültigkeit ist das Ende der Emotionen auf der Bühne und der Tod der Kunst. Aber damals verschwendete ich keine Gedanken an die Kritiker, die im Publikum sitzen und mich bewerten würden. Ich durfte auf der Bühne sein und »war« Octavian.

Was den Stellenwert von Kritiken betrifft, habe ich einen ganz anderen Zugang als viele meiner Kollegen. Als kleines Kind musste ich manchmal mit ansehen, wie meine Mutter verzweifelt und traurig über schlechte Kritiken war, sie weinte auch schon mal einige bittere Tränen. Wenn sich Mama dann zu mir und meinen Bruder kuschelte, fand sie wieder Trost und konnte die zynischen Zeilen aus der Zeitung vergessen. Deswegen nehme ich Kritiken nicht allzu ernst. Das härteste Urteil von allen ist ohnehin mein eigenes. Ich analysiere meine Leistung bei jedem Auftritt so ehrlich und selbstkritisch, dass mich selbst eine phänomenale Kritik nicht trösten könnte, wenn ich weiß, dass ich an dem Abend nicht gut gesungen habe. Oft hört es gar keiner – selbst die Kritiker nicht –, wenn ich einen Fehler mache oder eine Note nicht gut gestützt ist, aber für mich ist der Abend ruiniert. Ich zweifle an mir, und zwar immer. Dann trage ich diesen verpatzten Einsatz oder diese eine Note, die ich vermasselt habe, noch wochenlang mit mir herum. Trotz meiner vielen Jahre auf der Bühne fällt es mir immer noch sehr schwer, loszulassen und Fehler einfach wegzustecken. Möglicherweise steht mir da mein Sternzeichen im Weg. Ich bin Jungfrau, und die gelten als sehr pedantisch und als akribische Menschen.

4
DER DURCHBRUCH

Interviews erinnern mich oft an eine hängen gebliebene Schallplatte, denn an zwei Fragen komme ich selten vorbei: Was ist mein Erfolgsgeheimnis? Und wann hatte ich meinen Durchbruch? Mir fällt keine bessere Antwort ein, als jedes Mal zu sagen: »Ich weiß es nicht.«

Vielleicht war es Zufall. Einfach Schicksal. Es ist mir selbst manchmal ein Rätsel. Um ehrlich zu sein, gab es bei mir keine so großen Partien wie beispielsweise bei Anna Netrebko, als sie 2002 bei den Salzburger Festspielen die Donna Anna in Mozarts »Don Giovanni« unter dem Dirigenten Nikolaus Harnoncourt sang. Nach dieser Inszenierung explodierte bei Anna die Karriere förmlich. Ähnlich war es auch bei Jonas Kaufmann, der 2006 mit Verdis »La Traviata« als Tenor seinen Durchbruch an der New Yorker Met feierte. Auch bei Jonas geht die Karriere seit dieser Aufführung steil bergauf. Vielleicht hatte ich nur Glück, dass die Opernwelt gerade eine große, blonde Sängerin aus dem Norden suchte, so wie in Hollywood mal der Typ George Clooney oder ein Schauspieler wie Johnny Depp angesagt ist. Möglicherweise war ich nur der perfekte Kontrapunkt zu Anna – sie die dunkelhaarige Sopranistin und ich die blonde Mezzosopranistin aus dem ehemaligen Ostblock. Noch dazu ist es für einen Mezzo doppelt schwer, den Sprung ins Rampenlicht zu schaffen, bleibt uns doch oft der Platz im Halbschatten einer Seconda

Donna, denn die Primadonnen sind in der Opernwelt die Sopranistinnen.

Ich sehe meine Erfolge als die Früchte meiner harten Arbeit, wie eine Art Perlenkette, bei der ich eine Perle nach der anderen mit Sorgsamkeit und viel Ehrgeiz aufgefädelt habe. Ich bin mit einer Stimme geboren, das kann ich nicht verleugnen, aber sie zu erkennen, sie zu polieren, das Timbre zu suchen und die Technik zu erlernen ist wie das Polieren eines Edelsteins. Nur der perfekte Schliff wird Hunderte von Farben glitzern und funkeln lassen. Ich war nie so selbstverliebt, vollmundig zu behaupten: »Natürlich habe ich Erfolg! Warum denn nicht? Ich habe eine tolle Stimme.« Ganz im Gegenteil: Ich bin der festen Überzeugung, dass sich unglaubliche Dinge entwickeln können, wenn man wirklich auf ein Ziel hinarbeitet. Für alle meine Engagements habe ich mir immer sehr viel Zeit genommen – ich studierte die Partien Monate im Voraus, ging zum Lehrer oder zu meiner Mama, ließ die Stunden aufnehmen, um sie dann zu Hause wieder abhören zu können, ich habe ein Repertoire angenommen, wann immer ich überzeugt war, ihm gewachsen zu sein. Nie habe ich mich getraut, auch nur halb vorbereitet oder halb überzeugt auf die Bühne zu gehen. Nur wenn ich selbst zufrieden bin, kann ich für das Publikum offen sein.

Mit Sicherheit eine ganz entscheidende Rolle für meine Entwicklung hatte der Wettbewerb »BBC Cardiff Singer of the World« 2001 – und das gleich in doppelter Hinsicht. Es machte schnell die Runde, dass ich als absolute Favoritin auf den Sieg galt. »Den ersten Platz kann dir keiner nehmen«, hörte ich während des Wettbewerbs. Aber ich konnte den sicher geglaubten Sieg nicht nach Hause holen und musste den Platz auf dem Siegerpodest dem Tenor Marius Brenciu überlassen. Diese Niederlage war ein Schlag ins Gesicht für mein Ego und gleichzeitig eine ungeheure Lehre, denn ich war so siegessicher gewesen, dass ich offenbar zu überheblich ins Finale ging. Am Finaltag ging wirklich viel schief, mein Gesang war mittelmäßig, ich war übermüdet, weil ich am Vortag richtig intensiv mit meinem Coach geübt hatte – ich hatte einfach nicht »meinen Tag«.

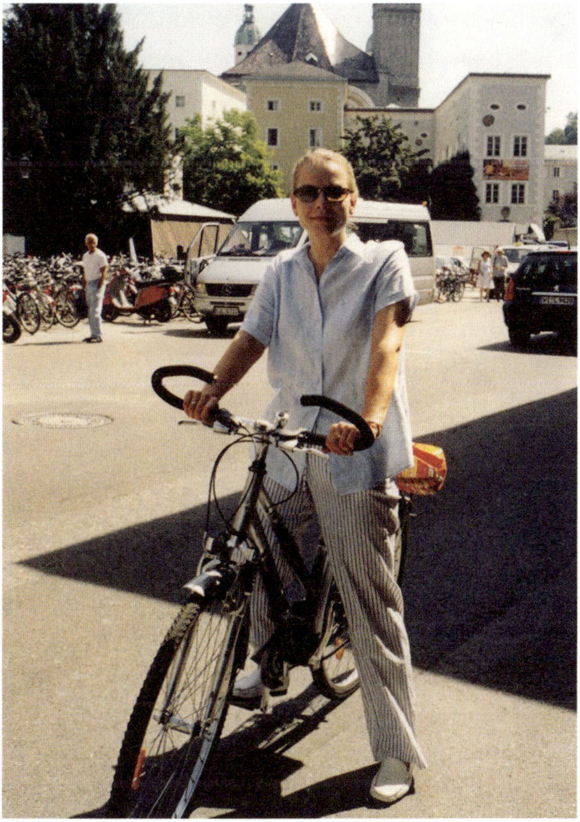

Mit dem Fahrrad in Salzburg im Jahre 2003.

So schmerzhaft Niederlagen im ersten Moment sind, aus heutiger Sicht bin ich dankbar, dass ich nicht gewonnen habe. Bis zu diesem Zeitpunkt hatte ich, abgesehen von meinen Startschwierigkeiten als Teenager, eigentlich einen lupenreinen und vor allem schnellen Aufstieg hingelegt. Überall, wo ich zum Vorsingen eingeladen wurde, erhielt ich ein Engagement. Zuerst in Meiningen, dann in Frankfurt. Beim Mirjam-Helin-Gesangswettbewerb in Finnland triumphierte ich, obwohl ich im Semifinale einen ziemlich schweren Patzer hatte, ich musste mittendrin abbrechen und alles noch einmal singen. Trotzdem durfte ich über die Siegestrophäe jubeln.

Nach der überraschenden Niederlage in Cardiff legte ich eine Nachdenkpause ein und konfrontierte mich mit vielen Fragen: Warum bin ich in diesem Beruf gelandet? Wohin soll meine Reise gehen? Was ist mir eigentlich wichtiger – einen Wettbewerb zu gewinnen oder einfach die Freude zu haben, auf der Bühne singen und spielen zu können?

Meine Mutter meinte: »Du hast schlecht gesungen, mit deiner Naturstimme wirst du nicht weiterkommen. Du musst an deiner Technik arbeiten, damit du deiner Stimme nicht schadest.«

Nach dem Sommer hatte ich einen Entschluss gefasst. Ich wollte mein fixes Engagement in Frankfurt 2002 beenden und einen neuen Weg einschlagen. Jedes Jahr bis spätestens am 31. Oktober hat man als Sänger die Möglichkeit, den Vertrag mit dem jeweiligen Theater aufzulösen. Das erledigte ich im Oktober 2001, ich musste aber noch den Vertrag bis Sommer 2002 in Frankfurt erfüllen. Nach Cardiff managte mich der Wiener Agent Erich Seitter. Beim Belvedere-Contest hatte mich meine Gesangslehrerin Irina das erste Mal auf ihn aufmerksam gemacht. Wir gingen gerade eine Treppe hinunter, als Irina zu mir sagte: »Schau, das ist Erich Seitter, der wichtigste Wiener Agent.« Seitter ging an mir vorbei, grüßte mich nicht einmal. Wenn meine Stimme damals schon interessant gewesen wäre, hätte er mich bestimmt angesprochen. Nach Cardiff suchte Seitter den Kontakt zu mir und nahm mich unter Vertrag.

Irgendwann im Laufe des Jahres 2002 bekam mein Agent *den* Anruf, auf den jeder Opernsänger wartet – und viele warten ein Leben lang vergeblich darauf. Niemand Geringerer als der Direktor der Wiener Oper Ioan Holender lud mich zu einem Vorsingen ein. Zwischen Frankfurt und Wien lagen sieben Stunden Zugfahrt. Diese sieben Stunden bedeuteten für eine junge Sängerin wie mich aber viel mehr – die Reise katapultierte mich von einer Finanzstadt in das Mekka der Opernwelt. Viele Male pendelte ich zwischen den Städten, um mit meiner Gesangslehrerin Irina zu arbeiten. Die Wiener Oper erschien mir wie der Olymp. Jetzt hatte ich die Chance, zum ersten Mal die Atmosphäre eines der größten Opernhäuser der Welt zu schnuppern. Und wie es meiner Mentalität entsprach, sagte ich nicht sofort blind zu, sondern wollte mich nur in Bestform vor Holender präsentieren. So riskierte ich es, dass ich den ersten Termin am 17. September ablehnte, weil mir mein Bauchgefühl sagte, dass meine Stimme nicht in Top-Form war. »Ich bin noch nicht bereit«, ließ ich meinen Agenten ausrichten. Eine zweite Absage war allerdings nicht drin, und obwohl ich nach wie vor mit meiner Form haderte, zwang ich mich dazu, Mitte Oktober nach Wien zu reisen.

Vor Wiens ebenso launischem wie mächtigem Operndirektor Ioan Holender zu stehen ging nicht ohne ein ordentliches Maß an Nervosität. Beim ersten Schritt auf die berühmte Bühne der Wiener Oper schoss mir das Adrenalin ein. Ich stellte mich vor die Dekoration der aktuellen Opernvorstellung und wartete auf den Einsatz des Pianisten. Im Zuschauerraum verteilt saß meine Jury: Ioan Holender, seine Assistentin, sein Studienleiter, und auch Gerard Mortier hatte einen Abstecher zu meinem Vorsingen gemacht. Ich schmetterte einfach alles hinaus, was mein Repertoire hergab, mobilisierte all meine Energie und sang sieben Arien. Den Anfang machte ich mit »Parto, parto« aus der Mozart-Oper »La Clemenza di Tito«, als Nächstes legte ich die Arie der Charlotte aus der Jules-Massenet-Oper »Werther« nach, und als Drittes sang ich die Cherubino-Arie aus der Mozart-Oper »Le nozze di Figaro«.

Während des Singens versuchte mich Holender aufs Glatteis zu führen; er ging zum Orchestergraben, begann zu dirigieren und veränderte das Tempo, um zu testen, wie ich auf dieses Überraschungsmanöver reagierte. Nach der siebten Arie fiel die ganze Anspannung ab, ich stand erschöpft und innerlich vollkommen leer vor Holender. »Wir rufen Sie an« ist der mit Abstand schlimmste Satz, vor dem ein Künstler nach einem Vorsingen zittert. Was so viel heißt wie: »Sie brauchen nicht zu warten, bitte treten Sie die Heimreise an.« Dieser vernichtende Satz blieb mir im Herbst 2002 erspart. Holenders Assistentin sagte, ich solle warten, bis das Vorsingen zu Ende sei. Das war ein eindeutiges Signal, dass meine Chancen nicht schlecht standen.

Als Holender alle Sänger gehört hatte, wurde ich in das Büro des Operndirektors gerufen, und es kam das Angebot, auf das ich innerlich so gehofft hatte. »Ich will Sie unter Vertrag nehmen«, sagte Holender. Diese sechs simplen Wörter, die Holender mit seinem typischen rumänischen Akzent aussprach, klangen für mich wie die schönste Arie.

»Ich suche eine neue Charlotte für die ›Werther‹-Oper. Vielleicht könnten Sie das machen. Ist das interessant für Sie?«, fragte er.

Welche junge Sängerin interessiert das nicht?, dachte ich mir damals. Ich akzeptierte, was sonst? Aber schon früh habe ich Nein sagen gelernt – zu Partien, die ich nicht richtig für meine Stimme fand. Das war so in Meiningen, in Frankfurt, und auch jetzt in Wien. Meine Bedingung für Wien war, dass ich keinen vollen festen Vertrag mit der Wiener Oper wollte. Trotz der bitteren Niederlage in Cardiff waren einige Opernhäuser aus Finnland oder Frankreich mit attraktiven Rollenangeboten an mich herangetreten. Diese Engagements wollte ich nicht sausen lassen. Mein zweiter Wunsch war, dass ich nicht gleich im Herbst 2002 an die Wiener Oper kam, ich war ja noch bis Ende Juni 2002 Ensemblemitglied in Frankfurt, ich wollte erst Anfang 2003 mein Debüt geben. Wien ist nicht irgendein Opernhaus, und als Perfektionistin wollte ich meine Stimme im Herbst bestmöglich auf das kritische Wiener Publikum vorbereiten. Und siehe da, trotz meiner Ansprüche nahm mich Holender unter Vertrag. Was Holender besaß, war ein gutes Verständnis für die Branche, einen guten Riecher, wie man so sagt.

Mir war natürlich klar, dass ich vor der Charlotte-Rolle mit Minirollen von ganz unten anfangen musste. Im Opernjargon nennt man solch unbedeutende Auftritte »Wurzen«, was in etwa so viel heißt wie »Zwerge«, die ein kleines Lied oder ein, zwei Sätze singen dürfen. Wenn man Glück hat, wird man im Programmheft als Solist angeführt. Wenn eine junge Sängerin in ein so großes Haus wie die Wiener Oper kam, mussten gewisse Parameter erst einmal abgetestet werden: Wie funktioniert die Stimme im Haus? Wie geht der Sänger mit dem Stress bei der Vorstellung um? Und wie klingt die Stimme mit dem Orchester? Und ich bin mir ganz sicher, hätte ich einmal versagt, hätte mich Holender nie die Rolle der Charlotte singen lassen. Das Besondere am »System Holender« war, dass es vor der Aufführungsserie für die Sänger sehr wenige, oft auch gar keine Proben mit dem Orchester gab, außer es war eine Premiere oder eine seit längerem nicht gespielte Oper, die dann unter dem Titel »Neueinstudierung« stand. Erschwerend kam hinzu, dass bei den Proben auch noch großer Zeitdruck herrschte. Für eine neue Produktion gab es sechs Wochen zum Einstudieren, das entsprach auch dem internationalen Standard. Aber bei Opern, die schon einmal auf dem Programm standen und wieder ins Repertoire aufgenommen wurden, gab es nur zwei Tage Probenzeit. In der Branche wusste jeder: Wer unter dem Stress des »Systems Holender« nicht verbrannte, hat an allen anderen Opernhäusern ein leichteres Spiel.

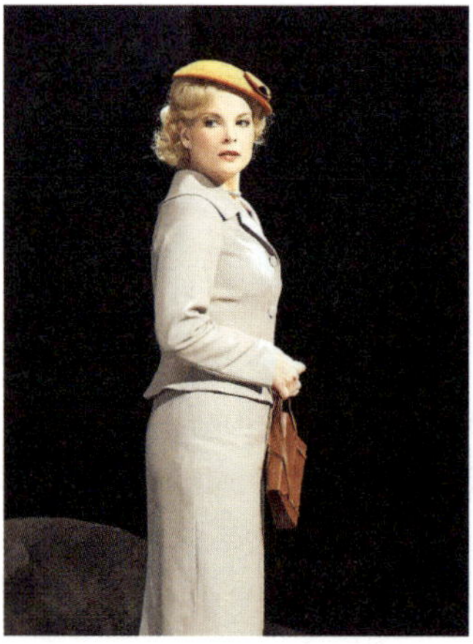

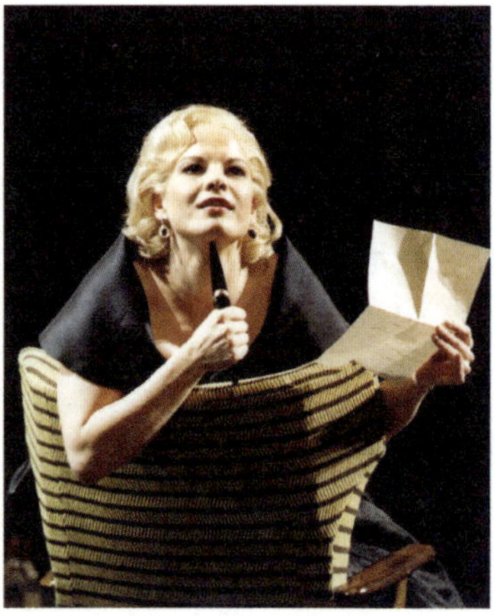

Die erste große Premiere in Wien: in der Rolle der jungen Charlotte.

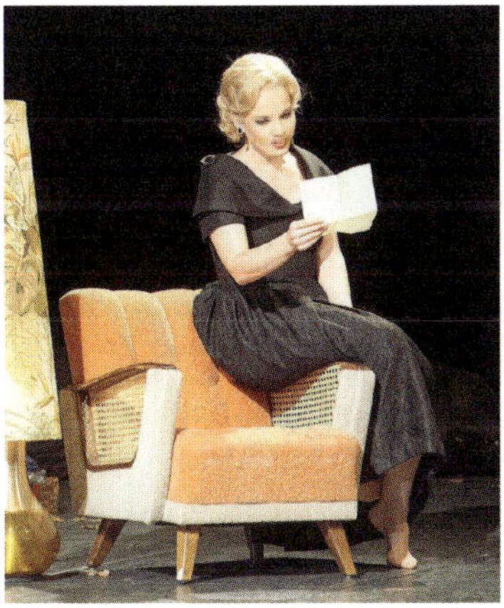 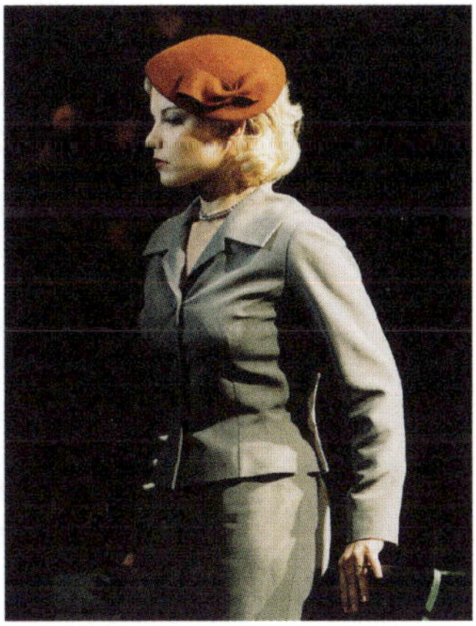

Mein erster Auftritt auf der geschichtsträchtigen Bühne war die Lola in der »Cavalleria rusticana« von Pietro Mascagni. Eine sogenannte »Wurzen«, ohne große Bühnenpräsenz. Ich werde trotzdem nie im Leben vergessen, wie stark meine Knie zitterten, als ich auf dem kleinen Balkon die Treppe hinauflief, wie fest ich mich am Treppengeländer festklammerte, um irgendeinen Halt zu haben, und wie unglaublich groß die Oper mir erschien, als ich endlich auf der Bühne stand. Auf einmal starrten über 2000 Augenpaare auf mich und warteten auf meinen Einsatz. Es gingen mir Tausende Gedanken durch den Kopf: Schau, Elīna, bist auf der Opernbühne, darfst mit einem der besten Orchester der Welt singen. Bist nicht im Chor, sondern hast eine Rolle! Danach konnte ich fast die ganze Nacht nicht schlafen, und von diesem Zeitpunkt an wusste ich – auf dieser Bühne will ich alle wichtigen Mezzo-Partien singen.

Danach ging es Schlag auf Schlag: Es folgte die Rolle des Trunkenbolds Prinz Orlofsky in der »Fledermaus«. Diese Partie bedeutete für mich Stress pur, weil ich die deutsche

Sprache immer noch nicht vollkommen beherrschte. Die Musik zu singen war nicht das Problem, sondern die gesprochenen Dialoge. Es war ein Albtraum für mich. Ich hatte panische Angst, dass ich etwas Falsches sage, dass ich den Text verwechsle oder gar vergesse, und das in Wien. Ich konnte in der Vorstellung immer erst dann aufatmen, wenn ich wusste, jetzt sind die gesprochenen Texte Gott sei Dank vorbei.

Dann folgten Rollen mit immer mehr Präsenz, und ich fühlte mich dem mehr und mehr gewachsen.

Wenige Monate nach meinem Debüt an der Wiener Oper wartete schon der nächste Höhepunkt auf mich, mit dem ich nicht hatte rechnen können. Ich bewarb mich für ein Vorsingen bei den Salzburger Festspielen. Ich wollte mit diesem Schritt nicht meine Karriere forcieren, es ging nur darum, dabei zu sein, einmal mit den Weltstars proben und auf der Bühne stehen zu dürfen. Dieser olympische Gedanke ließ mich nach Zürich reisen, wo ich dem berühmten Dirigenten Nikolaus Harnoncourt vorsang. Er dirigierte und Regisseur Martin Kušej inszenierte eine der weniger populären Opern von Wolfgang Amadeus Mozart – »La Clemenza di Tito«. Es ist das letzte Opernwerk, das Mozart vor seinem Tod schrieb, und die Komposition erfolgte unter großem Zeitdruck für die Krönung von Leopold II. zum König von Böhmen. Noch im Reisewagen auf der Fahrt von Wien nach Prag war Mozart mit der Arbeit an der Oper beschäftigt. Wie schon bei Holender in Wien sang ich Harnoncourt die »Parto, parto«-Arie vor. Harnoncourt erzählte mir noch, wie er das Stück sehe, bei welchen Phrasen er Verzögerungen oder Dehnungen möchte. Dann ließ er mich ein paar dieser Phrasen singen und sagte schließlich: »Okay, alles klar.« Ich glaube, Harnoncourt wollte testen, ob ich der Typ Sängerin bin, die nur alles geradeaus singen kann, oder ob ich wandelbar und knetbar bin, und das war ich zu diesem Zeitpunkt. Wenige Tage später kam der Vertrag für die Salzburger Festspiele, wo ich die Rolle des Annio bekam – wieder einmal übernahm ich eine Hosenrolle.

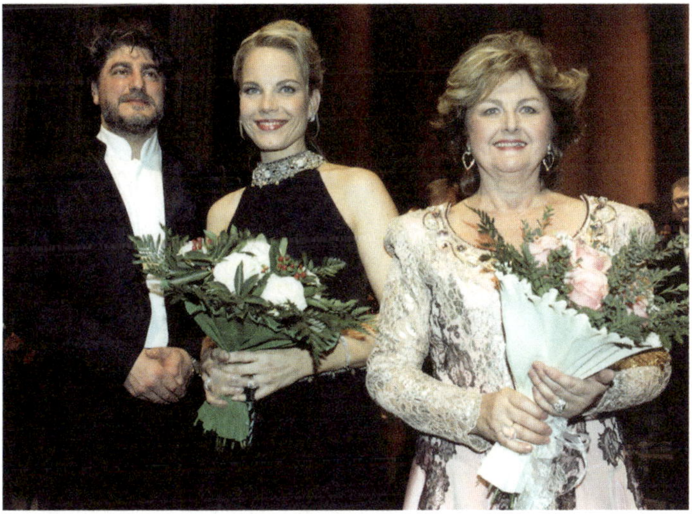

Mit der großen Edita Gruberová und Tenor José Cura nach der »Norma«-Premiere.

Bei der ersten musikalischen Probe war ich unheimlich nervös. Die kleine Elīna saß in einer Reihe mit Operngrößen wie Barbara Bonney, Dorothea Röschmann, Startenor Michael Schade oder Vesselina Kasarova – allesamt Künstler, die ich seit vielen Jahren verehrte, deren Platten ich nachgesungen hatte und die mich nun plötzlich mit Du ansprachen, mit denen ich über Witze lachte. Sie gaben mir das Gefühl, eine von ihnen zu sein, und ich als eher schüchterner

Mensch konnte es gar nicht glauben, dass diese Weltstars so locker im Umgang waren und mich keine Starallüren oder hierarchische Unterschiede spüren ließen. Bei den Proben mit Nikolaus Harnoncourt war ich höchst konzentriert, denn mein Ehrgeiz forderte es von mir, perfekt zu sein. Am liebsten hätte ich Harnoncourts Gedanken gelesen, damit ich schon im Vorhinein wusste, was der weltberühmte Dirigent von mir wollte. Der Annio ist alles andere als eine tragende Rolle, trotzdem wird dieser Auftritt bei den Salzburger Festspielen von vielen Opernexperten und -fans als mein Durchbruch gewertet. Ganz ehrlich, ich weiß es nicht, ob die Nebenrolle des Annio meinen Marktwert steigerte. Sicherlich war »La Clemenza di Tito« von Harnoncourt und Kušej auf künstlerisch höchstem Niveau inszeniert, und das Ensemble feierte einen großen Erfolg mit einem riesigen medialen Echo.

Von diesem Zeitpunkt an hatte ich das Gefühl, als eine der neuen vielversprechenden Sängerinnen in der Klassik-Szene wahrgenommen zu werden. Es trudelten mehr und mehr Angebote ein, die aber erst für einige Jahre später angesetzt wurden. Damit es zu keinen Terminkollisionen kam, kaufte ich mir meinen ersten Kalender, der eine Fünf-Jahres-Planung zuließ. Zurück in Wien, hatte ich wieder die Hosen an – als Nicklausse in Offenbachs »Les Contes d'Hoffmann«. Ja, schon wieder eine Männerpartie, und parallel dazu bereitete ich mich auf die »Falstaff«-Premiere mit dem unglaublichen Bryn Terfel in der Hauptrolle vor; ich in der Rolle der Meg Page. Terfel kannte ich bis da nur aus Aufnahmen, für mich hat er die schönste Bass-Bariton-Stimme der Gegenwart. Wir verstanden uns auf Anhieb, und wir hatten bei den Proben jede Menge Spaß.

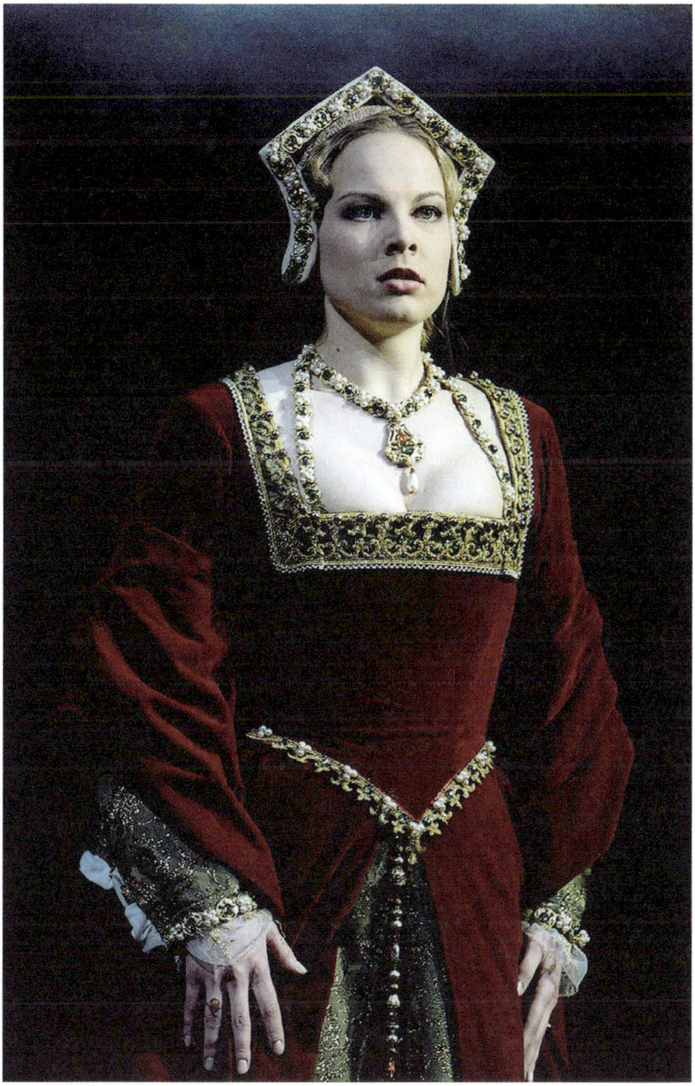

In der Partie der Giovanna Seymour in »Anna Bolena« in der Oper in Helsinki im Jahre 2000.

Der fettleibige, liebenswerte, moralisch aber nicht ganz integre Trunkenbold Sir John Falstaff will sich durch zwei Liebesaffären mit Alice Ford und Meg Page sanieren. Doch die beiden Frauen entdecken das doppelgleisige Spiel und beschließen, ihm eine Lehre zu erteilen. Alice Ford lädt Falstaff zu einem Rendezvous ein, bei dem sie ihn zum Gespött machen will. Das Rendezvous, so der Plan von Alice Ford und Meg Page, soll durch die Ankündigung der angeblichen Rückkehr von Alices Ehemann gestört und Falstaff dadurch in Todesangst versetzt werden. Aber aus dem Spiel wird Ernst, der eifersüchtige Ehemann erscheint tatsächlich. Um Falstaff vor dessen Wut zu retten, muss ihn Meg Page in einem großen Korb verstecken und in die Themse kippen. Bei den Proben passierte mir ein Missgeschick, ich rutschte unabsichtlich zu Bryn Terfel in den Korb. Ab diesem Zeitpunkt war es »unser Moment«, bei jeder Vorstellung kicherten wir schon vor der Szene, wissend – jetzt kommt's! Und noch heute können wir herzhaft über unseren »Korb-Moment« lachen.

In diesem Jahr bin ich auch den weiten Weg nach Japan gereist. Es war meine erste Asienreise, und Tokio beeindruckte mich sehr. Die Menschenmenge, die Lichter, die Organisation der Megacity, die fremde Kultur – und die Liebe der Japaner zur Oper. Aber auch die japanische Küche authentisch zu erleben war großartig. Ich liebe Sushi und Asia-Food in allen Facetten, aber, wenn ich ehrlich bin, auch diese Lust war nach zwei Wochen vorbei – das Glücksgefühl, in einen McDonald's-Burger zu beißen, war unbeschreiblich. Zurück in Europa, stand ich vor einer der größten Aufgaben bisher – Bellinis »Norma« als konzertante Aufführung mit der großen Edita Gruberová in Baden-Baden, noch dazu als CD-Live-Aufnahme für *Nightingale.*

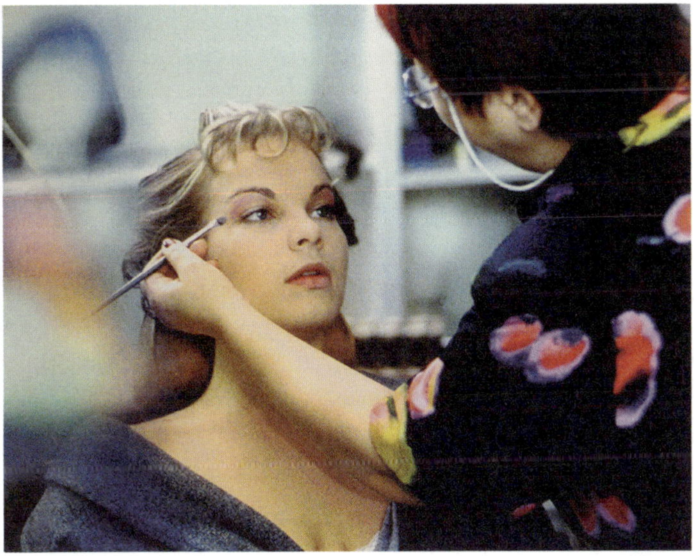

In der Maske.

Vincenzo Bellinis Belcanto-Oper gilt als eine der anspruchsvollsten und wurde 1948 von Maria Callas wiederentdeckt. Insgesamt 89 Mal trat die Callas als Norma auf – ihre Aufführungen gelten bis heute als das Maß aller Dinge. Bei der Uraufführung 1831 war Norditalien gerade von Österreich besetzt – das spiegelt sich auch in der Handlung, die im ersten Jahrhundert vor Christus bei den Galliern spielt. Norma ist ein hochpolitisches Stück, es geht um das Aufbegehren der Unterdrückten gegen die Unterdrücker. Die Italiener sind die Gallier, die Österreicher die Römer. Aber dann wird in »Norma« noch eine sehr dramatische Liebesgeschichte erzählt. Norma, die gallische Druidenpriesterin, liebt den Römer Pollione, den größten Feind der Gallier, sie hat sogar zwei Kinder mit ihm. Wie soll sie diese Liebe, diesen Bruch mit ihrem Gelübde jemals ihrem Volk erklären? Die Konfliktsituation wird noch verschärft, als die Nebenbuhlerin Adalgisa auftaucht. Pollione verliebt sich in sie und will mit Adalgisa nach Rom fliehen. Als Norma die Affäre entdeckt, schwört sie Pollione Rache, ruft zum Krieg gegen die Römer auf. Der Sieg der Gallier soll durch ein Opfer beschworen werden. Die Gallier nehmen dafür Pollione gefangen. Norma verlangt von Pollione, dass er sich von Adalgisa abwendet. Sie droht ihm sogar, die gemeinsamen Kinder zu opfern und Adalgisa auf dem Scheiterhaufen zu verbrennen, wenn er ihrem Wunsch nicht Folge leistet. Aber Pollione weigert sich. So lässt sie einen Scheiterhaufen für eine Priesterin errichten, die ihr Keuschheitsgelübde gebrochen hat. Beim großen Finale schickt sie aber nicht Adalgisa ins Feuer, sondern Norma bekennt sich zu ihrem Eidbruch und geht selbst auf den Scheiterhaufen. Nur durch den Opfertod vermag sie die vielen Konflikte, ihre Zerrissenheit aufzulösen. Pollione ist von Normas Liebe überwältigt und folgt ihr.

Schon allein der dramatische Inhalt verrät, dass es hier einige Hürden – von Koloraturen über irre Spitzenhöhen bis hin zu sehr vielen tiefen Tönen – zu meistern gilt. Auch Richard Wagner mochte diese Bellini-Oper und dirigierte sie sogar einmal in Riga. Der Tenor spielt in »Norma« eine eher untergeordnete Rolle. Die berühmte Casta-Diva-Arie der Norma, aber auch die Duette zwischen der Druidenpriesterin und der Nebenbuhlerin Adalgisa sind die Höhepunkte der Oper und gleichzeitig ein wunderbarer gesanglicher Wettstreit zwischen zwei Primadonnen. Ähnlich wie bei »Carmen« gilt auch hier: Es braucht zwei starke Sängerinnen, damit dieser Wettstreit zweier befreundeter Frauen um einen Mann in seiner ganzen Dramatik das Publikum berührt. Gruberová musste bei dieser Partie das hohe C und D singen, und selbst ich als Mezzo musste bis zum hohen C hinauf. Neben einer gestandenen und so ausdrucksstarken Diva wie Gruberová zu bestehen hat meinen Ehrgeiz natürlich beflügelt.

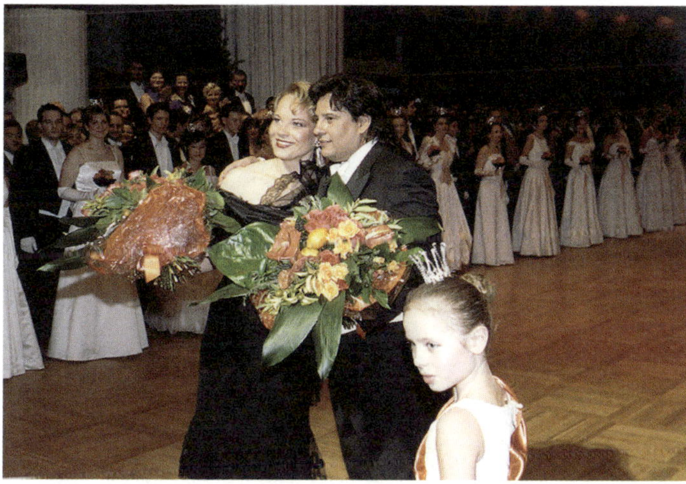

Meine erste Opernball-Eröffnung zusammen mit Marcelo Álvarez im Jahre 2005.

Fast zwei Jahre nach meinem Debüt an der Wiener Oper kam der große Moment. Holender hatte sein Versprechen gehalten und mir die Rolle der Charlotte in Jules Massenets »Werther« gegeben. Am 19. Februar 2005 war die Premiere der Neuinszenierung. Kurz davor hatte ich meinen ersten großen medialen Auftritt gefeiert – die Eröffnung des Wiener Opernballs, zusammen mit Marcelo Álvarez. Danach war ich in aller Munde und unter Opernfans etabliert, und das spornte meinen Ehrgeiz und meinen Mut für die große

Premiere an. Die Vorlage für die Oper ist das weltbekannte Goethe-Werk »Die Leiden des jungen Werthers«. Es ist die Geschichte einer unerfüllten Liebe. Charlotte, eine junge Frau, steht zwischen zwei Männern. Sie liebt Werther, ist aber ihrem Verlobten Albert versprochen. Erst als Werther Selbstmord begeht, bekennt Charlotte dem sterbenden Werther ihre Liebe. Ähnlich wie die Rolle der Carmen ist auch jene der Charlotte mit vielen Klischees behaftet. Ich persönlich sehe Charlotte nicht als das arme, schüchterne Mädchen, das den letzten Willen der Mutter treu ergeben ausführt und ihren Verlobten Albert nur deswegen heiratet, weil sie es der Mutter am Sterbebett versprochen hat. Vielleicht habe ich im Leben schon zu viel gesehen, aber ich glaube nicht an diese blinde, romantische Liebe. Die Geschichte wäre mir so auch viel zu platt und blass. Ich vermute, die Psyche von Charlotte und Werther ist um vieles komplizierter. Die ständigen gegenseitigen provozierenden Manipulationen der beiden müssen ihren Ursprung in ihrer Vergangenheit haben. Wir wissen nichts über das amouröse Vorleben der beiden, aber vielleicht machen ihre Erlebnisse diese Liebe so kompliziert.

Die Rolle der Charlotte verlangt einer Mezzosopranistin viel Dramatik und viel Höhe in der Stimme ab. Der Star des Abends ist ohne Zweifel der Tenor, der den jungen Werther spielt. In dem großartigen Marcelo Álvarez habe ich nicht nur einen echten Werther erlebt, sondern auch einen sehr guten und teuren Freund gefunden, der mir bei dieser für mich so wichtigen Premiere alle Liebe und Geduld und Unterstützung schenkte. Die Kunst bei der Rolle der Charlotte ist, gegen den Tenor auf der Bühne zu bestehen. Ich bin am 19. Februar 2005 auf der Bühne nicht untergegangen und konnte dem Tenor stimmlich Paroli bieten. An diesem Abend – und an vielen weiteren – wurde ich bei der Arie »Werther, Werther! Qui m'aurait dit la place« vom Wiener Publikum mit Szenenapplaus belohnt.

5
DIE KUNST DES RICHTIGEN ZEITPUNKTS

Nach Salzburg und vor allem nach der »Werther«-Premiere in Wien kam immer mehr Schwung in meine Karriere. Für das Sommerfestival im französischen Aix-en-Provence im Jahre 2005 inszenierte der berühmte Patrice Chéreau, der 25 Jahre zuvor mit seinem Bayreuther »Ring« Theatergeschichte geschrieben hatte, nach elf Jahren wieder eine Oper. Mozarts »Così fan tutte« stand auf dem Programm, und mir bot man die Rolle der Dorabella an. Für Opernfans war die Chéreau-Inszenierung eine kleine Sensation, denn einige Jahre zuvor hatte das Genie verkündet, die Oper habe für ihn keinen Reiz mehr. Chéreaus Comeback auf der Opernbühne wurde mit großem Interesse verfolgt, und Kritiker und Opernfans aus aller Welt reisten an. Aus meiner Sicht war die Inszenierung dieser Verwechslungskomödie, die sehr vom Witz lebt, eigenartig. Patrice Chéreau verzichtete auf alles Buffoneske, auch auf übertriebenen Klamauk und alle Aufführungsklischees. Die Oper war sehr ernsthaft inszeniert, Chéreau zeigte ein erotisches Spiel, bei dem sechs Personen verlieren. Von den Kritikern wurde die Inszenierung als Sternstunde für »Così fan tutte« gefeiert, aber es war nicht meine Lieblingsproduktion. Chéreau habe eine »Jahrhundertinszenierung« hingelegt und ein »Kabinettstück feinster Personenregie«, hieß es in den Kritiken, was ich nicht ganz nachvollziehen konnte – vielleicht habe ich ihn oder sein Konzept noch nicht verstanden. Für mich war es trotzdem ein Erlebnis, denn ich durfte abermals mit Weltstars wie Barbara Bonney, die die zynische Zofe Despina spielte, oder dem legendären Ruggero Raimondi auf der Bühne stehen.

Nach den Freiluft-Festspielen in Aix-en-Provence wanderte das Ensemble mit der »Così fan tutte«-Inszenierung gleich weiter nach Paris ins Palais Garnier, dem nach der Bastille zweitwichtigsten Haus in der Modemetropole. Ein kleiner Aufstieg, denn im Jahr zuvor hatte ich noch am drittwichtigsten Opernhaus der Stadt die Rossini-Oper »La Cenerentola« gespielt. Dominique Meyer hatte mich in Salzburg als Annio gesehen, und als ihm seine Besetzung für die Cenerentola ausfiel, gab er mir eine Chance und holte mich als Ersatz. Und das, obwohl ich wirklich keine Rossini-Stimme habe, denn Koloraturen sind für meine Stimme ein echter Grenzbereich, um die ich mich zwar mit Freuden bemühe, aber meine Stimme ist für das Leichte und Schwerelose nicht geschaffen. Heute noch bin ich überzeugt, dass ich Koloraturen nie so sauber werde singen können wie eine Cecilia Bartoli, eine Vesselina Kasarova oder eine Joyce DiDonato. Die drei sind für mich die absoluten Gurus. Meine Mutter, die auch ein Mezzo war, hat bei den Rossini-Koloraturen das Notenbuch meistens gleich wieder zugeschlagen. »Die Klavierauszüge hatten mir zu viele kleine schwarze Noten«, sagte sie zu mir im Scherz. Ich glaube, für Koloraturen muss man geboren sein. Es ist ein gewisses, bestimmtes Vibrato, das man bei Rossini-Stimmen hört, das aber wiederum bei einem anderen Repertoire »heraustickt« und manchmal störend wirken kann. Auch wenn ich meine Kolleginnen nur bewundern kann, wie schnell und beweglich ihre Stimmen sind, wie schnell sie die Noten-Perlen laufen lassen, mein Herz geht doch mehr bei Bizet, Verdi oder Puccini auf.

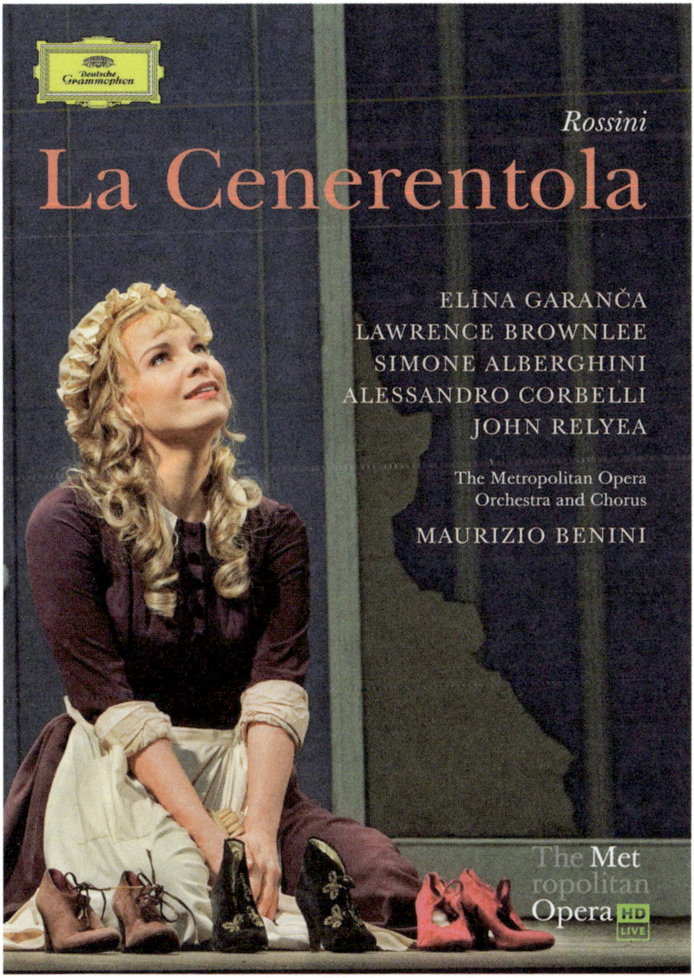

In der Rolle der Cenerentola mit Schuhen.

Umso besser die Angebote werden, desto mehr muss man als Opernsänger wissen, wohin die Reise gehen soll. Für eine Karriere benötigt man nicht nur Stimmvolumen, der Erfolg besteht darin, für seine Stimme das maßgeschneiderte Repertoire zu finden. Es gibt Sänger, die sich bei Verdi zu Tode quälen, weil ihr Stimmapparat für die langen Bögen nicht reicht. Andere sind Meister der Koloraturen, scheitern aber an lyrisch-dramatischen Opern. Mozart gilt als das absolute Nonplusultra, kein Komponist stellt die Sänger vor derart schwere Aufgaben wie er. Dieser Mozart-Mythos – bei Mozart weißt du, ob du singen kennst (und ich sage bewusst *kennst* und nicht *kannst,* denn wir Opernsänger müssen es nicht nur können, sondern auch kennen) – trifft allerdings nicht für alle Stimmen zu. Es geht darum zu erkennen, wofür eine Stimme geschaffen ist und wofür nicht. Dafür braucht es vor allem Selbsteinschätzung, gute Lehrer, Bauchgefühl und viel Geduld.

Wie ein Hochleistungssportler seine Kräfte, so muss ein Sänger seine Stimme einteilen. Das richtige Timing ist in einer Sängerkarriere ebenso wichtig wie für einen Athleten, der über viele Jahre für die Olympischen Spiele trainiert. Ich vergleiche das Singen gern mit dem Skifahren: Zuerst lernt man, sicher auf zwei Skiern zu stehen, und dann feilt man an der Carving-Technik. Auf einen Sänger umgelegt heißt das: Der Stimmumfang ist wichtig, aber nicht das Wichtigste. Im Gegenteil, große Stimmen gelten als schwerer zu bändigen als kleinere. Bei meiner Gesangslehrerin Irina hatte ich meine Stimme auf zwei Oktaven gesteigert, dann legte ich nochmals um eine halbe Oktave zu. Auf einem so hohen Level muss man der Stimme auch eine Qualität geben. Es geht um Timbre, um nicht nur forte, sondern auch pianissimo singen zu können, lange und kurze Phrasen zu beherrschen, schnelle und langsame Einsätze. Um die Feinheiten eben. Als typischer lyrischer Mezzosopran muss ich ein hohes C singen können, aber ganz essenziell ist für mich als Mezzo die Mittellage. Wenn die Mittellage stimmt, kommen die hohen Töne von selbst. Was die Technik betrifft, kann man mich als echte Tüftlerin bezeichnen, nach Irina setzte ich auf neue Coaches, und so flog ich oft nach London und in die USA oder nach Amsterdam, um neue Ideen für meine Stimme zu entwickeln. Jeder Sänger träumt davon, eine so einzigartige Stimme zu bekommen. Im Olymp fühlt man sich, wenn die Zuhörer schon bei der ersten Note einer Radioübertragung oder beim Hören einer CD erkennen, welcher Künstler singt. Es existieren Hunderte Sänger, die toll sind, deren Stimme bestens geschult ist, die musikalisch sind und auch noch attraktiv, aber ihr Timbre sticht nicht heraus. Die Stimme muss nicht immer perfekt sein und nicht unbedingt schön, aber sofort erkennbar. Solche Stimmen sind entweder ein Geschenk Gottes, oder man arbeitet so lange an seinem Timbre, bis es unverwechselbar ist. Und das war mein Weg.

Mein Motto lautete immer: »Sag nie zu schnell Ja«, denn die falsche Rolle zur falschen Zeit ruiniert die schönste Stimme. Noble Zurückhaltung erfordert Geduld und vor allem Nerven. Man ist als Sängerin von vielen Jasagern umgeben, die vorgeben zu wissen, was gut für einen ist. Aber diese Einflüsterer verheizen einen Sänger oft gnadenlos, bis dieser *leer* ist. Selbst seinem Gesangslehrer sollte ein Sänger nicht blind vertrauen, auch er folgt *seinem* Geschmack und *seiner* Vorstellung, was zum Beispiel das Timbre betrifft. Dazu kommen noch die Agenten und Manager, die dir Angst machen, indem sie sagen: »Wenn du diese Rolle jetzt nicht annimmst, werden sie dich nie wieder anrufen.« Es ist wichtig, an sich selbst zu glauben, eine eigene Vorstellung von seiner Stimme zu haben und um seine eigenen Grenzen zu wissen. Man sollte nicht nur seine Stärken, sondern auch seine Schwächen kennen. So würden manchen Sängern bittere Enttäuschungen und nicht realisierte Karriereträume erspart bleiben. Ich glaube sehr an das Schicksal, aber ich vertraue auch meinem Bauchgefühl. Es sind drei »Elīnas«, die mein Leben bestimmen – eine sitzt im Bauch, die zweite im Herzen und die dritte im Kopf. Bei wichtigen Entscheidungen müssen alle drei einverstanden sein. Und ich habe schon viele Tage und vor allem Nächte erlebt, in denen sich die drei überhaupt nicht einig waren und heftige Kämpfe miteinander ausfochten.

Ich hatte auch Glück mit meinen Agenten, egal ob Jeffrey Vanderveen, Erich Seitter oder Ernesto Palacio und Askonas Holt – sie alle haben mich nie zu einem Engagement gezwungen, von dem ich nicht selbst überzeugt war. Natürlich haben sie mir Ratschläge gegeben, die aus ihrer Erfahrung und ihrer Beobachtung des Betriebs resultierten, aber am Ende habe immer ich die Entscheidungen getroffen. Mal waren sie falsch, mal waren sie richtig. Aber es ist mir wichtig, am Ende meiner Karriere sagen zu können, ich bin für alle Karriereschritte selbst verantwortlich. Und selbstverständlich auch für die Enttäuschungen meiner Träume, die nicht wahr wurden. Es braucht Kraft, für alles selbst geradezustehen, vor allem in einer Welt, in der Intendanten und Agenten das Leben eines Sängers »diktieren«, aber ich bin eben so erzogen worden.

Zum Glück hatte ich wenig Angst davor, Nein zu sagen. Das erste Mal traute ich mich, als mich die Wiener Staatsoper zum Vorsingen einlud. Ein Nein hörte auch der große Dirigent Nikolaus Harnoncourt, als er mich 2005 für seine »Carmen« in Graz gewinnen wollte.

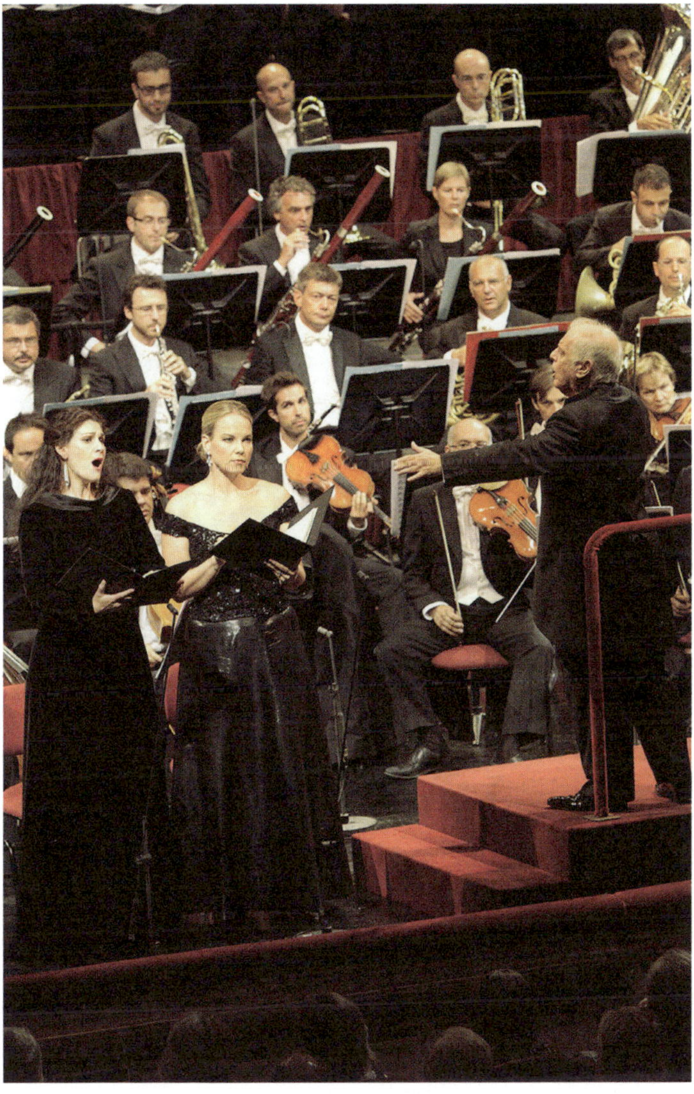

Unvergesslicher Moment: Verdi-Requiem mit Dirigent Daniel Barenboim an der Mailänder Scala.

»Zu früh«, sagte ich damals, und mein Bauchgefühl sollte mir recht geben. Nein musste ich auch der Scala sagen. Um mein Debüt an der Scala scheint sich überhaupt ein Mysterium zu ranken. Ursprünglich war eine Premiere von Mozarts »Così fan tutte« vorgesehen, aber aufgrund eines überraschenden Intendanten- und Dirigentenwechsels fiel die Produktion aus. Stattdessen wurde mir eine andere Mozart-Oper angeboten, »Idomeneo« mit der Partie des Idamantes. Mir blieben nur sechs Wochen, um die Partie bis zur Premiere einzuüben. Also musste ich die Partie studieren, während ich schon szenische Proben hatte. Das war mir zu stressig, und der Zeitdruck machte mir auch ein wenig Angst, also sagte ich mir: Elīna, du hast die Partie noch nie gesungen, du hast noch nie in der Scala gesungen, du kannst noch warten! So ließ ich der Mailänder Scala ausrichten: »Gern ein andermal.«

Vor acht Jahren war ich für die Partie der Elvira in Mozarts »Don Giovanni« gebucht, aber ich musste wieder absagen, weil meine erste Tochter zur Welt kam. Nach der Babypause war eine Produktion von »Werther« vorgesehen, aber dann kam die Finanzkrise, und die Produktion fiel den Sparmaßnahmen zum Opfer. Trotzdem bin ich glücklich, dass ich zumindest einen Liederabend und ein Verdi-Requiem auf der Bühne der Scala gesungen habe. Diese Momente werden mir immer im Gedächtnis bleiben. Und ich gebe die Hoffnung nicht auf, dass es auch einmal mit einer Opernproduktion klappt.

Auch in Wien hatte ich immer wieder Diskussionen, welche Rollen zu meiner Stimme passen und welche nicht. Es ist Usus, dass die Opernhäuser ihre Spielpläne schon Jahre im Voraus planen, und wer clever ist, entwickelt eine

Strategie, welche Rollen wann auf seinem Repertoire stehen sollen. Nur Ausnahmekünstler wie eine Edita Gruberová können 45 Jahre auf der Opernbühne stehen und in der höchsten Klasse singen. Alle anderen müssen ihre Kräfte und ihre Stimme genau einteilen. Meine Mutter hat immer zu mir gesagt: »Du musst dein Leben so kalkulieren, dass du in der zweiten Hälfte deines Lebens nicht mehr hart arbeiten musst, weil du nicht mehr die Kraft, die Lust und die Zeit haben wirst. Also nutze die Zeit, solange du jung bist, solange du Energie hast, sauge alles auf, was du im Leben aufnehmen kannst. Denn später wird es nicht mehr gehen.« Und nach diesem Motto habe ich in den ersten Jahren meiner Karriere gelebt.

Es gab aber noch einen weiteren Grund, warum ich ab diesem Zeitpunkt begann, meine Auftritte sehr genau zu planen. Auch der Liebe wegen nahm ich nicht jedes Angebot an, denn seit vier Jahren lebte ich mit dem Dirigenten Karel Mark Chichon zusammen. Die erste Begegnung mit Karel Mark im Jahre 2001 war ein fatalistischer Zufall. Ich hatte bei der Plattenfirma *Ondine* mit dem lettischen Nationalsymphonieorchester meine erste CD-Aufnahme eingespielt, die Präsentation fand in Finnland statt, weil das Plattenlabel hier seinen Sitz hatte. Als stolze Lettin wollte ich auch in meiner Heimat, in Riga, ein Konzert geben. Damals war ich aber noch an der Frankfurter Oper fix unter Vertrag, und so gab mir das Direktorium den Zeitpunkt vor, wann ich nach Riga reisen durfte. Das Problem dabei war, dass ausgerechnet der Original-Dirigent der CD-Aufnahme in dieser Woche, in der ich vom Ensemble freibekam, schon verplant war. Er bot mir an, das Konzert einige Monate später zu veranstalten, aber das passte mir wieder nicht in meinen Terminkalender. Wie sollten wir aus dieser Misere herauskommen? Denn das Konzert in Riga lag mir sehr am Herzen. Der Intendant schlug als einzigen Ausweg einen jungen englischen Dirigenten vor, der einspringen konnte und auch mit dem Orchester schon einige Male gearbeitet hatte. Ich war gar nicht glücklich und dachte mir: O Gott, ein dreißigjähriger Dirigent aus London, was kann der schon übers Singen wissen? Und Karel Mark wiederum glaubte, ich sei eine 55-jährige abgesungene Mezzosopranistin. Mit diesen Vorurteilen und der festen Überzeugung, dass das Konzert eine Pleite wird, reisten wir beide im Dezember nach Riga. Bei der ersten Probe verspätete er sich gleich einmal um zehn Minuten, und ich dachte mir: Wie unhöflich kann man sein? Erst später, als wir schon verliebt waren, erfuhr ich von ihm, dass die Verspätung Absicht gewesen war, um mich nervös zu machen.

Als mir Karel Mark das erste Mal gegenübertrat, wirkte er wie ein typischer Engländer mit klassischem Outfit: Sakko, Hemd, Krawatte und makelloser Haarschnitt. Als er mir zur Begrüßung die Hand reichte und wir uns berührt hatten, dachte ich für einen kurzen Augenblick: So einen Mann könnte ich heiraten. So schnell wie der Gedanke auftauchte, war er auch wieder weg. Erst Jahre später, kurz vor unserer Hochzeit, erinnerte ich mich wieder daran. Trotz der gegenseitigen Sympathie, die wir beide zweifelsohne spürten, verliefen die Proben professionell. Es gab keine Flirts, keine Verabredungen nach der Probe, keine Gespräche außer über Noten, wir fokussierten uns ganz auf unsere Arbeit. Mit einer Ausnahme – das war ein Telefonat, das ein wenig »merkwürdig« war. Wir hatten am Tag des Konzerts noch am Morgen eine Generalprobe eingeplant. Es gab eine Arie, die wir bei den Proben noch nicht ganz einstudiert hatten.

Trotzdem meinte Karel: »Wir haben so toll gearbeitet, ruh dich am Morgen aus, ich lese mit dem Orchester noch mal alles durch, wenn noch Zeit bleibt, können wir uns die Zugabe anschauen! Ich rufe dich danach kurz an und sage dir, ob wir die Arie im Konzert haben oder nicht.« Also habe ich den ruhigen Morgen zu Hause genossen und mich auf den Abend vorbereitet, bis er anrief. Und statt eines kurzen Telefonats haben wir uns über eine Stunde unterhalten. Hm, interessant, dachte ich. Aber das Konzert nahte, bald danach haben wir aufgelegt, und bei der Aufführung waren wir wieder nur Dirigent und Sängerin. Erst beim Empfang nach dem Konzertabend am 8. Dezember 2001 erfolgte die erste echte Annäherung, und wieder hatte das Schicksal seine Hände im Spiel. Bei unserem ersten Smalltalk erfuhr ich, dass Karel noch einige Tage in Riga bleiben würde.

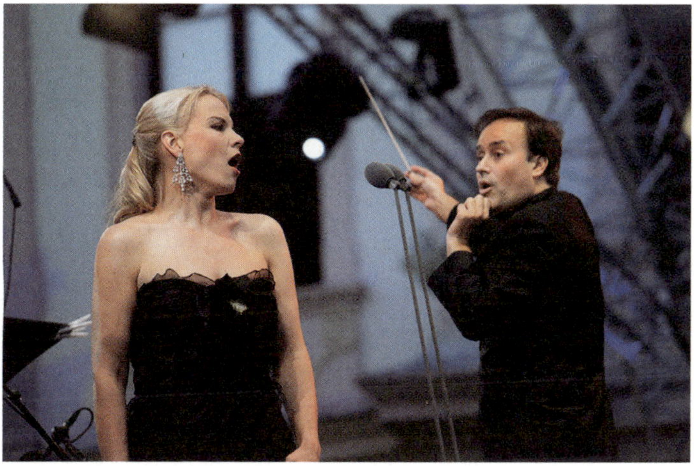

Mein Mann Karel und ich gemeinsam auf der Bühne: Er versteht mich und begleitet mich so gut wie kein anderer.

»Ich reise noch nicht ab, möchte in Riga noch ein wenig entspannen und shoppen gehen«, erzählte er mir.

Auch ich wollte noch fünf Tage in Riga bleiben, um meine Eltern zu besuchen. In diesen Tagen in Riga verabredeten wir uns täglich zum Mittagessen oder zum Kaffee. Der Gesprächsstoff ging uns nicht aus, fünf Stunden vergingen wie im Flug, und oft bemerkten wir erst um zwei Uhr nachts, wie spät es schon geworden war. Da fühlte ich zum ersten Mal, dass das mit Karel etwas ganz Besonderes werden könnte. Karel und ich hatten Feuer gefangen.

Im Februar kam Karel mich für eine Woche in Frankfurt besuchen, ganz gentlemanlike übernachtete er im Hotel – das imponierte mir natürlich wahnsinnig. Im April lud er mich zu seinen Eltern zu Hause in Gibraltar ein, und hier merkte ich erst, dass Karel eigentlich gar kein Engländer war, für den ich ihn bis dahin gehalten hatte, sondern Spanier. Gibraltar liegt an der Südspitze der Iberischen Halbinsel und steht seit 1704 unter der Souveränität von Großbritannien. Mitten in Spanien stehen plötzlich britische Polizisten, weht die britische Fahne – die Atmosphäre erinnert ein wenig an Monaco. Durch Karels Familie, das Essen, den Lebensstil entdeckte ich eine neue Seite an ihm, nämlich dass Karel durch und durch mediterran ist. Wir waren uns ziemlich schnell sicher, dass unsere Gefühle für mehr als nur eine Affäre reichten. So begannen wir gemeinsame Zukunftspläne zu schmieden, denn im Mai 2002 wusste ich schon, dass ich im Sommer nach Wien übersiedeln werde. Karel fragte mich, was ich davon halten würde, wenn auch er mit nach Wien komme. Mein erster Gedanke war zwar: Um Gottes willen, denn bis dahin hatte ich keinen festen Freund gehabt, und bei meinen Bekanntschaften war nie einer dabei gewesen, mit dem ich unter einem Dach leben wollte. Aber bei Karel war es anders, da spürte ich, dass es klappen würde. Im Sommer 2002 suchten wir uns also gemeinsam eine Wohnung in der Donaumetropole. Und wir fanden eine kleine Siebzig-Quadratmeter-Wohnung in der Nähe der Karlskirche, und wie schon das Heim meiner Eltern erinnerte die Raumaufteilung unserer ersten gemeinsamen Wohnung an einen Schlauch.

Wenn zwei Künstler ihr Leben planen, erfordert es einen enormen logistischen Aufwand, damit man überhaupt eine Art von Beziehung führen kann. Karel hatte und hat noch immer die Rolle unseres »Termin-Keepers«. Unseren Terminplaner zu managen gleicht fast einem kleinen Kunstwerk. Karel verliert nie den Überblick, wo wir beide jeweils gerade Engagements haben. Wenn ich ihm sage, ich hätte ein Angebot, in zwei Monaten nach New York zu gehen, dann antwortet er mir sofort, wo er sich zu diesem Zeitpunkt gerade aufhält und ob wir in diesem Monat ein gemeinsames Zeitfenster finden oder nicht. Bei der Auswahl meiner Engagements frage ich Karel um seine Meinung, ob es der richtige Zeitpunkt für diese Rolle ist, und ich überlege mir dann, wie wichtig mir diese Partie oder dieses Theater ist – aber am Ende entscheide ich ganz allein. Eine Möglichkeit für uns, Job und Beziehung unter einen Hut zu bringen, sind gemeinsame Gala-Konzerte. Jahrelang haben wir an dieser gemeinsamen Idee gearbeitet, haben viele Konzerte absolviert, bis wir so gut als Team eingespielt waren, dass wir einander fast blind verstehen. Karel kennt mein gesamtes Repertoire in- und auswendig, wenn ich ihm sage, dass ich morgen Bizet singen will, braucht es keine weiteren Erklärungen mehr. Karel weiß genau, welche Ouvertüren dazugehören. Wir komplettieren uns, keiner versteht mich, unterstützt mich und begleitet mich so perfekt wie Karel. Er weiß, wo ich atme, was ich in den einzelnen Phasen einer Rolle mache, er arbeitet das mit dem Orchester vor, und diese perfekte Vorbereitung bietet mir dann eine entspannte Situation, in der ich mein Bestes geben kann. Es gibt ja auch Dirigenten, die einen Sänger erdrücken, statt ihm zu helfen, die Dinge von ihm verlangen, ohne dass man weiß, warum. Da arbeite ich lieber mit solchen, bei denen ich mich wohlfühle. Das heißt aber nicht, dass es immer nach meinem Kopf gehen muss, ein Dirigent muss den Sänger auch mal fordern und mit schwierigen Aufgaben konfrontieren, aber es muss im Einklang mit der Musik und der Stimme sein. Wenn die Zusammenarbeit nicht klappt, sollte der Dirigent auch wissen, warum es nicht funktioniert und was zu tun ist. Das künstlerische High-End-Produkt unserer Partnerschaft sind die Open-Air-Konzerte im Stift Göttweig, die wir 2008 gestartet haben und die sich mittlerweile zu einem Mega-Erfolg entwickelt haben. Aber an einer Oper wollten wir selten gemeinsam arbeiten, das wäre weder für meine Karriere gut noch für seine. Wir brauchen kein Familienunternehmen. Er ist ein viel zu guter Dirigent, er braucht mich nicht für seine Karriere.

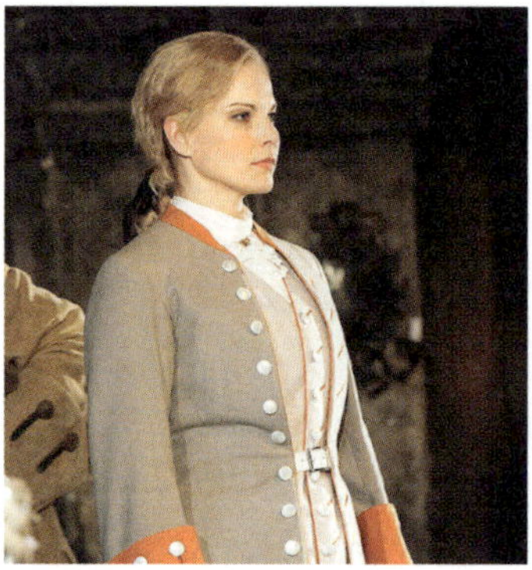

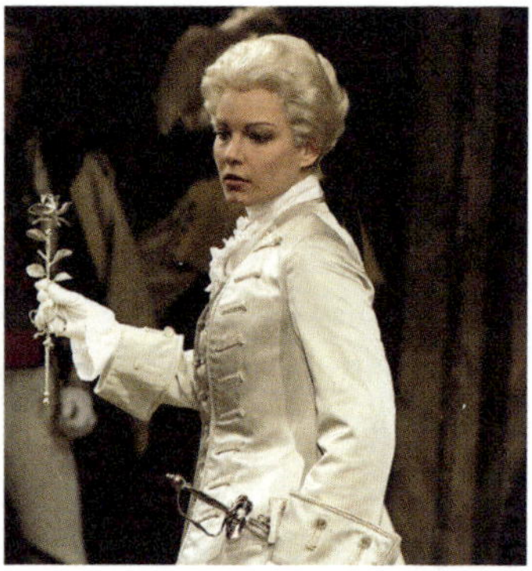

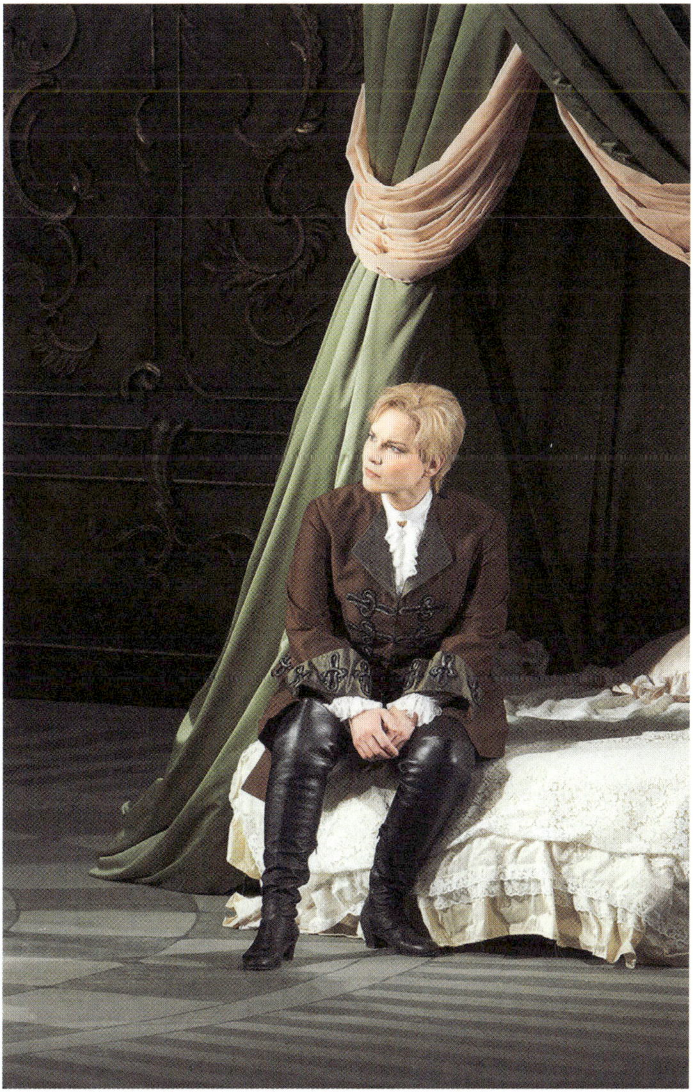

Eine meiner liebsten Hosenrollen: als Octavian im »Rosenkavalier« an der Wiener Staatsoper 2006.

Drei Jahre nachdem ich mit Karel nach Wien gezogen war, wagte ich den nächsten großen Schritt in meiner Karriere und wurde freischaffende Künstlerin. Mit diesem Schritt ist man zwar sein eigener Herr, kann die Karriere genau nach seinen Vorstellungen planen, muss keine Partien singen, die nicht ins Repertoire passen, aber der Druck wird größer und auch die Angst. Die Formel im Opernbusiness ist ganz einfach und knallhart: Wer singen kann, verdient Geld. Wer das Engagement nicht erfüllen kann, sieht kein Geld. Für einen freischaffenden Künstler existiert kein Auffangnetz, außer das eigene Sparbuch. Aber wie heißt es so schön: Wer nicht wagt, der nicht gewinnt.

Das Risiko, als freischaffender Künstler zu arbeiten, ging schon 2006 voll auf, wenngleich meine Karriere noch immer eng mit der Wiener Oper verbunden war. Im Februar 2006 feierte ich einen Triumph als Octavian im »Rosenkavalier« von Richard Strauss, jener Hosenrolle, die mir schon sechs Jahre zuvor bei meinem ersten Engagement in Meiningen so viel positive Resonanz beschert hatte. Allerdings hatte mein Wiener Octavian wenig mit meiner Darbietung in Meiningen gemeinsam. In den sechs Jahren hatten sich mein Verständnis für die Rolle und meine Technik stark verändert. Ich spielte den Octavian frecher und bot dem Wiener Publikum, was ich glaubte bieten zu dürfen.

Ohne meinen Freund und damaligen Souffleur der Wiener Staatsoper, Walter Zessar, hätte ich auch mein »Mariandl-Wienerisch« nicht so gut gemeistert. Es gibt Opern, die meiner Meinung nach in »altmodischen« Szenenbildern gespielt werden müssen – so auch der »Rosenkavalier«. Wenn ich eine Rolle in mein »Golden Repertoire« aufnehme, dann muss ich den Entstehungsort und seine Geschichte einmal gespürt haben. Ich muss durch die Straßen gehen und die Sprache sprechen können. Die Vorbereitungen für die Vorstellungen verliefen sehr anstrengend. Wir waren vier Hauptdarsteller – Baron Ochs, Marschallin, Sophie und ich –, die noch nie in dieser Inszenierung gesungen hatten. Auch der Dirigent, Donald Runnicles, war neu. Es gab keine Orchester- und auch keine Bühnenproben: Das Bühnenbild und den Sound des Orchesters haben wir in der Vorstellung zum ersten Mal gesehen und gehört. Ohne meine Erfahrungen aus Meiningen wäre ich in dieser Rolle gescheitert. An die erste Aufführung habe ich wenig Erinnerung, weil alles in halber Trance ablief, ich hatte das Glück, dass meine Interpretation des Octavian vom Publikum und von den Kritikern euphorisch angenommen wurde, was die größte Belohnung für mich war.

Im März sprang ich gleich in die nächste »Hose«, in jene des Sesto in »La Clemenza di Tito« im Theater an der Wien. Die Oper, die lange Zeit vollkommen unterschätzt wurde und die von höchster schöpferischer Kraft zeugt, feierte im Mozart-Jahr 2006 eine Art Comeback. Wolfgang Amadeus Mozart schrieb sie in nur siebzehn Tagen als Huldigung an einen aufgeklärten Herrscher. Den Auftrag bekam Mozart vom Wiener Hof nur aus dem einen Grund, weil sein Gegenspieler Salieri gerade nicht in der Stadt war. Die Handlung spielt im alten Rom zur Zeit des Kaisers Titus unmittelbar nach dem Ausbruch des Vesuvs. Sesto ist der beste Freund des Kaisers, aber Sestos Geliebte Vitellia, die Tochter des vorigen Kaisers Vitellio, manipuliert ihn für ihre Intrigen. Sie verlangt von Sesto, dass er den Kaiser tötet, damit sie an die Macht kommt. Gleich im ersten Akt singt Sesto eine der berühmtesten Mozart-Arien: »Parto! Ma tu ben mio« (Wohl denn, dann doch Geliebte). Es ist ein wunderschönes Concerto für zwei Stimmen – der Sängerin und der Bassklarinette. Für mich wirkt die Arie wie ein Liebesduett zwischen Sänger und Orchester, wie bei einem Tennismatch spielen sich die beiden immer wieder den Ball zu, zuerst hat die Klarinette ein Solo, und die Sängerin antwortet darauf. Die »Parto«-Arie von Mozart gehört zum goldenen Repertoire jeder Mezzosopranistin, es gibt kein Vorsingen, keinen Wettbewerb, bei dem diese Arie nicht gesungen wird.

Der vollkommen verliebte Sesto lässt sich von seiner Herzensdame Vitellia ins Verderben treiben und verübt ein Attentat auf Kaiser Tito, er steckt das Kapitol in Brand. Aber Tito überlebt und verurteilt seinen Freund Sesto zum Tod. Kurz vor der Hinrichtung vor dem Kapitol taucht Vitellia auf und nimmt die ganze Schuld auf sich. Kaiser Tito vergibt seinem Freund und hebt das Todesurteil auf – in diesem Moment zeigt er seine »Clemenza«, seine Milde. Mit dem Urteil bestraft er seinen Freund aber auch gleichzeitig, der nun ein Leben im gesellschaftlichen Nichts führen muss. Wie das Leben des Sesto nun weitergeht, ob er sich das Leben nimmt, ob Tito nach wie vor Sestos Schwester heiraten will, bleibt der Fantasie des Publikums überlassen.

Die Herausforderung an der Rolle des Sesto ist nicht nur, dass ich wieder einmal einen Mann mit all seinen Attitüden überzeugend spielen musste, sondern einen, dessen Persönlichkeit unglaublich zerrissen ist – zwischen seiner Freundschaft zum Kaiser und seiner intensiven Beziehung zu Vitellia. Innerhalb der Oper durchlebt Sesto viele emotionale Zustände von total verliebt bis zu einem kriegsähnlichen Zustand. Manche Opern fordern mich körperlich, aber wenn ich den Sesto singe, bin ich emotional nach der Vorstellung am Ende meiner Kräfte. Die Neuinszenierung von Christof Loy, zweimaliger »Regisseur des Jahres« der Fachzeitschrift »Opernwelt«, imponierte Publikum und Kritikern leider wenig.

Im April wartete die nächste Travestie-Rolle an der Wiener Oper auf mich, ich schlüpfte in die Hosen des Cherubino in »Le nozze di Figaro«, im Juni performte ich wieder im Theater an der Wien die Dorabella in »Così fan tutte«. Bei den Salzburger Festspielen standen drei Mozart-Konzerte mit den Wiener Philharmonikern auf meinem Spielplan, dann ging es weiter nach Paris, wo ich am Palais Garnier wieder den Sesto in einer anderen Inszenierung sang.

Das eigentliche Highlight des Jahres 2006 spielte sich aber abseits der Bühne ab. Die *Deutsche Grammophon* trat an meinen damaligen Agenten heran und bot mir einen Vertrag an. Ein Plattenvertrag mit der *Grammophon* bedeutet den Ritterschlag in der Opernbranche, dieses Label ist eine Größe für sich, höher geht es nicht. So wie ich den Vertrag vom Theater in Meiningen mein Leben lang aufheben werde, hat auch mein erster *Grammophon*-Vertrag einen fixen Platz in meiner Sammlung. Ich nahm das Solo-Album »Aria Cantilena« auf, für das ich ein Jahr später auch den deutschen Musikpreis erhielt. Auch wenn CD-Aufnahmen nicht wirklich meine Leidenschaft sind, arbeite ich dafür trotzdem im Übermaß. Im Studio fehlt mir einfach das Publikum, und auch wenn ich es bei einer Vorführung nicht sehen kann, höre ich es und spüre sofort die Schwingungen, die Energie, die die Zuschauer verströmen. Bei CD-Aufnahmen ist mein einziger Partner dieses kleine, schwarze Mikrofon, und im Studio wird bei jeder Aufnahme wiederholt, wiederholt und wiederholt. Ich kann jede Phrase schön singen, aber wenn der erste Geiger den Einsatz verpatzt, dann geht wieder alles von vorne los. Und zwischendurch meldet sich der Tonmeister mit seiner Kritik: »Jetzt warst du spät dran, jetzt hat man dein T nicht gehört.« Nach der sechsten Wiederholung gibt es keine Emotion mehr – wie bei einer Aufführung –, sondern man konzentriert sich nur mehr auf die Perfektion.

Aber das war nicht der einzige Vertrag, den ich in diesem Jahr unterschrieb. Im Sommer heirateten Karel und ich, wir hatten uns ziemlich kurzfristig dazu entschlossen. Für die Hochzeitsfeier wählten wir ein kleines Landschloss bei Riga, wo wir mit unseren Freunden und Verwandten aus aller Welt zwei Tage lang feierten. Schon als Kind wusste ich, dass ich keinen Letten heiraten werde. Warum ich das fühlte, kann ich rational nicht erklären, es war einfach so, und im Sommer 2006 wurde meine Vorahnung real.

Kurz vor dem Jahreswechsel schaffte ich auch den Sprung an das wichtigste Pariser Opernhaus, die Bastille, wo ich kurzfristig zwei Vorstellungen in meiner Paraderolle als Octavian im »Rosenkavalier« übernahm.

6
HINTER DEN KULISSEN

Auch wenn mein Karrieremotor mittlerweile im Turbogang lief, war ich noch weit von dem Gefühl entfernt, es geschafft zu haben. Im Juni 2007 gab ich an der Berliner Oper Unter den Linden in Nigel Lowerys Neuinszenierung von »La Clemenza di Tito« mein Debüt in Berlin, und ich erinnere mich noch an einige Zeitungsartikel über die Premiere, wo neben meinem Namen in Klammer die korrekte Aussprache von Garanča stand (sprich: Garantscha).

In diesem Jahr hatte ich ein neues großes Ziel ins Visier genommen – ich wollte zum ersten Mal die Carmen in meiner Heimatstadt Riga singen. Warum gerade dort? Weil ich mich mit dieser Partie auf ganz neues Terrain wagte, die Carmen war damals meine bisher größte dramatische Rolle, und letztendlich kehrte ich auch deswegen in meine Heimat zurück, weil mir das Konzept des Intendanten der Oper in Riga, Andrejs Žagars, gefiel. Um mich perfekt auf die neue Herausforderung vorzubereiten, denn die Carmen von Georges Bizet gilt für jeden Mezzo als eine Art Schicksalsrolle, versuchte ich mir das ganze Jahr keine zusätzlichen Belastungen aufzuhalsen.

Einen Monat nach dem Berlin-Debüt lockte der Covent Garden in London. Auch bei meinem ersten Auftritt im ehrwürdigen Royal Opera House setzte ich auf eine Opernpartie, bei der ich jede Note beherrschte und keinerlei Unsicherheiten hatte – ich sang die Dorabella in »Così fan tutte«. In der Produktion von Jonathan Miller tranken wir Kaffee aus Starbucks-Bechern, hatten Handys, trugen schicke Hosenanzüge, Ferrando und Guglielmo zogen in der Uniform der UN-Friedenstruppen in den Krieg und kamen als tätowierte Hippies zurück. Ein Experiment, das die Londoner Opernfans begeisterte. Und ich hatte eine nächste große Etappe geschafft – ich wurde vom Publikum im Covent Garden angenommen. Wieder ein Haus mit einer großen Geschichte, das jedem jungen Opernsänger Angst und Respekt einflößt. Das Publikum in London ist verwöhnt, denn in der Stadt gibt es unzählige Konzerte, Theatervorstellungen, Musicals, die mehrmals am Tag aufgeführt werden. In dieser Metropole, wo es so viel Konkurrenz gibt, als Künstler überhaupt wahrgenommen zu werden und einen Erfolg zu feiern, bedeutete mir sehr viel. Die Proben mit Jonathan Miller waren nicht nur amüsant, weil er einen feinen britischen Humor besaß, die Proben haben mich auch schauspielerisch bereichert, weil er viel an der Körpersprache und den Gesten tüftelte. Durch ihn habe ich verstanden, wie wichtig die Haltung des Rückens, des Nackens, aber auch der Füße für den Ausdruck der Emotion ist. Eine seiner wichtigsten Botschaften war: »Wenn ein schüchternes Mädchen auf einen Kerl zugeht, müssen sogar die Schuhe schüchtern wirken.«

Dazwischen schob ich noch meine erste Deutschland-Tournee ein, um meine erste Solo-CD zu promoten. Das war eine ganz neue, aber auch sehr anstrengende Erfahrung für mich. Auf einmal war ich nicht mehr eine von vielen Solistinnen in einer Opernproduktion, sondern musste gleich in mehreren Konzertsälen in Deutschland ganz allein auf der Bühne stehen. Es gab kein Team mehr, keine Kulisse, keine Kostüme auf der Bühne – alles war nur auf mich zugeschnitten. Würde ich es schaffen, das Publikum für mich zu gewinnen? Diese Tournee war ein Experiment, und der Erfolg sollte zeigen, ob ich mir ein zweites Karrierestandbein aufbauen konnte. Inzwischen kann ich mit Stolz sagen, dass jedes zweite Jahr eine Tournee auf meinem Spielplan steht.

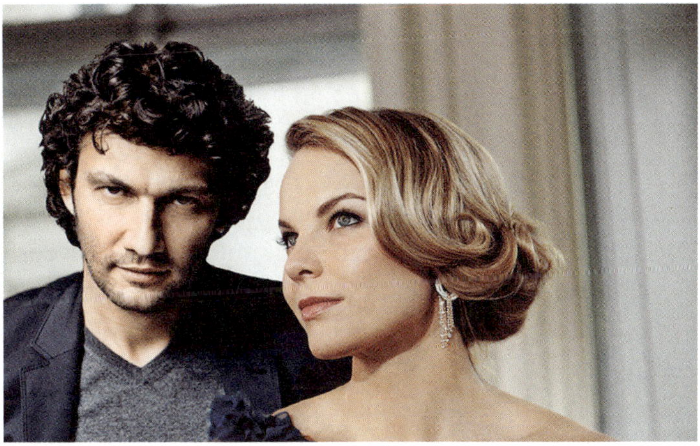

Poster von Jonas Kaufmann und mir für ein Konzert in Baden-Baden.

Bevor ich mit voller Konzentration das Carmen-Projekt anging, sollte ich zum ersten Mal mit Anna Netrebko auf der Bühne stehen. Im Festspielhaus in Baden-Baden inszenierte die *Deutsche Grammophon* mit drei Konzerten eine Art Gipfeltreffen ihrer besten Stimmen. Bei der »Gala der Stars« sangen Anna, Ramón Vargas, Ludovic Tézier und ich. Seit Anna und ich unsere ersten Erfolge auf der Bühne feierten, umgibt uns ein gewisser Mythos. Die einen sehen uns als Rivalinnen – der dunkelhaarige Opernstar aus Russland gegen die kühle Blonde aus Lettland. Andere interpretieren uns als Freundinnen, weil wir beide aus der ehemaligen

Sowjetunion stammen. Woher dieses Klischee des *Golden Couple* kommt, weiß ich nicht. Haben es die Medien geschaffen? Haben Marketing-Experten diese Strategie entwickelt? Das Publikum sehnt sich nach Traumpaaren, Rivalinnen und großen Diven. Davon lebt das Opernbusiness, das ist Teil der Show. Aber für die Sänger sind diese Vorstellungen vollkommen bedeutungslos. Anna und ich lachen oft über die Gerüchte, Mythen und Interpretationen unserer Beziehung, wenn wir darüber in den Zeitungen lesen. Anna ist Sopranistin, und ich bin ein Mezzo – das sind unterschiedliche Repertoires, wie soll da eine Rivalität entstehen? Diese Headlines dienen meiner Meinung nach nur dem Zweck, mehr Auflage zu machen. Das wäre so, als würde man einen 100-Meter-Sprinter und einen 110-Meter-Hürdenläufer zu Rivalen hochstilisieren; die beiden werden nie gegeneinander antreten. So ist es auch bei Anna und mir, wir spielen auf der Bühne unterschiedliche Rollen, kommen uns nie in die Quere und sind daher auch keine Konkurrentinnen, sondern höchstens mal ein Liebespaar in einer Opernproduktion. Das Wichtigste bei diesem Spiel ist: Wie viel davon lässt du in dein Herz und in deine Seele? Wie viel von deinem wahren Leben willst du verkaufen, und wie ernst nimmst du diese ganze Show? Ich weiß, was die Fans von mir erwarten, was das Opernbusiness von mir verlangt, und ich spiele dabei auch gern mit und signiere nach jeder Vorstellung CD-Cover und Autogrammkarten und lasse mich mit meinen Fans fotografieren. Aber es sind immer zwei Elīnas – eine für die Öffentlichkeit und eine für zu Hause.

Das erste Mal liefen Anna und ich uns 1998 über den Weg, und zwar beim Opernfestival in Sigulda in Lettland. Anna sang damals in der idyllischen Burgruine den »Barbier von Sevilla« mit einem kleinen Knopfmikrofon vor rund 2000 Opernfans, und ich dachte mir: Noch nie habe ich eine so kristallklare Stimme gehört. Ein Jahr später stand auch ich auf der Bühne in Sigulda und sang die Rosina im »Barbier von Sevilla«, Anna sang dieses Mal die »Hochzeit des Figaro«. Aber mehr als ein »Hallo, ich bin jetzt die Neue, die den Barbier übernehmen wird« gab es damals zwischen uns nicht. Erst fünf Jahre später gab es das nächste Zusammentreffen bei den Salzburger Festspielen, wo wir uns zwei oder drei Mal gemeinsam im Café Triangel trafen. Bei unseren ersten Konzerten in Baden-Baden gab es dann auch die ersten Doppelinterviews. Natürlich verliert man sich nie aus den Augen, wir hatten damals auch denselben Agenten, und es waren einige gemeinsame Projekte in Planung. Aber insgesamt standen wir in all den Jahren nicht mehr als ein gutes Dutzend Mal Seite an Seite auf der Bühne.

Unsere Beziehung ist von großem gegenseitigen Respekt getragen, aber wir sind keine Herzensfreundinnen, die zwei mal pro Woche miteinander telefonieren oder uns gegenseitig nach Hause zum Abendessen einladen. Was uns mit Sicherheit verbindet, sind die Erinnerungen an die Kindheit, wir kennen die Zeichentrickfilme, die in der ehemaligen Sowjetunion gezeigt wurden, können über die Witze lachen, die damals über den Kommunismus gemacht wurden. Ich freue mich, wenn Anna in Salzburg bei meinen Liederabenden im Publikum sitzt und mit mir anschließend in der Garderobe plaudert. Unsere ersten gemeinsamen Gala-Konzerte in Baden-Baden mit dem SWR Sinfonieorchester unter der Leitung von Marco Armiliato waren in kürzester Zeit ausverkauft, und die TV-Ausstrahlung des dritten Auftritts sahen zwei Millionen Menschen.

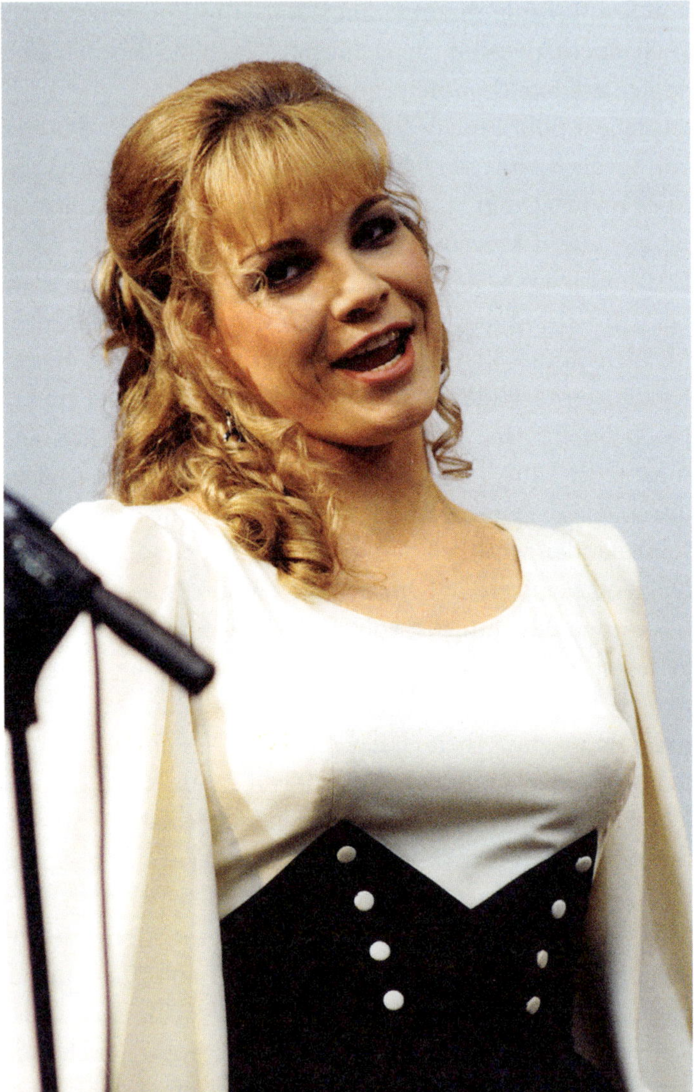

Beim Musikfestival auf der Burgruine in Sigulda.

Auf dem Weg nach Riga legte ich noch einen Zwischenstopp in Wien ein und sang drei Mal die Charlotte im »Werther« – auch eine Rolle, die ich bis ins kleinste Detail kannte und die daher keine langen Probenzeiten benötigte.

Meine Vision war, in Riga eine ganz neue, noch nie da gewesene Carmen zu zeigen. Kaum eine Rolle ist mit so vielen Klischees und vorgefertigten Bildern behaftet wie diese Partie. Jeder Opernfan glaubt zu wissen, wie die Persönlichkeit, die Inszenierung der Carmen zu sein hat. Eine blonde Carmen? Ein absolutes Tabu! Die Erwartungen sind so stark, dass ein fehlender Hüftschwung in einem bestimmten Moment sofort das Urteil hervorruft, die Darstellerin habe keine Ahnung vom südlichen Temperament der Carmen. Für mich symbolisiert Carmen den Inbegriff einer Frau. Sie ist ein wenig fatalistisch, abergläubisch, aber auch naiv, stolz, verspielt, eifersüchtig, weiblich, manchmal berechnend, dann wieder impulsiv. Bei jedem Mann, dem sich Carmen hingibt, gibt es den Moment, der voll und ganz von Liebe getragen ist. Aber Carmen ist für mich keine vulgäre Prostituierte, für mich besitzt sie einen unglaublichen Stolz, so wie die echten Spanier eben. Am schönsten und intensivsten erlebt man diesen Stolz der Spanier beim Flamenco. Hier geht es vielmehr darum, einen schönen geraden, stolzen Rücken zu zeigen als hochgezogene Röcke. Wenn Sie einen Flamenco-Tanz genau beobachten, dann werden Sie nie auch nur ein Hervorblitzen von Unterwäsche entdecken. Viele meinen, Carmen sei ein weiblicher Don Giovanni. Aber ist sie das wirklich? Dazu müsste man erst einmal definieren, was ein Don Giovanni genau ist! Ein Mann, der mit vielen Frauen schläft, gilt als Held; eine Frau hingegen, die mit zwei Männern schläft … Auf alle Fälle kann Carmen nicht nur einen lieben, sondern zwei oder drei gleichzeitig. Und wenn sie liebt, dann liebt sie aufrichtig. Wenn auch nur für ein paar Tage oder eine Woche, aber dann ist es so echt wie bei keiner anderen. Das gilt oftmals als eine »männliche« Eigenschaft. Don José aber will nur eine lieben und verlangt, dass Carmen nur ihn liebt – deshalb funktioniert es zwischen den beiden auch nicht: weil er sie allein für sich haben möchte. Es heißt ja nicht, dass Carmen ihn nicht liebt, sie liebt eben auch andere. Am Ende wirft sie ihn weg, weil sie – wie ich glaube – sein Jammern, sein ewiges Nachbohren nicht erträgt. Wäre er stolz gewesen und von Anfang an stark, wäre er beim letzten Treffen gleich mit einem Messer vor ihr gestanden – dann hätte die Geschichte vielleicht ein anderes Ende genommen. Das Schwache geht ihr einfach auf die Nerven. Sie hat keine Zeit zum Jammern, das Leben geht weiter – egal ob es ein leichtes oder nicht immer so leichtes Leben ist, aber es geht weiter. Ob sie eifersüchtig wäre, wenn er neben ihr noch eine Geliebte hätte? Wahrscheinlich. Aber ich glaube, sie könnte besser damit umgehen. Vielleicht hätte es in einem Wettbewerb zwischen den beiden geendet.

Um diesen ganzen stereotypen Vorstellungen der Carmen zu entkommen, wählte ich Riga für mein Debüt. Meine Carmen sollte jung, naiv und freiheitsliebend sein. Wir wollten die Carmen aus der obligaten Zeffirelli-Monstrosität befreien. Statt in Sevilla agierte Carmen in Havanna. Die kubanische Atmosphäre, die Andrejs Žagars auf die Bühne zauberte, war bunt, heiß, prickelnd und erotisch. Ich trat in Flipflops und roten Leggins auf, neben dem »Bar Sevilla«-Schild hing Che Guevara, und über der Tabakfabrik verbreitete Maximo Lider Fidel Castro als großer Pappbruder seine Aufbruchsparolen, der Escamillo war ein Box-Champion. Die Botschaft der Inszenierung in Riga war »Freiheit«. Carmen wollte weg aus dem Groupie-Dasein, weg aus den Slums. Sie träumte von einem besseren Leben, wollte hinein in die High-Fashion-Gesellschaft. Und diese Version der freiheitsbesessenen Carmen existiert auch in der Realität. Viele junge Mädchen in Kuba, Mexiko oder Argentinien träumen von einem schöneren Leben, heiraten ältere Männer, um in eine bessere Welt zu fliehen. Unser Mut, die Carmen in eine ganz neue, moderne Welt zu transferieren, war goldrichtig. Die Kritiker übertrafen sich mit euphorischen Kommentaren, und ich hatte der Opernwelt gezeigt, dass ich nicht nur in Hosenrollen überzeugen, sondern auf der Bühne auch eine echte Frau sein konnte.

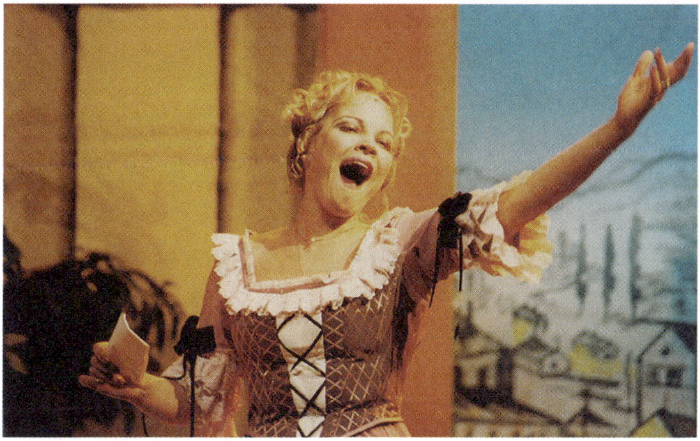

In der Rolle der Rosina im »Barbier von Sevilla« in Sigulda.

Musikalisch liegt die Herausforderung der Partie darin, dass sie zunächst einmal lang ist und dass sie viel Aktion und Bewegung erfordert. Für einen lyrischen Mezzosopran hat die Rolle einige Tücken, aber solche Herausforderungen helfen mir, mich in meinem Repertoire weiterzuentwickeln. Die Carmen habe ich Note für Note mit meiner neuen Stimmlehrerin Margreet Honig in Amsterdam erarbeitet. An neue Partien taste ich mich Schritt für Schritt heran, ich schaue, dass ich eineinhalb Jahre Zeit habe, sie zu lernen. Ich nehme mir immer Zeit, das langsam und richtig einzustudieren, setze mich dazu auch selbst ans Klavier, denn ich habe schließlich zwölf Jahre Erfahrung mit Klavierspielen, höre mir CDs an. Dann baue ich schon viele Monate vor der Premiere die wichtigsten Arien in meine Konzerte ein. Einer der Schlüsselmomente ist für mich der Augenblick, in dem sie erstochen wird: Ist sie erstaunt, erleichtert, verzweifelt, hat sie sich aufgegeben? Je nachdem, wie sie in diesem Moment ist, muss sie einen ganzen Abend lang schon gewesen sein. Das Ende gibt ihrem Charakter noch einmal eine echte, scharfe Kontur.

Eines ist auch klar, die Carmen kann nicht allein bestehen, man braucht als Carmen einen Partner: In seinen Reaktionen und durch den jeweiligen Darsteller wird die Figur modelliert, ja kreiert. »Carmen« gehört zu jenen Opern, bei denen man einen Erfolg nicht allein feiern kann. Ohne einen überzeugenden Don José kann die Carmen nicht glänzen, weil auf der Bühne eine Beziehungsgeschichte erzählt werden muss – und dazu gehören nun einmal zwei. Ich habe die Carmen mit den besten Tenören gesungen, und je nachdem, ob der Opernsänger den Don José körperlicher oder intellektueller anlegte, hat sich auch meine Carmen-Darstellung geändert. Manche Opernfans werfen mir vor, ich sei für die Carmen zu groß, zu wenig zierlich, zu cool. Auch in diesem Fall bin ich von Don José abhängig, steht mir gegenüber ein Tenor, der größer und kräftiger ist als ich, wirke ich weicher und weiblicher. Ist Don José schmächtig, erscheint die Carmen wahrscheinlich statischer und maskuliner. Es ist einfach ein Unterschied, ob man als Frau einen Mann umarmt, der größer oder gleich groß ist. Aber egal ob es sich nun um die Partie der Carmen oder eine andere Oper handelt, auf der Bühne bin ich eine Teamarbeiterin. Natürlich sind wir alle Narzissten in diesem Job, wir brauchen das Publikum, wir präsentieren uns gern, wir lieben den Applaus. Aber auch in der Ausprägung des Narzissmus existieren große Unterschiede. In meiner Studienzeit in Lettland gab es ein geflügeltes Wort: »Ich in der Musik oder die Musik in mir«, was bedeuten soll, dass es Künstler gibt, die mit dem Hintergedanken »*Ich* und die Musik« auf der Bühne stehen. Ich möchte da keine Namen nennen, aber es gibt viele Kollegen, die lieber mit schwächeren Kollegen auf der Bühne stehen, damit ihnen das Rampenlicht allein gehört, damit ausschließlich sie den größten Applaus bekommen und der einzige Star der Inszenierung sind. Meine Philosophie ist eine gänzlich andere: Umso besser meine Partner sind, desto besser singe ich. Das spornt meinen Ehrgeiz an, da lege ich extra noch ein paar Übungsstunden ein. Natürlich werfe ich mich mehr hinein, wenn ich mit einer Anna Netrebko, einem Jonas Kaufmann, einem Marcelo Álvarez oder einem Roberto Alagna auf der Bühne stehe. Da provoziert man sich gegenseitig, schaukelt sich auf der Bühne hoch, dadurch entstehen Momente, in denen die Improvisation frei sein kann. Diese Abende sind nicht nur für das Publikum eine Rarität, sondern auch für mich als Opernsängerin.

7
MEINE SCHWÄCHE: DIE UNGEDULD

10. Januar 2008. Die New Yorker Metropolitan Opera ist bis auf den letzten Platz gefüllt, an die 4000 Opernfans starren mich an, warten auf meinen ersten Ton. Wer vom Publikum der Met aufgenommen wird, hat den Olymp in der Opernwelt erklommen. Keiner, der seinen ersten Auftritt an der Met vergeigt, übersteht das ohne Blessuren, es dauert oft Jahre, bis man wieder eine Chance bekommt. Das unterscheidet die Met von anderen großen Häusern, das ist die große Hürde, die jeder Sänger im Big Apple nehmen muss.

Hätte ich eine Wahl gehabt, dann hätte ich mir für meine Premiere an der Met sicher nicht die Partie der Rosina im »Barbier von Sevilla« ausgesucht, denn Rossini-Opern zeigen mir meine Grenzen auf. Die Rosina verlangt der Stimme eine unglaubliche Beweglichkeit ab, eigentlich ist die Rolle für hohe Mezzos oder auch Soprane komponiert. Rossini zählt, wie schon erwähnt, nicht zu meinem Kernrepertoire, denn er liebt die Koloraturen, und dafür bin ich nicht prädestiniert. Meine Stimme überzeugt durch Weichheit, aber mir fehlt die Natur der Stimme, dass ich der Koloratur gewisse Farbtupfer verleihen könnte. Auch den Charakter der Rosina empfinde ich nur mäßig interessant, sie hat wenig Tiefgang, während der beiden Akte erfolgt keinerlei Entwicklung der Persönlichkeit.

Die Komödie ist die Vorgeschichte zur »Hochzeit des Figaro«. Graf Almaviva nähert sich seiner Angebeteten

Rosina inkognito unter dem Namen Lindoro. Die Maskerade hat zwei Gründe: Er will ausschließen, dass sich Rosina nur wegen seines Grafen-Titels in ihn verliebt, außerdem will er den geldgierigen Dr. Bartolo täuschen, der selbst vorhat, die reiche Rosina, die sein Mündel ist, zu heiraten. Um in das Haus seiner Geliebten zu gelangen, rät ihm sein Friseur Figaro zu Verkleidungen, einmal als betrunkener Soldat, ein anderes Mal als Musiklehrer. Die Verwirrungen sind durch diesen Schachzug vorprogrammiert. In der Verkleidung des Musiklehrers kommt er Rosina beim Gesangsunterricht näher, und beide gestehen sich ihre Liebe. Almaviva plant daraufhin, Rosina aus dem Haus ihres Vormunds zu befreien. Dafür hat Figaro seinem Kunden Dr. Bartolo bereits den Balkonschlüssel entwendet. Doch Dr. Bartolo erfährt von den Fluchtplänen und will nun schnellstens Rosina heiraten. Als der Notar eintrifft, wird er von Almaviva unter Einsatz von Waffengewalt und viel Geld dazu gebracht, ihn und Rosina zu verheiraten. Als Dr. Bartolo mit den Wachen zurückkehrt, gibt sich der Graf zu erkennen. Bartolo wird schließlich großzügig entschädigt: Der Graf verzichtet auf die Mitgift, die Bartolo als Rosinas Vormund eigentlich zahlen müsste – allerdings muss er den Betrag dafür mit dem Figaro teilen.

Gerade weil der »Barbier von Sevilla« nicht zu meinen Lieblingsopern zählt und ich stimmlich bei den Koloraturen aufpassen muss, sah ich die Rolle als Herausforderung. Ich legte mich extra ins Zeug, um dem Publikum zu zeigen, dass ich auch Koloraturen singen kann.

Was die Metropolitan Opera ausmacht? Natürlich die Größe. Die Akustik ist im Extra-Large-Opernhaus einfach umwerfend, nirgendwo kann man so gut knapp 4000 Menschen durch Opernmusik in Verbindung bringen. Diese spezielle Atmosphäre erzeugt unglaubliche Momente der Spannung und der Kraft, wie man sie nur in New York erlebt. Auch die Betreuung ist in keiner anderen Stadt so professionell. Die Seele der Met war seinerzeit Sissy Strauss – sie verwöhnte alle Opernsänger wie eine Mama, lud dauernd zu Partys nach den Vorstellungen ein. Bei ihr habe ich um vier Uhr früh auf dem Tisch tanzende Operngrößen gesehen, die im Alltag eher über kaputte Knie und Rückenschmerzen klagten, aber bei Sissy hatten sie alles vergessen. Auf ihrer Weihnachtsfeier haben wir »Stille Nacht« in mehr als zwölf Sprachen gesungen. Bei ihr konnte man sich ausweinen oder bis zu Bauchkrämpfen lachen.

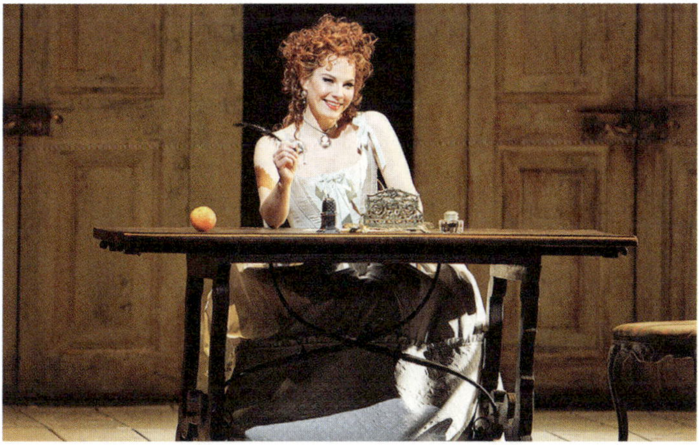

Ein großer Moment für mich: mein Debüt an der New Yorker Met als Rosina im »Barbier von Sevilla«.

Auf den ersten Blick scheint in der Millionenmetropole alles perfekt zu sein, trotzdem spüre ich bei keinem meiner Engagements so viel Einsamkeit wie in New York. Europa ist eindeutig mein Zuhause, das wird mir jedes Mal beim Flug über den Atlantik wieder bewusst. Sobald das Flugzeug die Hälfte des Ozeans überquert hat, fühle ich mich schon wie amputiert. Warum? Ich weiß es nicht, es ist eine Emotion, die bei jedem Trip wiederkommt und die ich nicht unterdrücken kann. Das größte Handicap in New York ist für mich neben der Entfernung die Zeitverschiebung. Wenn ich nach den Proben gegen sechs Uhr abends ins Hotelzimmer komme und gern mit meiner Familie in Europa plaudern würde, schlafen schon alle. Wenn du in der Früh wach wirst, läuft der Tag in Europa auf Hochtouren, jeder ist im Stress, und es entsteht auch kein entspanntes Gespräch. Was das Gefühl des Alleinseins noch verschärft, ist die Tatsache, dass an der Met pro Woche nur ein oder maximal zwei Vorstellungen stattfinden. Dadurch gibt es unheimlich viele Leerläufe, die aber allesamt zu kurz sind, um mal kurz nach Europa zu fliegen. Manchmal ist man von der Familie, wenn sie nicht mitkommen kann, weil die Kinder in die Schule müssen oder der Ehepartner durch den Job unabkömmlich ist, für zwei Monate getrennt. Das ist eine sehr große Belastung für die Seele und für die Beziehung. Ich war schon immer ein Familienmensch, und mir ist es *sehr* wichtig, dass ich *meine* Liebsten, so oft es geht, bei mir habe. Natürlich genieße ich den Broadway und das Theaterleben, auch die einzigartigen Museen und Ausstellungen, die Stadt schläft nie und bietet Entertainment im Übermaß. Aber irgendwann stellt sich ein Sättigungsgefühl ein, und man will nicht jeden Abend unterwegs sein. So gilt es in New York viel Zeit totzuschlagen – und das lässt meine Einsamkeit wachsen. Man kommt an der Met nicht vorbei, ein Engagement dort ist wichtig für die Karriere, es befriedigt das Künstler-Ego, und Kino-Übertragungen bringen weltweiten Ruhm. Dennoch fühle ich mich in New York nicht zu Hause.

Nach meinen Debüts in Paris, London und New York spürte ich, dass die öffentliche Aufmerksamkeit sprunghaft anstieg. Ich stehe gern auf der Bühne, liebe das Rampenlicht, weiß, was von mir als Bühnenstar verlangt wird, signiere gern CD-Cover und gebe Interviews. Aber abseits der Bühne brauche ich die Fokussierung auf meine Person nicht. Ich liebe meine Ruhe, und ich brauche sie auch.

Nach New York erreichte ich einen Punkt, an dem ich zum ersten Mal entdeckte, dass mein Körper dieses Tempo nicht mehr lange durchhalten würde, ich spürte, wie mein inneres Feuer schwächer wurde. In den acht vergangenen Jahren war ich stets im Fortissimo-Gang unterwegs gewesen, hatte keinen Urlaub gemacht, hatte meinem Körper nie Gelegenheit gegeben, in den Piano-Modus zu wechseln. Mein Leben war ein ständiger Kreislauf: Reisen, Proben, Auftritte, Koffer packen, wieder in den Flieger steigen, Proben und wieder Auftritte. Immer öfter in diesem Jahr wurde ich krank, mich plagten kleine Erkältungen oder Darminfekte, obwohl ich auf meine Stimme und meinen Körper achtete. Aber ich ignorierte die Signale meines Körpers – vorerst noch. Ich lebte nach wie vor nach meinen hohen Ansprüchen: Elīna Garanča funktioniert immer, ist stets diszipliniert.

Nach über einem Monat in New York ging es wieder nach Hause. In Riga schlüpfte ich wieder in eine Hose, um eine der berühmtesten Liebhaber-Rollen der Weltliteratur zu mimen: die Partie des Romeo in Vincenzo Bellinis »I Capuleti e i Montecchi«. Die ideale Vorbereitung für mich, denn schon einen Monat später stand ich in der gleichen Rolle mit Anna

Netrebko im Wiener Konzerthaus auf der Bühne, ich als Romeo und sie als Giulietta – für viele Opernfans das Traum-Liebespaar schlechthin. Das Dacapo für Anna und mich als Romeo und Giulietta gab es sechs Monate später in London am Royal Covent Garden.

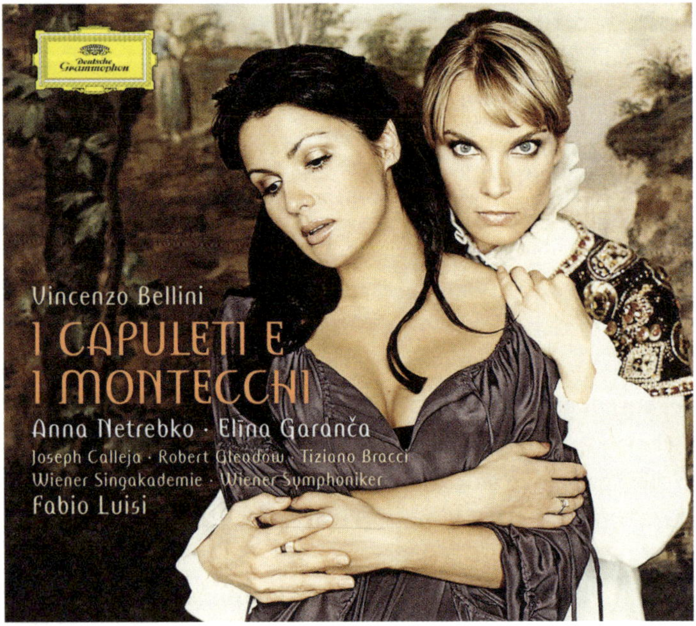

CD-Aufnahme der Bellini-Oper »I Capuleti e i Montecchi«.

Mit der Vorlage von Shakespeares »Romeo und Julia« hat die *Tragedia lirica* aus dem Jahre 1830 allerdings nicht viel gemein. Es gibt zwar die verfeindeten Familien der Capulets und Montagues mit den unglücklich verliebten Sprösslingen, doch Bellini machte aus diesen Rahmenbedingungen eine romantische Heldengeschichte.

Romeo ist ein emotionaler, zielstrebiger junger Mann, der sich nicht für den vorgezeichneten Weg und die Familienbande interessiert, sondern seinen eigenen Gefühlen folgen will. Wie ich die Rolle auf der Bühne anlege, ist sehr stark von meiner Partnerin abhängig. Wirkt die Giulietta jugendlich naiv, ist der Romeo ein stolzer, aber auch sehr naiver Junge. Ist meine Angebetete eine verletzliche Romantikerin, reflektiert auch meine Romeo-Figur diese Gefühle. Das Zusammenspiel mit dem Ensemble auf der Bühne ist für mich unheimlich wichtig, denn nichts ist langweiliger als ein Opernabend, an dem ein Sopran, ein Tenor oder ein Mezzo eine One-Man-Show hinlegt.

So ist es auch, wenn ich mit einer Bühnengigantin wie Anna Netrebko spiele. Wir sind keine Diven, die als zwei singende Egoisten auf der Bühne stehen. Was zwischen uns beiden läuft, ist ein »Wettbewerb« zweier Kolosse. Wir beide wollen auf gleichem Niveau singen, werden als die »hottest« Sängerinnen bezeichnet, da will sich keine eine Blöße geben. Dieses Gefühl schaukelt sich so hoch, dass wir gar nicht mehr über das Singen während der Aufführung nachdenken, sondern nur über die Emotionen spielen, in diesem Moment entzündet sich ein Feuer zwischen uns, das so stark brennt, dass wir sogar vergessen, dass wir auf der Bühne stehen. Das sind Augenblicke, in denen jene Magie entsteht, nach der die Opernfans gieren. Trotz dieses Rausches versuchen Anna und ich auch etwas Spaß zu haben. Vor allem wenn man wie wir die acht Vorstellungen en suite singt, beginnt sich Routine einzuschleichen, braucht man Entspannung und Improvisation. Zum Beispiel kneift mich Anna bei einer Liebesszene im Bett in den Po oder ich kitzle sie. Wir verändern die Szene bewusst ein wenig und überraschen die andere mit einem anderen Gang oder anderer Gestik. Das macht die Vorstellung lebendig, und man bleibt wachsam. Die Formel, wie man den Zauber auf der Bühne schafft, ist nach wie vor ein Mysterium für mich. Manchmal glaube ich, den Oscar für meine schauspielerische Leistung verdient zu haben, dann kommen die Freunde nach der Vorstellung zu mir und fragen: »Geht es dir gut? Du bist heute so abwesend. Bist du krank?« Und dann gibt es Abende, wo dir hundert Gedanken durch den Kopf gehen oder du die Nacht vorher überhaupt nicht geschlafen hast, weil dein Kind mit 39,5 Grad Fieber im Bett liegt, und nach der Vorstellung wirst du beim Bühnentor von Fans euphorisch empfangen: »Sie haben mich zu Tränen gerührt.«

»Ich habe heute meine Seele singen gehört.« Vielleicht macht deswegen der Bühnenzauber so süchtig – er kommt ohne Vorwarnung und vergeht, ohne dass man ihn greifen könnte.

Dass gerade Mezzos die Liebhaber-Rollen in der Oper übernehmen, liegt daran, dass sich die Stimmlage, das dunkle Timbre des Mezzosoprans, wohl besonders gut für die ganz jungen, etwas androgynen Liebhaber eignet, zum Beispiel den Cherubino, den Octavian oder den Sesto im »Titus« von Mozart. Dieser ganz spezifische Klang übt einen besonderen Reiz aus, den sich Komponisten wie Richard Strauss, Mozart oder Bellini zunutze gemacht haben. Und wahrscheinlich ist da noch der erotische Reiz, der in solchen Travestien steckt. Die Mezzosoprane sind auch meistens größer und schlanker als ein typischer Sopran – also ist die Figur von Natur aus »männlicher«. Das bedient einen gewissen Voyeurismus. Außerdem passt die zierliche Physiognomie einer Frau besser zur Statur eines jugendlichen Liebhabers als die eines dreißig- oder vierzigjährigen Opernsängers.

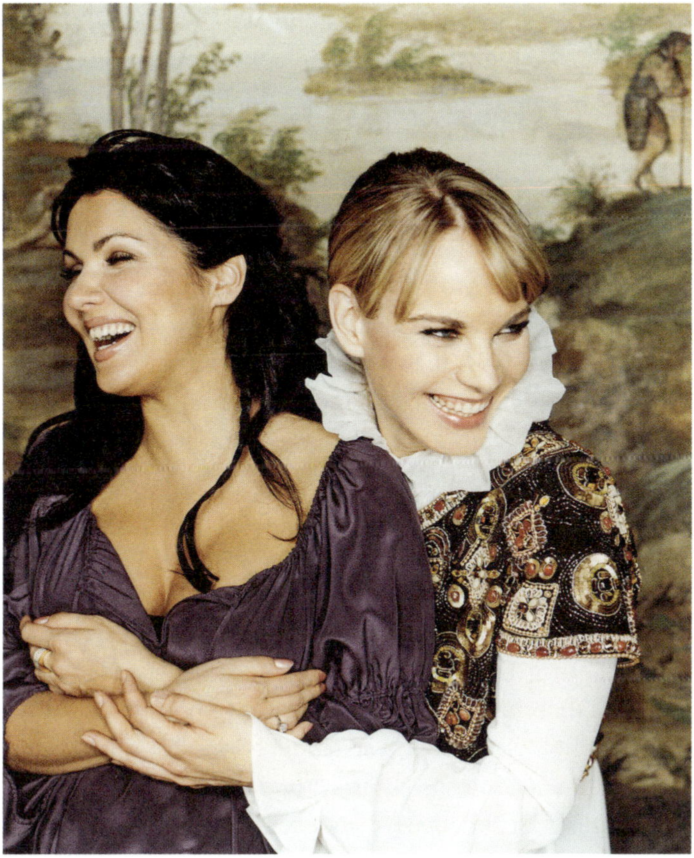

Anna Netrebko und ich als Liebespaar in »I Capuleti e i Montecchi« in London. Anna als Giulietta und ich als Romeo.

Wenn ich bei den Proben eine Schwäche habe, dann ist es einzig meine Ungeduld, da geht öfters mein Temperament mit mir durch. Ich mag es, wenn effektiv und ohne viel Getratsche und Diskussionen gearbeitet wird, und es kann durchaus sein, dass mir diese Ungeduld als Diven-Gehabe ausgelegt wird, aber meine Unfähigkeit, bei Proben ruhig und gelassen zu bleiben, hat nichts mit Allüren zu tun. Ich finde, sechs Wochen Probenzeit sind einfach unnötig. Das gibt Raum für zu lange Diskussionen, sinnloses Geplapper bei den Konzeptionsgesprächen. Manchmal habe ich das Gefühl, da wird alles zerredet, und nach drei Wochen Proben wird alles über Bord geworfen, und wir fangen wieder bei null an. In diesem Moment juckt es mich, und ich würde am liebsten vor Ungeduld aufspringen und sagen: »Okay, genug geredet, lasst uns endlich arbeiten!«

Das mag überheblich klingen, aber aus der Sicht der Top-50-Sänger ist es das keinesfalls. Denn wir sind ständig unterwegs, arbeiten unheimlich viel, singen heute in Berlin, morgen in München und eine Woche später in New York. Für Zeitverschwendung haben wir nichts übrig. Ein Dirigent muss sein Orchester im Griff haben, er kann nicht der Freund seiner Musiker sein; damit meine ich nicht, dass das Orchester vor dem Dirigenten zittern muss, aber ein gewisser Respekt sollte existieren, wenn der Dirigent am Podium steht und den Takt gibt. Genauso unverständlich ist es für mich, wenn Sänger zur ersten Probe kommen und ihre Partie noch nicht auswendig gelernt haben. Nach jeder Korrepetitions-Stunde ist es für mich selbstverständlich, dass ich die neue Partie zu Hause weiter übe, um eben nicht nach der Intonation suchen zu müssen. Ich lerne meine Arien, meine Duette und Rezitative stets so, dass ich sie frei singen kann. Alles andere erscheint mir schlichtweg unprofessionell.

Vielleicht ist meine Ungeduld bei den Proben auch ein Grund, warum ich die gemeinsamen Konzerte mit meinem Mann wie kleine künstlerische »Wellnessurlaube« empfinde. Wir genießen die Konzerte, denn sie ermöglichen uns, mehrere Tage am Stück miteinander zu verbringen, was bei unserem Terminplan eine Seltenheit ist. Und Karel kennt mein Repertoire wie kein anderer, stimmt das Orchester perfekt darauf ab, sodass die Proben unkompliziert sind. Auch wenn wir uns blind verstehen, heißt das allerdings nicht, dass mir Karel bei den Proben jede Freiheit lässt – ich glaube, gerade weil wir als Paar wahrgenommen werden, sind wir beim jeweils anderen viel gnadenloser; es wird wirklich kein Kredit gegeben, weil wir es nicht herausfordern wollen, dass jemand sagt: »Na ja, sie oder er darf das nur, weil sie verheiratet sind.«

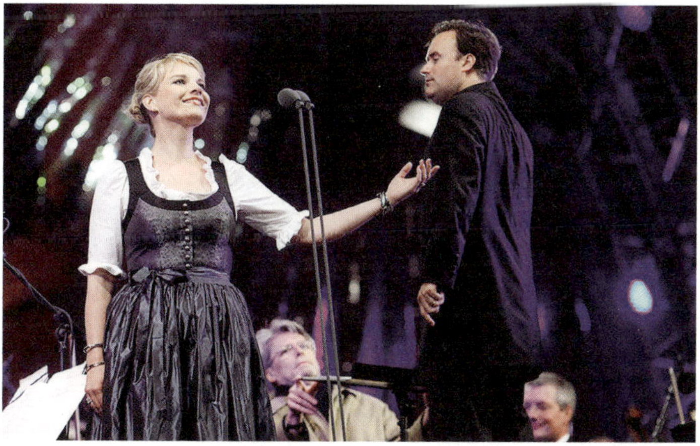

Open-Air-Konzert »Klassik unter Sternen« im Stift Göttweig mit meinem Mann Karel Mark Chichon.

Die Mutter aller meiner Open-Air-Konzerte ist »Klassik unter Sternen« im Hof des wunderschönen Benediktinerstifts Göttweig, wo wir 2008 die Premiere feierten. Diese Freiluft-Aufführung ist das Baby von meinem Mann und mir. Hier passt einfach alles, die Atmosphäre, die traumhafte Kulisse und das fantastische Publikum. Gerade durch diese Konzerte, durch die Promotion der Agentur »Markant«, die inzwischen AMI heißt, und natürlich durch unseren Hauptsponsor Raiffeisen wurde ich in Österreich erst so richtig bekannt. Wir sind eine große Familie geworden, und ich fühle die Verantwortung, immer besser und besser zu werden. Auch die Mönche empfangen uns jedes Jahr sehr herzlich; es gibt Extra-Touren durch das Kloster, wir dürfen jahrhundertealte Bibeln berühren, die Mönche zeigen uns imposante Barockräume, die sonst für die Besucher nicht geöffnet werden.

Unübersehbar thront das Kloster oberhalb der Donau im Herzen der Wachau. Wenn ich auf der Terrasse des Klosterrestaurants sitze, habe ich das Gefühl, die Welt liegt mir zu Füßen, und auch das Flair im wunderschönen Barock-Klosterhof, wo die fünfzig Tonnen schwere Bühne aufgebaut wird, ist einmalig. Hier haben wir ganz klein begonnen, im ersten Jahr war das Freiluft-Konzert noch gar kein so riesiger Erfolg. Aber wir hatten offenbar eine gute Mundpropaganda, denn schon im zweiten Jahr lag der Publikumsandrang über unseren Erwartungen. In den ersten Jahren kamen rund 2000 Gäste, mittlerweile sind es schon 5000, die zu »Klassik unter Sternen« ins Stift pilgern, und die Tickets sind oft schon im März ausverkauft. Ich wechsle jedes Jahr das Repertoire und lade auch stets andere Opernstars ein, aber einen Fixpunkt gibt es im Programm: Ohne das »Ave Maria« gehört zu haben – jenes von dem spanischen Komponisten William Gomez im traditionellen Stil vertonte –, geht das Publikum nicht nach Hause. Was mich jedes Jahr berührt, ist die Reaktion des Publikums. Es herrscht absolute

Stille, niemand applaudiert nach dem »Ave Maria«, jeder geht mit seinen eigenen Gedanken nach Hause, die während des Liedes entstanden sind.

Bis Ende Juni laufen die Engagements in den Opernhäusern, im Juli steht dann »Klassik unter Sternen« auf dem Programm, und im August starten die Salzburger Festspiele. Macht man da keine Abstriche, bleibt gar keine Zeit für die Familie. Also habe ich die Bremse angezogen und meine Engagements in Salzburg ein wenig zurückgeschraubt, seither gebe ich bei den Salzburger Festspielen mehr Liederabende oder Konzerte, etwa den Liederzyklus »Les nuits d'été« von Hector Berlioz, den er 1840 auf sechs Texte seines Dichterfreunds und Nachbars Théophile Gautier komponiert hat, oder das Verdi-Requiem. Mit dieser Lösung schaffe ich es, in Salzburg präsent zu sein, und gewinne trotzdem Zeit, die ich mit meiner Familie in Spanien verbringen kann.

Kollisionen gab es nicht nur in meinem Terminkalender, sondern auch mit dem damaligen Wiener Operndirektor Ioan Holender. In der Opernwelt war er ein Titan, ein ausgezeichneter Kenner von Stimmen. Ich bin meinem ehemaligen Agenten Erich Seitter und auch Holender äußerst dankbar für die Chancen, die sie mir in Wien gegeben haben – ich konnte mich langsam entwickeln, jede Spielzeit größere Partien ins Repertoire aufnehmen, ich konnte mit den besten Kollegen und Dirigenten arbeiten. Als Ensemblemitglied konnte man die Künstlerloge gratis besuchen und, wenn man wollte, jeden Abend eine Oper hören, was ich auch unzählige Male gemacht habe. Aber wehe, man verscherzte es sich mit ihm. Wie eine Katze durfte man auch ihn nicht gegen das Fell streicheln.

Seit zehn Jahren stand ich auf der Bühne, fünf Jahre davon mittlerweile an der Wiener Oper, und ich hatte keine einzige Vorstellung abgesagt. Im Gegensatz zu einigen meiner Kollegen, die sich durch Absagen rarmachen und so noch gefragter werden, hielt ich meine Verträge immer ein. Wenige Tage vor dem Jahreswechsel erwischte mich eine Darmgrippe. Ich schleppte mich zu den Proben für den »Barbier von Sevilla«, aber am Tag der Vorführung war ich völlig kraftlos. Der Kreislauf war im Keller, ich kämpfte mit Schwindelanfällen, weil ich die ganze Nacht an jenem Ort verbracht hatte, an den selbst der Kaiser zu Fuß gehen muss ... Mir war klar, zwei große Arien und Ensembles, das verspielte Herumspringen, die Treppe hinauf- und hinunterlaufen, das würde ich nicht schaffen, und ich sagte ab. Statt die Rosina zu singen, legte ich mich ins Spital und ließ mich zweieinhalb Stunden mit Infusionen vollpumpen – Vitamine, Kalzium, Magnesium. Am nächsten Tag flog ich nach Baden-Baden und sang ein Konzert. Das war der Moment, der Holender überkochen ließ. Er warf mir in sehr aufbrausender Art vor, dass mir ein TV-Konzert wichtiger sei als eine Vorstellung an der Wiener Oper. Ich fühlte mich unfair behandelt. Hätte er es lieber gehabt, wenn ich mitten in der Oper abgebrochen hätte? Wenn ich mir heute das Konzert in Baden-Baden ansehe, dann höre ich sehr deutlich, dass ich nicht mit voller Kraft singen konnte. Meine Stimme war sehr flach, ich konnte die Höhen nicht halten. Aus heutiger Sicht hätte ich auch das Baden-Baden-Konzert absagen müssen, aber ich wollte das Publikum nicht ein zweites Mal enttäuschen.

Es ist ein Mythos, dass ein Sänger eine Vorstellung nur dann nicht singen kann, wenn die Stimme versagt. Auch hier gibt es unendlich viele Abstufungen. Der ganze Körper eines Sängers ist ein Instrument. Ich habe unzählige Male mit Fieber oder Schnupfen gesungen, mit Halsweh oder leichtem Husten. Es gibt aber ein Stadium – Laryngitis –, in dem der Kehlkopf und die Muskeln und die Schleimhäute entzündet sind, sodass die Stimmlippen angeschwollen sind, und dann kann ich nicht mehr singen. Natürlich weiß ich von Sängern, die in solchen Fällen zu Cortison greifen, um die Vorstellung noch irgendwie über die Bühne zu bringen. Aber danach ist man für mehrere Wochen vollkommen stimmlos. So ein drastischer Einsatz ist für mich ein absolutes Tabu! Meine Stimme gibt es nur einmal – ich kann nicht wie bei einer Geige die Saite austauschen oder wie bei einem Klavier stärker in die Tasten hauen, damit es lauter klingt. Das Instrument Stimme ist für mein ganzes Leben gedacht – wenn ich sie nicht hüte und pflege, bin ich schnell arbeitslos. Wenn man in der Nacht nicht geschlafen hat, fühlt man sich schlapp, müde, irritiert, nachmittags schläfrig, und so geht es auch der Stimme. Sie verliert an Brillanz, Frische, Elastizität. Wenn ich nicht richtig stützen kann, verliert meine Stimme an Höhe.

Die Stimme ist das eine, doch es kommt noch der ganze Körper dazu. Wenn ich mich nicht zu hundert Prozent konzentrieren kann, verpasse ich meine Einsätze oder vergesse den Text. Eine unglückliche Drehung, ein kleiner Schubser von einem emotionaleren Kollegen kann einen Bandscheibenvorfall auslösen, der mich nicht mehr richtig atmen lässt. Viele Sänger, die seit vielen Jahren auf der Bühne stehen, klagen über Rückenschmerzen oder abgenützte Kniegelenke, die durch Belastung entstehen, weil wir ständig auf schrägen Bühnen stehen müssen. Wie viele Male muss ich pro Spielzeit auf die Knie fallen? All das beeinflusst einen Sänger und seine Leistung. Kein Sänger sagt gerne ab, denn das Singen macht uns Spaß. Wir sind es unserem Publikum »schuldig«, und außerdem werden wir nach einer Absage nicht bezahlt … Deshalb kann mir mein Publikum glauben: Wenn ich eine Vorstellung absage, dann geht es an diesem Abend wirklich nicht.

8
WENN MICH DIE MELANCHOLIE ÜBERFÄLLT

Der Applaus wird immer größer, die Kritiken immer besser, die Signierstunden nach der Vorstellung dauern immer länger. Mein Künstler-Ego ist zufrieden, aber ist es auch meine Seele? Sobald sich der Vorhang hebt, spüre ich, welche Welle aus dem Zuschauerraum auf mich zukommt, mit diesem Gespür lassen sich Augenblicke kreieren, in denen das Publikum für einige Sekunden ganz mir gehört und vollkommene Stille herrscht. Aber das heißt nicht, dass ich mit mir selbst zufrieden bin. Die Abende, an denen ich zu Hause eine entspannte, glückliche, erfüllende Wärme in mir spüre, am besten mit einem Bad bei Kerzenlicht und einem Gläschen Wein, sind ganz selten. So wie ein Torjäger bei jedem Match Tore schießen will, ist es mein Goal, diesen beglückenden Zauber entstehen zu lassen. Aber von fünfzig Vorstellungen pro Spielzeit gibt es vielleicht sechs Auftritte, von denen ich sagen kann, heute hat einfach alles gepasst – die Stimme war gut, die Kollegen waren ein Team, der Dirigent war aufmerksam, und das Publikum hat sein Herz geöffnet.

Der Grund dafür liegt in meinen hohen Ansprüchen, in meinen Selbstzweifeln, in meiner Unsicherheit. Die Opernwelt mag diesen Eindruck von mir nicht haben, denn ich weiß, was von mir verlangt wird, ich spiele meine Rolle, und ich werde meinem Image gerecht, aber ich bin im Grunde ein schüchterner Mensch. Meistens schmunzeln die Menschen, wenn ich das sage, denn sie sehen mich eher als ein

»Wikingerweib«, das nichts erschüttern kann. Tatsächlich bin ich das Gegenteil, ich bin sehr verletzlich, und es gibt selten Nächte, in denen ich durchschlafen kann, ohne dass tausend Gedanken durch meinen Kopf jagen. Mehr noch, ich bezeichne mich als melancholische Sanguinikerin. Manchmal blicke ich fast neidisch auf Kollegen, die vor Selbstsicherheit strotzen – auch wenn der Grat zur Selbstüberschätzung für meinen Geschmack oft überschritten wird. Denn eine Bühne zu betreten, wenn ich in einer Arie nicht alle Töne auch wirklich singen kann – und ich rede nicht von Abenden, an denen man angeschlagen ist –, wäre nichts weniger als eine Schande für mich.

Meine Selbstzweifel plagen mich nicht nur nach einer Vorstellung, sie überfallen mich auch oft schon während der Proben. Meistens beginnt es ungefähr zehn Tage vor der Premiere. Dann zaudere ich, ob ich die Partie singen kann, ich weiß nicht mehr, was der Dirigent von mir will, auf einmal entstehen viele Lücken in der Partie. In diesen Momenten hinterfrage ich alles: Wieso? Warum? Was will ich mit meiner Rolle ausdrücken?

Um einen Ausweg aus dieser emotionalen Misere zu finden, ziehe ich mich meistens ins Fitnesscenter oder in die Natur zurück. Auf dem Laufband versuche ich meiner Melancholie davonzulaufen, mich abzureagieren, alles rauszuschwitzen, was mich belastet. Oder aber ich arbeite im Garten. Auch wenn das Zuckerrübenernten nie meine große Leidenschaft war, meine Lust am »Garteln« hat es mir nicht genommen – ganz im Gegenteil. Je älter ich werde, desto mehr entdecke ich meinen grünen Daumen. Der Spaß an der Gartenarbeit im Frühling – die Samen für Karotten, Radieschen oder Zwiebeln in die Erde streuen, Rosen düngen und Tomaten pflanzen – wächst immer mehr. In Spanien sind wir »Selbstversorger«. Es ist hier üblich, dass die Ernte aus dem Garten zum Kochen verwendet wird. So erledige ich im Februar und März die wichtige Vorarbeit und freue mich nach jeder Reise darauf, in den Garten zu kommen und zu sehen, was und wie alles gewachsen ist. In einem Sommer wurde mein Mutterherz ganz besonders belohnt, als unsere Tochter Katie eines Tages in der Erdbeerenecke verschwand und ganz stolz mit den selbst gepflückten Erdbeeren zurückkam.

Aber manchmal helfen auch der Adrenalin-Schub und die Gartenarbeit nicht, die Melancholie zu vertreiben, dann bleibt mir nur mehr eines – mich ausweinen. Ich höre mir die traurigsten Arien oder auch Barbra Streisand an, je nachdem, was mich berührt, trinke ein Gläschen Wein und lasse meine Tränen fließen, um danach erschöpft ins Bett zu fallen. Dieser reinigende Prozess wirkt. Denn am nächsten Tag habe ich meine gute Laune wiedergefunden, alle belastenden Gedanken sind abgeschüttelt. Wenn ich mir am Morgen dann noch ein Violinkonzert von Sibelius auflege oder den »Donauwalzer«, ist die Melancholie besiegt, und ich habe wieder das Gefühl, die Welt zerreißen zu können.

Dann steige ich sehr oft in mein Auto und kurve eine Runde durch die Stadt. Ich bin erst seit ein paar Jahren stolze Führerscheinbesitzerin, weil ich ihn früher nie brauchte, um mobil zu sein – wir lebten in Riga mitten in der Stadt, auch in Meiningen und Frankfurt brauchte ich nie einen fahrbaren Untersatz. Und um ganz ehrlich zu sein, ich hatte Angst vor dem Autofahren – ich dachte, entweder kollidiere ich mit allen Autos oder sie werden mich »abschießen«. Die großen Diven lassen sich gerne chauffieren. Sie wissen gar nicht, was sie versäumen, denn als ich das erste Mal hinter dem Lenkrad saß, erkannte ich, wie sehr ich dieses Freiheitsgefühl vermisst hatte. Sich einfach ins Auto setzen, den Motor starten und durch die Gegend kurven, wann und wo immer man Lust hat – das wirkt unglaublich befreiend. Mit dem Haus in Spanien hatte ich keine andere Wahl, und so machte ich mithilfe eines Intensivkurses innerhalb von zwei Wochen den Führerschein. Und glaubt es mir oder nicht: Ich kann wirklich gut einparken!

Zwei Jahre nachdem ich zum ersten Mal als Carmen in Riga auf der Bühne stand, ging ich mit der Partie auf Tournee – trotz des Erfolges tauchten auch hier immer wieder Momente auf, in denen mein melancholisches Gemüt mir zusetzte. Zuerst spielte ich die Carmen bei den Opernfestspielen mitten in den Ruinen der Caracalla-Thermen in Rom. Diese Inszenierung ist eine der wenigen Opernaufführungen, an der mein Mann Karel und ich gemeinsam arbeiteten. Im Herbst ging es dann weiter nach London, wo ich im Covent Garden zum ersten Mal mit Roberto Alagna als Don José auf der Bühne stand. Insgesamt sang ich mit ihm fünf verschiedene »Carmen«-Inszenierungen in New York, London, Berlin und Wien. Der Höhepunkt all dieser Inszenierungen waren unbestritten die Aufführungen in der Metropolitan Opera in New York. Damit beschritten wir neues Terrain, denn die Aufführung wurde weltweit in tausend Kinos übertragen.

Eine echte Bereicherung war für mich die Zusammenarbeit mit Regisseur Richard Eyre. Der geborene Brite ist kein klassischer Opernregisseur, sondern kommt aus der Theaterszene, hat schon Hollywoodfilme mit Oscar-Gewinnerin Cate Blanchett oder Judi Dench, die fast jeder in der Rolle der MI6-Chefin »M« aus den James-Bond-Filmen kennt, produziert und zahlreiche Regiepreise gewonnen. Bereits während der »Carmen«-Vorstellungen in London trafen wir uns für erste Besprechungen, wie Eyre die Figur der Carmen anlegen wollte, wie er die Opernaufführung auch fürs Kino als Ereignis zu inszenieren gedachte. Bei diesen Gesprächen war mir schnell klar, mit Eyre konnte ich auf einer Ebene kommunizieren, wie ich es mit keinem anderen Opernregisseur zuvor erlebt hatte. Wir gingen sehr in die Tiefe, analysierten die Charaktere, so wie ich es mir von einem Regisseur immer gewünscht hatte. Eine meiner schauspielerischen Stärken ist, dass ich sehr wandlungsfähig bin. Ich glaube, das ist eben das Training eines Mezzo – wir spielen Buben, Mädchen, »witches and bitches« und echte Vollblutweiber. Es gibt Kollegen, die, egal wer Regie führt, gewisse Rollen immer gleich spielen und keinerlei Variationen und keine neuen Interpretationen der Persönlichkeit zulassen. Aber ich bin offen, möchte die Hintergedanken der Regie erfahren. Wenn ich den emotionalen Zustand des Charakters kenne, dann beginne ich bei den Proben zu experimentieren und diskutiere, wie sich der Charakter am besten ausbauen lässt. Um es ganz banal auszudrücken: Wenn ich nicht weiß, warum ich von links nach rechts über die Bühne gehen soll, wie soll es dann der Zuschauer verstehen? Wenn ein Regisseur sechs Wochen braucht, um mich vom Bühnenbild, seiner Choreografie, seinem Konzept zu überzeugen, dann wird die Inszenierung kein Erfolg. Denn der Zuschauer hat keine sechs Wochen, sondern nur drei Stunden, um in die Oper einzutauchen. An diesem Punkt bin ich auch durchaus bereit, mit dem Regisseur zu streiten, indem ich ihm offen sage, ich kann diese Szene so nicht rüberbringen, weil sie für mich nicht funktioniert.

Wenn wir bei den Proben einmal auf gar keinen grünen Zweig kamen, habe ich auch schon mal meinen Rückzug angeboten. »Wenn ich nicht euer Typ bin, dann schmeißt mich raus und nehmt eine andere. Ich muss nicht um jeden Preis auf die Bühne«, waren meine Worte in solch heiklen Situationen. Und ich glaube nicht, dass ich mir das leisten kann, weil ich »die Garanča« bin. Schon als »Bühnen-Frischling« in Meiningen oder Frankfurt habe ich so agiert – wenn ich etwas nicht verstand oder mich auf der Bühne verloren fühlte, habe ich immer den Regisseur gefragt, ob er es mir erklären kann, damit ich die Szene besser spielen kann. Hier geht es nicht darum, ob ich etwas tue, sondern wie ich es tue. Wäre ich eine Diva und sagte, entweder so oder ich gehe, würde ich damit nichts erreichen, sondern nur mein Ego befriedigen. Wenn ich aber erkläre, dass es mir schwerfällt, diese Gestik oder diesen Gang zu spielen, weil mein Charakter emotional durch mich etwas anderes fühlt, dann gehen die Regisseure auf meine Argumente ein. Ich bin eben ein lebendiger Interpret und kann nur das rüberbringen, was ich in diesem Moment spüre. Es sollte nicht so sein, dass sich ein Sänger schämt für das, was auf der Bühne von ihm verlangt wird, denn auch der Zuschauer wird sich dabei unwohlfühlen. Es gibt natürlich Regisseure, die gern provozieren und auf Effekte setzen, aber ich als Sängerin muss die Freiheit haben, zu sagen, das mache ich, weil ich auch davon überzeugt bin, oder eben nicht. Natürlich gehe ich mit dieser Haltung das Risiko ein, dass ich weniger Engagements bekomme. Vor allem als junge Sängerin braucht es viel Mut und Selbstvertrauen, gegen den Regisseur zu argumentieren. Aber manchmal muss man eben den schweren Weg gehen.

Mit Richard Eyre haben wir wahnsinnig viel probiert, wir haben uns gerieben und dann wieder versöhnt. Seine Liebe zur schauspielerischen Feinarbeit – wie man die Mimik, den Blick einsetzt, wie man mit den Händen gezielt gestikuliert – hat mich fasziniert. Regisseure, die vom Theater kommen, besitzen generell einen komplett anderen Zugang zur Oper. Für sie ist die Musik eine Unterstützung der Worte und nicht umgekehrt. So begannen wir die Proben mit einem intensiven Textstudium, um zu verstehen, worum es in diesem Stück überhaupt geht. Wir analysierten die gesprochenen, aber auch die nicht gesprochenen Worte. Bei dieser »Carmen«-Produktion kam eine ganz neue Dimension hinzu – und die bestand aus zwölf Kameras. Eine Live-Kamera ist gnadenloser als jeder Zuschauer, der auf dem zweiten Balkon sitzt. Du darfst keine Sekunde außerhalb des Charakters sein, kannst dir keine unüberlegte, spontane Geste leisten. Andererseits wiederum darf es auch keine Leerläufe geben. Wir haben uns mehrmals vor der Live-Übertragung die Aufzeichnungen der Proben angeschaut, um zu sehen, wo noch ein Blick, eine Handbewegung, eine Choreografie fehlte. Im Gegensatz zu meiner ersten »Carmen« in Riga, die durchaus als »alternativ« zu bezeichnen war, war die Inszenierung in New York konventionell modern. Statt Leggins trug ich dekolletierte Bustierkleider, statt in Kuba spielte das Stück wieder in Sevilla. Die Live-Übertragung in die Kinos avancierte zu einem Klassik-Hit. Über 240 000 Fans auf der ganzen Welt kauften sich eine Kinokarte, allein in Deutschland und Österreich waren es 20 000, die die Vorstellung live auf der Kinoleinwand erlebten.

Anfangs stand ich dieser Live-Übertragung skeptisch gegenüber, weil meine Sängerkollegen und ich der Meinung waren, dass wir uns mit dieser Art des Opernerlebnisses einen

Tick zu kommerziell vermarkten. Ich bin immer noch der Meinung, dass die Vibrationen, die man in einem Theater live erlebt und spürt, wenn der Saal mit den Stimmen erfüllt wird oder das Orchester ein großes Forte aufblühen lässt, nur im Zuschauerraum aufgesaugt werden können. Was uns aber nicht bewusst war, war, wie viele Menschen mit den Live-Übertragungen erreicht werden können. Plötzlich bekam ich Fan-Post aus Neuseeland, Mexiko oder Argentinien – Orte, an die ich vielleicht nie in meinem Leben hinkommen werde. Von Menschen, die wahrscheinlich nie die Möglichkeit haben werden, eine Inszenierung an der Met hautnah zu erleben.

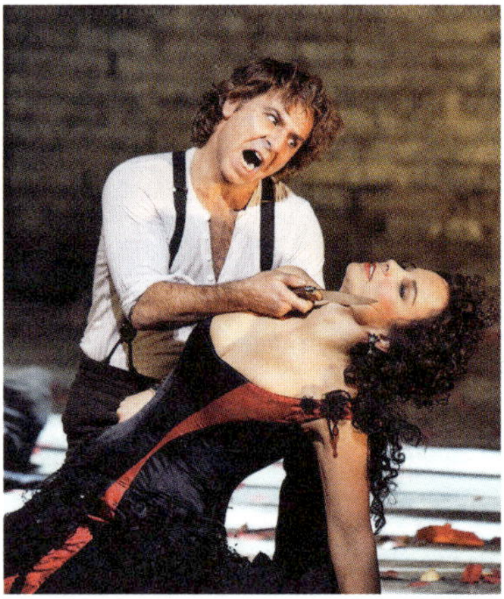

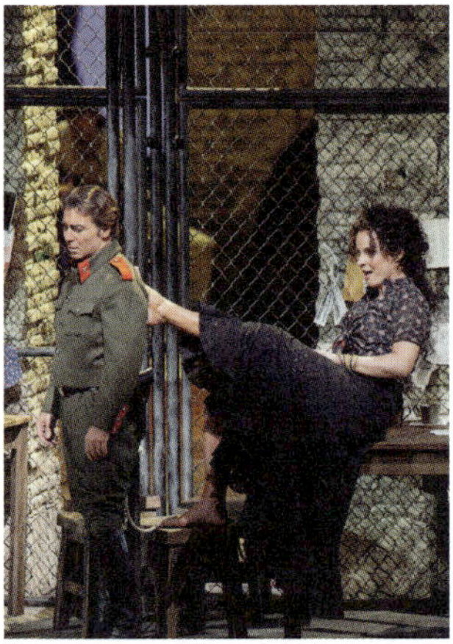

Die »Carmen«-Inszenierung an der New Yorker Met mit Roberto Alagna wurde weltweit live in die Kinos übertragen.

Der Metropolitan Opera bescherte die Kooperation mit den Kinos Millioneneinnahmen. Die Met finanziert sich zu fast 98 Prozent durch private Sponsoren, die Stadt subventioniert das größte Opernhaus der Welt nur in einem sehr bescheidenen Ausmaß. Die Zeiten, als Opernstars wie eine Callas oder ein Caruso unglaubliche Gagen kassierten, sind längst Geschichte. Und so wie sich Opernhäuser nur mit einem Star heute nicht mehr füllen lassen, so wird in der Kultur seit Jahren an allen Ecken und Enden gespart. Jedes Opernhaus hat eine fixe Top-Gage für die Stars. In Wien sind es zurzeit 13 000 Euro brutto pro Auftritt. Das ist auf den ersten Blick nicht wenig, aber am Ende der Rechnung bleiben keine großen Summen übrig. Von den Opernhäusern werden keine Kosten für Flugtickets, Hotelzimmer, Taxis, Leihautos übernommen. Alle Spesen, die rund um das Engagement entstehen, müssen von der Gage bezahlt werden. Auch meine Konzertkleider natürlich. Und meine Outfits stehen unter genauer Beobachtung, es wird von mir erwartet, dass ich nicht zwei Jahre lang im selben Kleid singe. Es gab schon Fans, die zu mir sagten: »Dieses Kleid haben wir bei Ihnen schon vor vier Monaten bei einem Auftritt in einem anderen Land gesehen.«

Vom Bruttohonorar wird auch noch die Provision für den Agenten berechnet, und auch der Wechselkurs spielt für uns Sänger eine bedeutende Rolle; steht zum Beispiel der Dollar gegenüber dem Euro niedrig, mindert auch das unser Einkommen. So gesehen gehen die ersten drei Abendgagen nur für Flugtickets, Appartements und die Kosten für den Agenten drauf. Und natürlich bezahlen wir als selbstständige Sänger auch noch die Krankenversicherung, die Pensionsvorsorge und die Sozialversicherung aus der eigenen Tasche. Um in der Opernwelt richtig Geld zu verdienen, müsste ich wahrscheinlich 150 Vorstellungen pro Jahr singen – aber ein so hohes Pensum schafft kein Sänger. Und auch das wichtigste Instrument des Sängers, die Stimme, hat ein Ablaufdatum. Es gibt in der Opernszene nur wenige Ausnahmen, die eine

Bühnenpräsenz bis ins obligate Pensionsalter von sechzig plus schaffen. Wer seine Stimme sehr clever einsetzt, keine dramatischen Rollen in jungen Jahren singt, kann bis Anfang fünfzig mit guten Engagements rechnen. Aber dann wird die Luft schon sehr dünn, und entweder man sattelt dann um, schlägt eine neue Karriere in der Künstlerbranche ein, oder man hat gut vorgesorgt.

Mit meinen unterschiedlichen Carmen-Darstellungen, die nie den gängigen Klischees entsprachen – mal dunkelhaarig, mal blond wie etwa in Wien, mal freiheitsliebend, mal Femme fatale –, löste ich unter den Opernfans heftige Diskussionen aus, wie die Carmen zu sein habe. Die Opernhäuser waren zwar bei den Vorstellungen bis auf den letzten Stehplatz voll, aber an meiner Darstellung schieden sich die Geister. Und es waren nicht immer nur Lobeshymnen, die ich da zu lesen bekam. Die Reaktionen reichten von Jubel bis zu »Garančas Carmen ist eher eine Geschmackssache«. Die einen bezeichneten mich als »die beste Carmen der Welt«, andere meinten, ich käme nicht an meine Vorgängerinnen wie etwa Agnes Baltsa heran. Manchen war Elīna Garanča in der Partie der Carmen zu präsent, andere fanden meine Carmen »filmreif«. Weil die Meinungen so divergent waren, folgte ich nur meinem Gefühl, denn allen recht machen konnte ich es mit der Rolle, die übrigens nie eine Traumpartie von mir war, sowieso nicht.

Wer die Persönlichkeit der Carmen wirklich verstehen will, kann das nicht von Inszenierungen in Wien, München, London oder New York aus kommentieren und analysieren, sondern muss in Spanien die Zigeuner und Südspanier hautnah erleben. Ich lebe in Spanien, habe zigmal Sevilla besucht, habe auch blonde Zigeuner den Flamenco tanzen sehen, habe ihr Verständnis von Rache, Stolz und Todessehnsucht studiert und unzählige Gespräche geführt. Vor allem der Tod spielt in »Carmen« eine zentrale Rolle. Denn der einzige wirkliche Begleiter in Carmens Leben ist der Tod – ob sie ihn jetzt wahrnimmt, herausfordert oder nur akzeptiert. Er ist immer da: Sie weiß, dass sie jeden Tag getötet werden könnte. Nicht nur durch einen eifersüchtigen Liebhaber, auch die Karten sagen ihr im dritten Akt den Tod voraus (»Toujours la mort« singt sie da), und Carmen geht sehenden Auges in den Tod. Nur mit diesem Bewusstsein kann man das introvertierte Todessolo im Karten-Ensemble des dritten Akts expressiv und überzeugend singen.

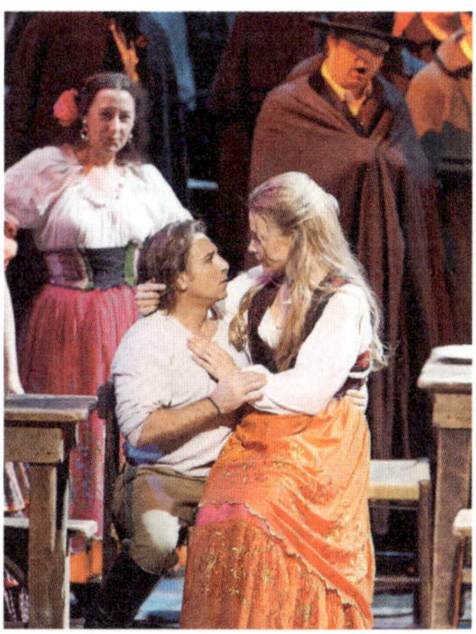
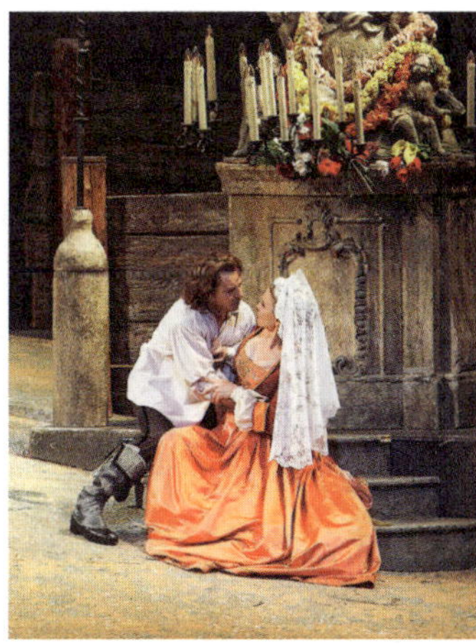

Als blonde Carmen mit Roberto Alagna an der Wiener Staatsoper.

In Wien schien es mit meiner Rolle als »Carmen« nichts als Schwierigkeiten zu geben. Und so fand auch die Verstimmung zwischen mir und Wiens früherem Operndirektor Ioan Holender eine Fortsetzung. Begonnen hatte es mit meiner

Absage für den »Barbier von Sevilla«, und wie es das Schicksal wollte, musste ich auch 2010 wegen einer kleinen Operation für die »Carmen«-Aufführung absagen. Ioan Holender hatte die »Carmen« mit einer absoluten Traumbesetzung angekündigt. Doch die Produktion stand unter keinem guten Stern: Zuerst sprang ihm Rolando Villazón ab, glaubhaft in Stimmnöten. Der lettische Dirigent Mariss Jansons folgte, gesundheitlich schwer beeinträchtigt. Und dann meldete auch ich mich noch krank. Und so hatte die musikalische Neueinstudierung der »Carmen«, für die in Kartenbüros und auf dem Schwarzmarkt schon sagenhafte Preise gezahlt worden waren, nur noch einen einzigen Star: Anna Netrebko. Dass ich diese Inszenierung streichen musste, tat mir selbst sehr leid – denn so eine Besetzung gibt es nicht alle Tage und ist auch für mich ein echtes Gustostückerl. Holenders berühmt-berüchtigten Zorn bekam allerdings nur ich zu spüren. Als gnadenloser Businessman, der er ist, kann ich seine Reaktion ja noch verstehen, es tut mir nur leid, dass unsere ehemals enge und herzliche Beziehung so ein Ende haben musste, aus Gründen, die weder ich noch jemand anderer beeinflussen konnte – ein Mensch kann sich seine Krankheiten und den jeweiligen Zeitpunkt eben nicht auswählen. Ich muss in solchen Momenten immer an ein Zitat von Maestro Harnoncourt über seine Zukunftspläne denken: »Es ist zwar sehr schön, den Kalender zu füllen, aber woher soll ich wissen, ob ich in vier Jahren gerade an diesem Tag Lust habe, dieses Stück zu dirigieren, oder ob ich es überhaupt noch kann?« Mein Debüt als »Carmen« in Wien gab ich erst drei Jahre später unter dem neuen Direktor Dominique Meyer.

Nach achtzehn erfolgreichen »Carmen«-Vorstellungen allein im Jahre 2009 sehnte ich mich nach einer Abwechslung.

Einmal an der traditionsreichen Semper-Oper in Dresden, noch dazu unter der Leitung von Christian Thielemann, Beethoven zu singen, war ein echtes Highlight, das ich mir nicht entgehen lassen wollte. Es gibt viele große Maestros, Thielemann zählt neben Muti, Barenboim und Harnoncourt zu jenen Dirigenten, die ich am meisten bewundere. Was Thielemanns Arbeit ausmacht, ist seine Kunst, aus einer mittelmäßigen Besetzung das Beste herauszuholen. Die meisten Dirigenten sind abhängig vom Team, das ihnen zur Verfügung steht. Ist die Besetzung erstklassig, ist auch der Dirigent traumhaft, aber wehe, das Ensemble schwächelt, dann rattert der ganze Zug langsamer. Hierin unterscheidet sich Thielemann ganz gravierend – bei ihm fährt der Zug trotzdem auf der Hochleistungsstrecke.

Was einen großen Maestro von anderen Opernkapellmeistern unterscheidet, ist sein Gespür für Opernstimmen und sein Mut und auch die Inspiration, den klassischen Meisterwerken völlig neue Deutungen zu geben. Ein Dirigent benötigt eine hohe Sensibilität für den Sänger, er muss spüren, wann der Sänger schneller oder kürzer atmen muss. Dann gibt es wieder Momente, in denen der Dirigent den Sänger an der Hand nehmen und ziehen muss. Denn jeder Sänger tendiert dazu, die langen Töne zu lang zu singen. Es gibt tatsächlich wenige, die dieses Fingerspitzengefühl haben. Riccardo Muti ist in diesem Punkt unschlagbar, er ist ein absoluter Opernstimmenkenner – besser geht es eigentlich nicht. Unglaubliche Erlebnisse hatte ich auch mit Daniel Barenboim beim Verdi-Requiem – es war faszinierend, wie schnell er die Sänger, das Orchester und den Chor im Griff hatte. Ähnlich ist es mit Mariss Jansons, der als echtes Arbeitstier gilt. Der lettische Dirigent filtert aus jedem Stück die feinsten Details heraus, bespricht seine Interpretationen akribisch mit den Künstlern – die Probenzeiten mit ihm empfinde ich als unheimlich bereichernd. Trotz ihrer fixen Vorstellungen, ihrem Starstatus, sind Maestros wie die Genannten nicht abgehoben, sondern können die Bedürfnisse der Solisten wahrnehmen.

Die hohe Kunst des Dirigenten ist es, das Konzert so zu gestalten, dass weder seine Interpretation noch der Sänger leidet. Ich bin leider nicht immer mit Dirigenten konfrontiert, die ein derart hohes Einfühlungsvermögen wie Riccardo Muti & Co. besitzen. Mitunter gibt es auch Momente bei Opernproben, bei denen ich einfach anstehe, weil der Dirigent und ich nicht dieselbe musikalische Sprache sprechen. Mein letzter Trumpf, um den gordischen Knoten bei Proben zu lösen, ist der Ratschlag meines Mannes. Karel ist sozusagen mein Joker. Er fragt mich nach dem Stil des Dirigenten, nach dem speziellen Problem, und weil er meine Technik wie kein anderer kennt, hat er immer eine Lösung parat. Meine Aufgabe ist es dann nur mehr, den Dirigenten davon zu überzeugen, den Tipp meines Mannes auch auszuprobieren. Bis jetzt hat es immer geklappt, die Hürden waren mit einem Schlag ausgeräumt, und das Ensemble war wieder glücklich. Mein Mann und ich lachen oft, denn für manche Dirigenten bin ich sicherlich ein Albtraum – und er ist es umgekehrt für manche Sänger.

9
ZWISCHEN KIND UND KARRIERE

Die Bühne, das Singen, der Applaus lösen ein schwebendes Gefühl in mir aus. Diese Stimmung macht süchtig – und wie jede Sucht treibt dich der Zauber des Theaterlebens in eine andere Sphäre, auf eine andere Ebene. Diese schwerelose Stimmungslage ist sehr eigenartig und lässt sich nicht im Alltag reproduzieren. Gerade deswegen ist dieser Flow heimtückisch und irreführend, lässt einen den Bezug zur Realität verlieren, viele glauben, die Bühne ist ihr Leben. Entertainment, Bühnenzauber und wahres Leben verschmelzen, und sie vergessen, was nun Bühne ist und was reales Leben. Von der großen Maria Callas wird erzählt, sie sei im Privatleben unglücklich gewesen, weil sie auch abseits der Bühne die Callas sein wollte. Bühnenstars führen eine Art Doppelleben. Erst spät, manche zu spät, entdecken sie, was ihnen im Leben wirklich fehlt: eine Familie.

Als junges Mädchen, während meines Gesangsstudiums an der Akademie in Riga, hatte ich ein Schlüsselerlebnis. Eine ältere Sängerin erzählte mir von ihrem Leben, von Verehrern, Blumenbergen, Liebesbriefen, kistenweise aufbewahrten Kritiken und Fotos von verschiedenen Aufführungen und Reisen, und schloss ihre Erzählungen mit dem traurigen Fazit: »Weißt du, Elīna, ich habe schöne Zeiten erlebt, aber was mir heute fehlt, sind eigene Kinder.« Ich wusste schon damals, mit siebzehn, als ich mich für diesen Beruf entschied: Eines Tages will ich eine eigene Familie haben, ich möchte diese bedingungslose Liebe, wie sie dir nur ein Kind schenkt, erleben. Die Oper gibt dir dieses Gefühl nicht, hier stehst du immer auf dem Prüfstand. Ob du emotional oder nicht emotional gesungen hast, überzeugend oder nicht überzeugend, musikalisch oder nicht musikalisch. Natürlich trägt die Musik dich in eine andere Welt, du vergisst dabei auch oft die Alltagssorgen, du kannst in verschiedenste Geschichten eintauchen, darfst auf der Bühne Mörder spielen oder die Wahnsinnige, darfst deinen wilden, versteckten Emotionen in der Musik freien Lauf lassen. Aber kein Erfolg in der Oper kann dieses Gefühl ersetzen, kein zwanzigminütiger Applaus schafft es, das Glück zu übertrumpfen, wenn die Hebamme dir das erste Mal dein Baby in den Arm legt. Das versteht man nur dann, wenn man es selbst erlebt hat. Und vielleicht ist das auch gut so.

Natürlich kenne ich den Mythos, habe ihn selbst unzählige Male gehört, dass jedes Kind russisches Roulette ist für eine Sängerin, dass es keine in der Hand hat, ob ihre Stimme nach der Geburt wieder so funktioniert wie vor der Schwangerschaft. Woher diese Ängste kommen, weiß ich nicht. Ich kenne nur eine einzige Opernsängerin, die ihre Stimme durch die Geburt ihres Kindes und einige vorangegangene Fehlgeburten, Hormontherapien und Behandlungen verloren hat. Und es gibt unzählige Sängerinnen, die beides vereinen können, Kind und Karriere: Anna Netrebko hat einen Sohn und singt. Diana Damrau hat zwei Kinder, Anne Sofie von Otter ist ebenfalls Mutter und auch Renée Fleming. Also warum sollte es gerade bei mir schiefgehen? Und selbst wenn es schiefgehen konnte, das Risiko war es mir wert. Karel und ich haben 2006 in Riga geheiratet, ich hatte mittlerweile alle wichtigen Opernhäuser erobert, der Wunsch nach einem

Baby wuchs mehr und mehr. Bis zu diesem Zeitpunkt hatte ich mich für diese Verantwortung – neues Leben in die Welt zu setzen, für das Kind rund um die Uhr da zu sein und meine Lebenserfahrungen weiterzugeben – nicht bereit gefühlt. Aber dann sagten wir uns: Wann, wenn nicht jetzt? Mein Mann und ich fühlten, dass unser Glück noch nicht komplett war. Und sollte meine Stimme durch das Kind nachlassen, würde unsere Welt nicht zusammenbrechen. Als ich mit Karel über das Risiko diskutierte, sagte er: »Weißt du was? So wie ich dich kenne, würdest du das Singen sicher sehr vermissen, aber nicht daran zerbrechen, weil du zu vielseitig bist, du würdest dir einen neuen Lebensinhalt finden.« Karel hat recht: Ich liebe das Singen, es ist meine Leidenschaft und mein Hobby, es ist mein Job und meine Berufung, aber ich würde nie mein Kind dafür verantwortlich machen, wenn es nicht weitergeht. Ich würde dem Singen auch nicht allzu lange nachweinen, weil die Stimme ohnehin ein Ablaufdatum hat. Ein Leben hinter den Kulissen, auf dem Regiesessel oder als Stimmcoach, würde mich auch erfüllen. Ich bin an einem Punkt in meiner Karriere angekommen, wo viele hinwollen, wovon viele träumen und es wahrscheinlich nicht erreichen – warum auch immer. Mit diesem Bewusstsein und der nötigen Dankbarkeit für meine Erfolge beschloss ich, Mutter zu werden. Und noch etwas machte mich sicher: Ich bin Fatalistin. Ich glaube an die Macht des Schicksals, bin überzeugt, dass viele Stationen, Entwicklungen und Wendungen im Leben vorherbestimmt sind.

Natürlich ist ein Baby kein Spaziergang für eine Mutter – und schon gar nicht für eine Sängerin. Mutterschaftsurlaub gibt es bei uns, vor allem bei freischaffenden Künstlern, nicht, mehrere Jahre beim Kind zu Hause zu bleiben ist keine Option, wenn man weiterhin an den großen Opernhäusern singen will. Auch hören wir nicht immer Glückwünsche, wenn wir die Direktoren über die Schwangerschaft informieren. Als ich 2011 mit Katie schwanger wurde, gab es schöne Reaktionen wie: »Es tut mir wahnsinnig leid, dass du bei dieser Inszenierung nicht dabei bist, aber ich freue mich für dich, weil es für jede Frau etwas Besonderes ist.« Aber es gab auch Direktoren, die mir taktlose Sätze entgegenschmetterten: »Ich hoffe, solltest du ein zweites Kind bekommen, dass das nicht in einer Zeit passiert, wo du bei mir eine Premiere hast.« Hätte ich mein Leben bis dahin über meine Karriere definiert, wäre ich wahrscheinlich in Panik geraten und hätte mir gedacht, o Gott, der ist jetzt beleidigt und wird mich nie wieder engagieren. So nahm ich diese Kommentare gelassen und dachte mir, wenn man mich nicht mehr will, singe ich eben an anderen Opernhäusern. Es war ohnehin nie meine Art, bei Operndirektoren um Rollen zu betteln. Entweder will man mich in einer Partie oder nicht.

Meine Schwangerschaft verlief vollkommen unkompliziert. Im Februar durfte ich zum zweiten Mal den Wiener Opernball eröffnen. Im Gegensatz zu meinem ersten Opernball, auf dem ich mit Karel bis um fünf in der Früh getanzt hatte und in den Morgenstunden noch bei einem Würstelstand eingekehrt war, verließ ich diesen gleich nach meiner Darbietung von »Mon cœur« – die obligate Müdigkeit in den ersten Schwangerschaftswochen machte mir zu schaffen.

Im April kam es zur vierten und bisher letzten gemeinsamen Inszenierung mit Anna Netrebko und mir. In der Wiener Oper hat mit dem neuen Direktor Dominique Meyer spürbar eine neue Ära begonnen; Anna und mich konnte er für die Belcanto-Oper »Anna Bolena« von Gaetano Donizetti gewinnen – Anna als Ehefrau von Heinrich VIII. und ich als dessen Geliebte Giovanna Seymour. Mit dem romantischen Drama, am Hofe Heinrichs VIII. in England angesiedelt, gelang Donizetti 1830 der Durchbruch. In der Villa der berühmten Sängerin Giuditta Pasta am Comer See hatte der 33-Jährige die Oper in nur einem Monat komponiert. Aufgrund des unglaublichen Erfolgs seiner Primadonnen-Oper wurde Donizetti neben Vincenzo Bellini zu einem der wichtigsten Opernkomponisten Italiens, dabei hatte er schon lange um die Gunst des Publikums gekämpft: Ganze 34 Opern hatte er zu diesem Zeitpunkt verfasst, doch erst mit »Anna Bolena« gelang ihm endlich der Durchbruch.

Die Oper spielt im Jahre 1536: König Heinrich VIII. lässt Anne Boleyn, die wohl bekannteste seiner sechs Gattinnen und Mutter der späteren Königin Elizabeth I., wegen Ehebruchs und Hochverrats hinrichten. Donizetti blendete die politischen Hintergründe größtenteils aus und konzentrierte sich auf das dramatische Schicksal zweier Frauen: Im Mittelpunkt der Oper stehen Anna Bolena sowie ihre Hofdame und enge Vertraute Giovanna Seymour. Doch aus Freundschaft wird schnell Rivalität: Die junge Seymour ist schon seit längerem die Geliebte des Königs, will aber ihren Status als Konkubine nicht mehr hinnehmen. Ihr Wunsch, die neue Frau an der Seite des Königs zu werden, löst das Drama aus. Um Seymour zu ehelichen, muss der König erst seine Frau Anna Bolena loswerden. Der tyrannische König spinnt geschickt ein Labyrinth aus Intrigen, aus dem sich Anna Bolena nicht mehr zu retten weiß. Sie wird vor den Augen ihrer Tochter Elizabeth hingerichtet, hat vorher jedoch die Gelegenheit, dem neuen Königspaar zu vergeben.

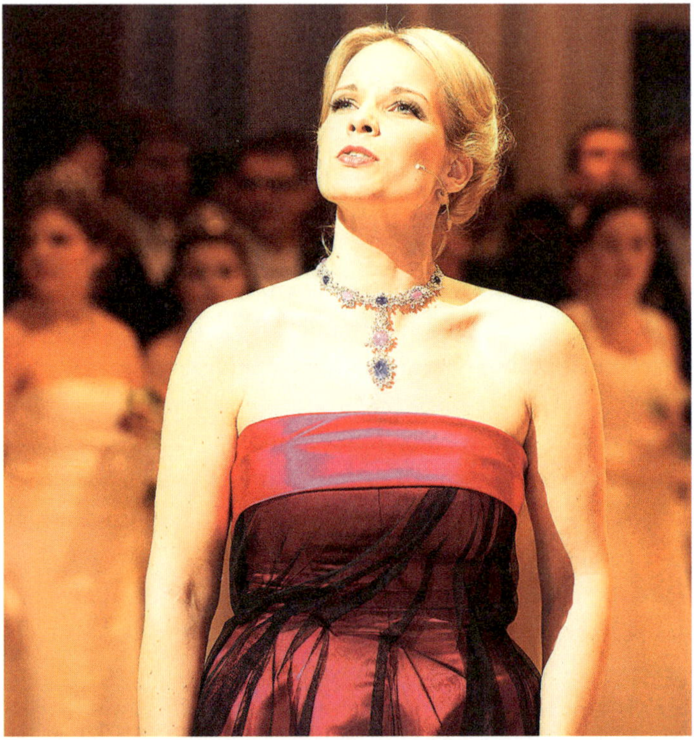

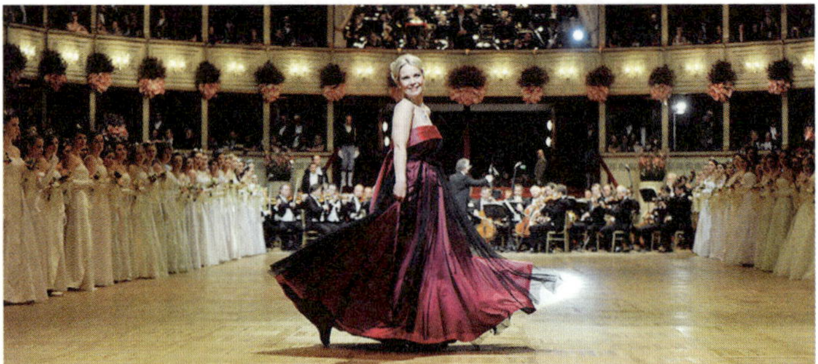

2011 durfte ich den Opernball zum zweiten Mal eröffnen. Damals war ich in den ersten Wochen mit meiner Tochter Katie schwanger.

Zwischen Anna und mir sprühten wieder die Funken. Die Spannung zwischen der betrogenen Königin und der jungen Affäre war überall auf der Bühne spürbar. Wir inspirierten uns und animierten uns gegenseitig zum Höhenflug. Das Duett der Rivalinnen, in dem sich Anna Bolena und Giovanna Seymour alle Wahrheiten an den Kopf werfen, avancierte zum Höhepunkt. Wir sangen, als ginge es um Leben und Tod. Als der Vorhang fiel, bekamen Anna und ich vom Wiener Publikum tosenden Applaus. Die dreieinhalbstündige Übertragung avancierte zum TV-Highlight. Noch nie hatte der ORF so hohe Einschaltquoten bei einer Opernübertragung gehabt: Anna und ich lockten 443 000 Opernfans vor den Bildschirm.

Im Juli, rund zwei Monate vor der Geburt, verabschiedete ich mich mit einem Liederabend in Istanbul in die Babypause. Ende September 2011 kam unsere kleine, süße Katie auf die Welt. Wenn man so ein kleines Bündel in den Händen hält, sieht man das wahre Leben, und als Mutter schaltet man auf Autopilot, ist mit Wickeln und Stillen beschäftigt und hofft auf die erste Nacht, in der das Baby endlich durchschläft. Die ersten vier Monate mit meiner kleinen Katie habe ich jede Minute genossen, habe keinen Ton gesungen und auch nicht einen Gedanken an die Bühne verschwendet. Einen Auftritt hätte ich in dieser Phase mental auch gar nicht geschafft, zu sehr ging ich in meiner neuen Rolle auf. Alles, was ich mache, mache ich zu hundert Prozent, und jetzt war ich zu hundert Prozent Mutter.

Es war das erste Mal seit meinem siebzehnten Lebensjahr, dass ich eine längere Gesangspause einlegte. Eine vollkommen neue Erfahrung für meine Stimmbänder. Als ich wieder mit dem Üben begann, konnte ich zwar aus dem Stand fast drei Oktaven singen, und ich dachte mir: wow! Ich habe durch die Hormonumstellung eine doppelt so große Stimme und extra Umfang bekommen. Aber die Euphorie bezahlte ich am nächsten Tag mit Heiserkeit. Damit hatte selbst ich, die ich meine Kraft und meine Stimme sehr genau kenne, nicht gerechnet; mit der Stimme ist es jedoch wie mit dem Körper, wenn man fünf Monate nicht trainiert, lässt der Muskelkater nach dem ersten Training nicht lange auf sich warten. Also warf ich mich wieder voll ins Zeug, machte Bauch-Workouts, absolvierte Sit-ups und Push-ups, bis ich einigermaßen wieder die Kontrolle über meine Bauchmuskulatur hatte. Durch die Schwangerschaft hatte ich fast dreißig Kilo zugenommen, natürlich war es auch mein Ehrgeiz, das Übergewicht wieder loszuwerden. Noch ein Mythos, der sich nicht bestätigt hat, denn ich habe gelesen, dass beim Stillen die Kilos angeblich wie von selbst purzeln. Bei mir ist kein einziges Gramm durch das Stillen verschwunden – an den Tagen, an denen ich weniger gegessen habe, wollte Katie nur öfter an die Brust, für mich ein ganz klares Zeichen, dass die Milch nicht ausreichte. Also habe ich wieder gegessen und versucht, durch Sport wieder zur alten Form zurückzufinden. Wir haben zu Hause in Spanien einen kleinen Fitnessraum, der mit einem Laufband und ein paar Gewichten ausgestattet ist. Also nahm ich Katie mit, legte sie in den Korb, und während sie schlief, habe ich trainiert. Auch mein Mann war eine große Unterstützung für mich, denn später ist er oft mit der Kleinen spazieren gegangen oder hat im Garten mit ihr gespielt, während ich auf dem Boden lag und schwitzte. Es dauerte etliche Wochen, bis die Stimme wieder auf meinem alten Niveau war – und auch das ist zu Hause nur bis zu einem gewissen Punkt möglich. Denn um seine volle

Kapazität ausschöpfen zu können, braucht man das Adrenalin, das Publikum, das Orchester, das Lampenfieber. Die Kilos habe ich übrigens nicht ganz losbekommen. Einige sind mir geblieben, aber ich habe auch gemerkt, dass mir das mehr Kraft und der Stimme Ausdauer gibt.

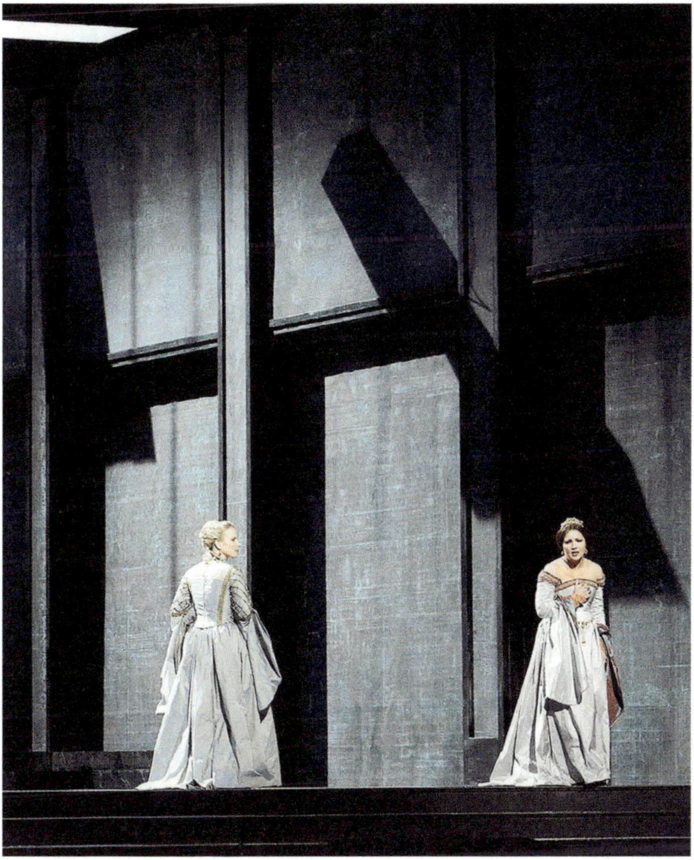

Auf der Bühne mit Anna Netrebko in »Anna Bolena« an der Wiener Staatsoper.

In den ersten Monaten gab es einige Anfragen für Interviews inklusive Babyfotos. Aber Karel und ich haben immer abgelehnt, denn wie jede Lettin bin auch ich sehr abergläubisch. In Lettland verbringt das Baby die ersten drei Monate nur bei der Mutter und dem Vater, erst wenn die ersten zwölf Wochen verstrichen sind, wird der Nachwuchs auch der übrigen Familie vorgestellt. Wir beschlossen, unsere Tochter nicht aktiv in den Medien zu präsentieren. Wenn Katie einmal älter ist, in Göttweig im Dirndl herumläuft und dann das erste Foto in den Gazetten auftaucht, wird das noch früh genug sein.

Mein Comeback nach der Babypause feierte ich im Linzer Brucknerhaus mit einem Liederabend mit Robert Schumann, Alban Berg und Richard Strauss, begleitet hat mich der britische Pianist Roger Vignoles. Trotz meiner Routine war ich vor dem Auftritt nervös wie selten zuvor. Es war die erste Nagelprobe für meine Stimme, der Druck war enorm – einige Zuhörer waren nur gekommen, um zu sehen, ob und wie sich meine Stimme verändert hatte. Manche waren sicher auch darunter, die sehen wollten, ob die Garanča nach dem Baby wieder abgespeckt hatte. Mir war es wichtig, das Lampenfieber zu besiegen und die Stimme auf einem Niveau zu beherrschen, dass ich die Lieder frei interpretieren kann. Der Auftrittsapplaus erschien mir surreal – ich hörte ihn, gleichzeitig sah ich mich selbst auf der Bühne und dachte mir, die applaudieren jetzt nicht der Mutter, die ich das letzte halbe Jahr ausschließlich gewesen war, sondern der Sängerin, die ich jahrelang war und in diesem Moment wieder bin. Es überrollte mich eine warme Welle, und ich entspannte mich.

Meine Stimme hat nichts von ihrer Weichheit, nichts von ihrer Qualität verloren. Im Gegenteil, sie ist eine Spur stärker und runder geworden. Ich ging es aber vorsichtig an, mit einer Mini-Tournee, die mir zeigen sollte, ob ich die Doppelbelastung Kind und Bühnenpräsenz schaffte. Drei Tage nach meinem Debüt als singende Mama stand ich in Graz auf der Bühne und einige Tage später auch in Wien. Katie habe ich für mein Comeback mit der Nanny in Wien gelassen. Ich bin zu jedem Konzert direkt mit dem Auto angereist und nachts nach dem Konzert wieder zurückgefahren. Am Ende dieser kleinen Tournee war ich sehr erschöpft. Auf meine »Heimbühne« an der Wiener Oper kehrte ich sechs Monate nach der Geburt in einer meiner Paraderollen zurück, als Octavian im »Rosenkavalier«. Ein netter Zufall, denn die Hosenrolle war mein Debüt bei meinem ersten Engagement in Meiningen gewesen, und jetzt durfte ich bei meinem Baby-Comeback wieder den jugendlichen Liebhaber auf der Wiener Opernbühne singen, nur die Hosen mussten etwas breiter gemacht werden.

Unsere kleine Katie ließ mich der oft hysterischen Opernwelt mit ihren Diven auf und hinter der Bühne gelassener gegenüberstehen, meine Prioritäten hatten sich verlagert. Was hingegen unglaublich komplex geworden war, war die gesamte Logistik. Ich habe mein gesamtes Zeit- und Energiemanagement geändert, verteile die verschiedenen Aufgaben und Anforderungen des Tages effizienter. Karel hat die Reiseorganisation übernommen, bucht schon mehrere Monate vor den Engagements die Tickets, das Leihauto und die Hotels. Und er hat das wirklich sensationell im Griff, ich hatte noch nie Komplikationen auf einer Reise. Mein Part in der Familie ist mehr das Praktische – ich packe die ganze Baby-Ausrüstung, die Windeln, Schnuller, Flaschen und das Spielzeug ein. Manchmal sind wir mit siebzig Kilo und unzähligen

Gepäckstücken unterwegs, wenn es nach New York geht, sind es auch schon 120 Kilo gewesen. Mit Kindern zu reisen ist kein Honigschlecken, und Karel und ich mussten viel Lehrgeld zahlen. Katie auf eine Tournee im Herbst mitzunehmen entpuppte sich als Albtraum für alle Beteiligten. Dieses Experiment ging ordentlich schief. Jede zweite Nacht logierten wir in einer anderen Stadt, checkten in einem anderen Hotel ein. Spätestens bei der dritten Konzertstation war die Kleine außer Rand und Band. Kinder sind Gewohnheitstiere, sie brauchen ihren Rhythmus und ihre gewohnte Umgebung. Aber auf Tournee ist das Bett fremd, der Raum ungewohnt, dazu kommen der Straßenlärm und die Probleme mit dem Essen. In Spanien koche ich selbst, aber in einem Hotel das ideale Gericht für ein Kleinkind zu bekommen war nicht immer leicht. Mir war und ist es sehr wichtig, dass sie wirklich gesundes Essen bekommt, so habe ich vom ersten Monat an immer alles selbst für sie gekocht. Katie ist an den natürlichen Geschmack gewöhnt und isst keine Fertignahrung. Also haben wir die Konsequenzen gezogen, und seither bleibt Katie bei Tourneen immer zu Hause in Spanien.

Besser gelingt der Spagat zwischen Kind und Karriere, wenn ich zwei oder drei Wochen an einer Oper singe. Statt einem Hotelzimmer buchen wir ein Appartement mit Küche, damit ich für Katie kochen kann. Untertags herrscht ganz normaler Alltag, ich gehe einkaufen, schleppe die Wasserflaschen nach Hause, überlege mir, was ich kochen könnte. Nur dass Katie am Abend öfter ohne mich einschlafen muss, weil ich in die Oper muss. Und die Schuldgefühle erdrücken mich oft – als Mutter und als Sängerin. Entweder leidet das eine oder das andere. Ich gehe aus dem Haus und höre, wie die Kleine »Mama!« ruft. Ich muss mich richtig zwingen, nicht

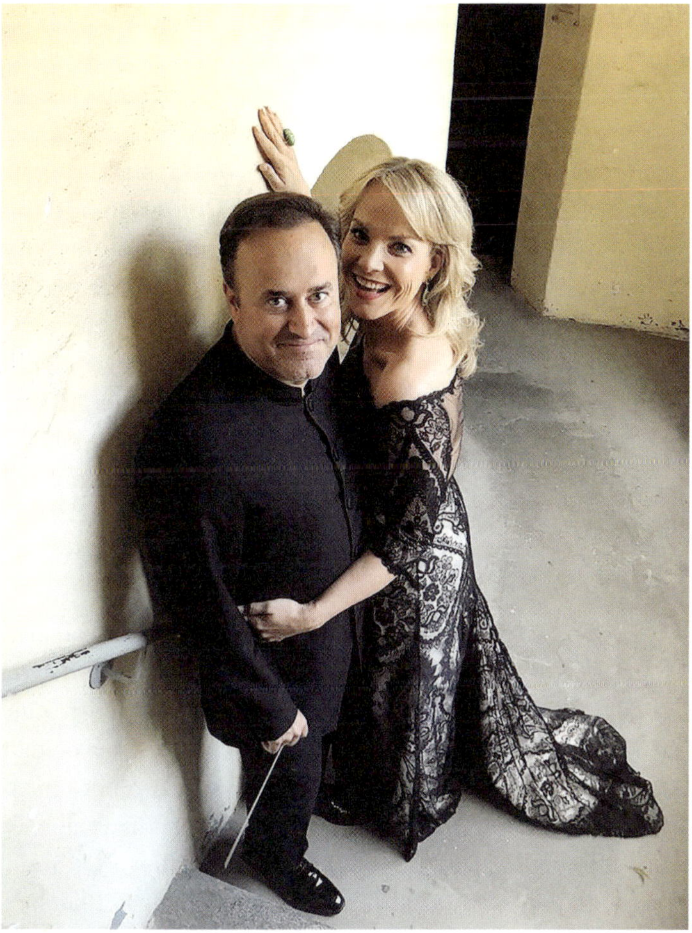

Die Tourneen sind Balsam für unsere Beziehung.

umzukehren, sondern weiter ins Theater zu gehen. Oder andersherum: Bei den Proben bin ich nicht voll da, weil die Kleine Zähne bekommt und ich sie die halbe Nacht in meinen Armen getröstet habe. Man sagt, Kinder sollen zur

Selbstständigkeit erzogen werden, zu viel Mama ist auch nicht gut – aber sie sind doch nur ein paar Jahre so klein. Die Jahre vergehen wie im Flug, sie werden Teenager sein, und bald werde ich als Mama für alles zu »blöd« und »peinlich« sein. Ich muss auch damit leben, dass ich Katies erste Schritte nicht gesehen habe, weil ich an diesem Tag mit meinem Mann ein Konzert hatte und wir mehrere Tausend Kilometer von ihr entfernt waren. Deswegen kämpfe ich immer für jede Minute mehr Familienzeit und versuche den Alltag so leicht und bequem zu machen, wie es nur möglich ist. Ich bin selbst überrascht, wie viel Energie eine Mutter aufbringen kann. Und ich bewundere meine Mutter immer mehr, wie viel sie für uns geopfert hat, damit wir immer was anzuziehen oder zu essen hatten, und das in Zeiten, als die Geschäfte so gut wie leer waren und das Geld am Ende des Monats meistens aus war.

In den ersten Jahren nach der Geburt von Katie buchen wir an den Auftrittsorten immer eine Wohnung mit zwei Schlafzimmern und zwei Badezimmern, sodass jeder seine Rückzugsmöglichkeit hat, wenn eine Vorstellung bevorsteht. Aber auch weil wir merkten, dass ein Hotelzimmer einem Kind einfach zu wenig Raum bietet, um herumzukrabbeln. Auch unsere Flugzeiten richten sich nach Katies Rhythmus. Zwischen eins und drei braucht sie ihr Mittagsschläfchen, sonst dominiert den ganzen Tag die schlechte Laune. Geflogen wird daher nur am Vormittag oder erst am späten Nachmittag. Doch ohne Kindermädchen läuft gar nichts, und das haben wir in dieser Zeit gleich im Doppelpack: eine Reise-Nanny, die mich zu meinen Vorstellungen begleitet, und ein Kindermädchen, das Katie in Spanien betreut, wenn sie mich nicht begleiten kann. Unser Verschleiß an Kindermädchen ist enorm – mehr als ein Jahr hält es keines bei uns aus. Auch Karels und meine Eltern helfen tatkräftig mit; die ganze Familie ist eingespannt, um das logistische Meisterstück »zwei Künstlerkarrieren und ein Baby« zu schaukeln. Unsere goldene Regel für die Balance zwischen Job und Familie lautet: Mehr als zwei Wochen bin ich nie von Katie getrennt und nie länger als drei Wochen von Karel. Bei jeder längeren Trennung blutet mein Mutterherz. Damit der Schmerz nicht zu groß wird, nutze ich alle modernen Kommunikationsmittel von Skype bis Videotelefonie, um Katie jeden Tag zu sehen. Ein richtiges Telefonat können wir nicht führen, dafür ist Katie noch zu klein. Meistens läuft nur die Videokamera, und ich schaue ihr beim Spielen zu. Für Katie muss es ein komisches Gefühl sein, denn wir bemerken an ihrem Verhalten, dass sie nicht versteht, warum ihre Mama so nah, aber trotzdem nicht für sie da ist. Manchmal jette ich an freien Tagen kurzfristig nach Hause, um bei ihr zu sein. Meine kleinen »Auszeiten« von der Mama-Rolle haben aber auch Vorteile. Wenn ich eine Woche bei den Salzburger Festspielen singe, haben Karel und seine Mutter die Chance, eine intensive Beziehung zu Katie aufzubauen. Auch wenn unser Familienmodell nicht alltäglich ist, sehe ich es positiv, denn wir sind alle Gewinner. Mein Gewissen ist beruhigt, weil ich Katie in den besten Händen weiß, und die Großmütter können ihre Enkelin nach allen Künsten verwöhnen. Auch die Tourneen mit Karel sind Balsam für unsere Beziehung. Der Alltag von Karel und mir besteht in dieser Zeit aus Organisation, Proben, die nächsten Engagements planen, Tickets buchen und mit Katie spielen. Da rückt die Beziehung in den Hintergrund. Gerade deshalb ist jede Tournee ein Highlight für uns zwei, wir nutzen die Tage ganz bewusst und intensiv für die Zweisamkeit, holen vieles nach, was in Spanien auf der Strecke bleibt. Wir gehen ins Restaurant essen oder kuscheln einfach nur vor dem Fernseher. Denn so viele ruhige Minuten wie auf einer Tournee, wenn wir endlich einmal einen Film ohne Unterbrechung anschauen können, gibt es zu Hause in Spanien nie.

Katies Geburt beschert mir zum Glück keinen Karriereknick; nach wie vor absolviere ich 45 bis 50 Auftritte pro Jahr. Keine der großen Opernbühnen hat mir die Rote Karte gezeigt. In den letzten fünfzehn Jahren habe ich ein Repertoire aufgebaut, das sich relativ schnell und mit großer Sicherheit abrufen lässt. Was ich allerdings zurückgeschraubt habe, sind Neuproduktionen. Sechs Wochen Probenzeit kann ich ohnehin wegen meiner Ungeduld nur schwer ertragen, und außerdem will ich nicht so lange von der Familie getrennt sein. Neben dem Reisen ist auch mein Probenalltag stressiger geworden. Im Gegensatz zu früher gibt es nun keine Leerläufe mehr. Jede Stunde ist mit Spielen, Kochen, E-Mails lesen, Interviews geben und Proben verplant. Wenn ich mein Tagespensum mit jenem vor der Geburt vergleiche, dann verblüfft es mich manchmal, wie viel man in 24 Stunden bewältigen kann. Bevor ich in die Mutterrolle schlüpfte, stand ich meistens gegen neun Uhr auf, danach war bis 13 Uhr Probe, anschließend genoss ich mein Mittagessen oder übte das neue Repertoire weiter ein, am späten Nachmittag stand die zweite Probe auf dem Programm, abends schaute man noch für ein Stündchen zur Bühne, um die laufende Abendvorstellung ein wenig zu beobachten. Alles lief ziemlich beschaulich und stressfrei ab.

Nun ist spätestens um sieben Uhr Tagwache. Ein Fixpunkt in unserem doch sehr hektischen und unregelmäßigen

Familienmodell – wie schon bei meinen Eltern in Riga – ist das Frühstück. Da Sänger durch das ständige Reisen und die Zeitumstellungen ein empfindliches vegetatives Nervensystem haben, schlägt sich vieles auf den Magen. Ich achte sehr auf die Nahrung, habe extra in Mailand einen Immunologen kontaktiert, um meinen sensiblen Magen in den Griff zu bekommen. Nach dem Frühstück tritt Katies Nanny den Dienst an; bevor ich zur Probe in die Oper oder zu Interviews eile, spiele ich noch ein wenig mit Katie oder lese ihr etwas vor. Zwischen ein und drei Uhr steht Katies tägliche »Siesta« auf dem Programm, und ich bearbeite E-Mails oder koche. Nachmittags geht das Kindermädchen mit Katie spazieren; und wenn ich am Abend eine Vorstellung singe, bleibe ich tagsüber zu Hause, gehe mit der Kleinen spazieren und tanke bei einem kurzen Schlaf Energie für die Partie. Erst gegen Mitternacht falle ich dann todmüde ins Bett.

Unser Job macht uns zu Weltenbummlern. Wir Künstler leben heute da und morgen dort, und die Opernwelt ist eine multikulturelle Szene. Mit Anna Netrebko rede ich Russisch, mit Jonas Kaufmann Deutsch, mit Marcelo Álvarez Spanisch, mit Roberto Alagna Italienisch. Vier verschiedene Kollegen, vier verschiedene Sprachen. Sie eröffnen mir neue Welten, machen das Leben viel bunter. Menschen, die sich weigern, eine Sprache zu lernen, machen mich traurig, denn sie wissen nicht, was ihnen entgeht, wie eingeengt sie leben. Sie machen sich selbst zu Außenseitern. Für Karel und mich war von Anfang an klar, dass wir Katie mehrsprachig aufziehen: Ich unterhalte mich mit meiner Tochter ausschließlich auf Lettisch, mit meinem Mann auf Englisch und dem Kindermädchen auf Spanisch. Wenn Katie mit fünfzehn Jahren fünf Sprachen beherrscht – wahrscheinlich wird sie in Wien zur Schule gehen, und weil ich selbst kein Französisch spreche, wünsche ich mir, dass sie es in der Schule lernt –, bin ich als Mutter überglücklich. Mir sind die Sprachen immer zugeflogen, ich habe nie viel Zeit zum Lernen investiert. Beim Vokabellernen war ich faul, auch ein Grammatikbuch habe ich selten zur Hand genommen. Ich hörte einfach zu, saugte alles wie ein Schwamm auf, das funktioniert bei mir am besten. Mag sein, dass ich durch meine Musikalität ein Gespür für Sprachen und Sprachmelodien habe. Englisch lernte ich in Lettland in meiner Schulzeit dank einer strengen Lehrerin, und jetzt spreche ich es mit meinem Mann. Deutsch brachte ich mir selbst bei, indem ich Talkshows schaute, Italienisch lernte ich durch die Opern, Spanisch rede ich mit meinen Schwiegereltern. Natürlich spreche ich nicht alle Sprachen auf gleich hohem Niveau. Russisch palavere ich nur mit Anna, da fehlt mir die Praxis, Puschkin oder Dostojewski lese ich immer noch auf Russisch. Wirkliche Defizite habe ich nur in Französisch, was mich als ehrgeizigen Menschen unglaublich ärgert. Beim Singen beherrsche ich alle Wörter, aber ich schaffe es nicht, die Sprache zu sprechen. Was Französisch anlangt, habe ich einen echten Komplex. Ich kann sogar meine Fans verstehen oder problemlos die Texte im Klavierauszug lesen, nur reden kann ich es nicht. Und ich finde es überhaupt nicht fair, dass man im Französischen acht Buchstaben schreibt, aber nur drei oder vier ausspricht.

Als Katie ein Jahr alt war, ging es im November 2012 das erste Mal über den Großen Teich, nach New York. Zurück an die Met kehrte ich mit einer meiner Traumrollen, dem Sesto in Mozarts »La Clemenza di Tito«. Aber nicht die Inszenierung machte mir Sorgen, sondern meine Katie. Einen Tag vor unserer Abreise, mitten im Packen der unzähligen

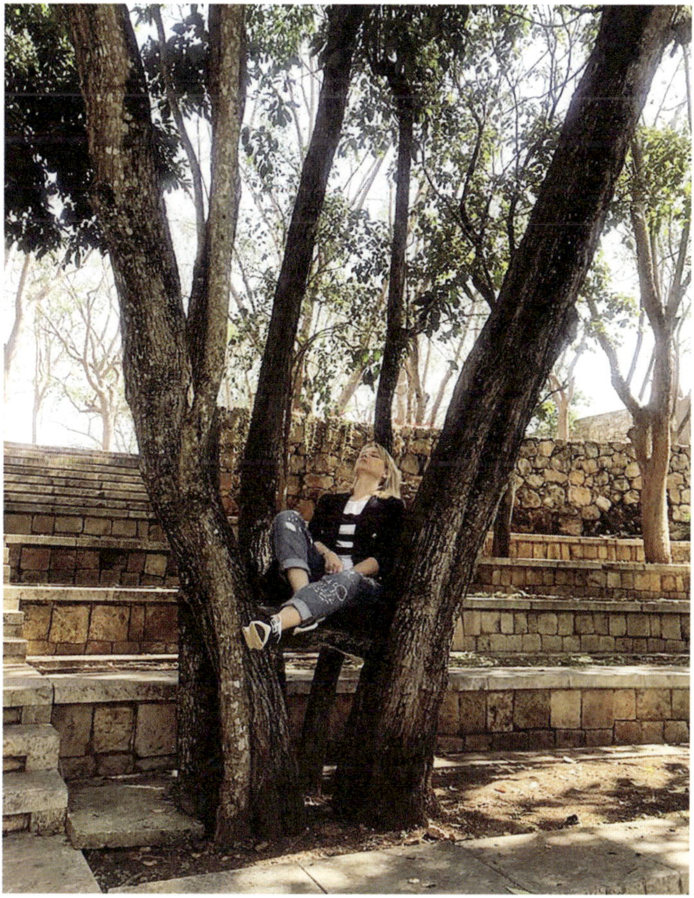

Ich brauche Natur.

Koffer, brach bei ihr eine schwere Verkühlung aus. Der zehnstündige Flug, das Warten bei der Einreise, die Zeitverschiebung schwächten ihren kleinen Körper noch mehr. In einer fremden Stadt mit einem kranken Kind, ohne Arzt des Vertrauens – das ließ mich ein wenig verzweifeln. Der starke Husten und schwere Schnupfen machten Katie das Atmen schwer, ich ging stundenlang mit ihr im Appartement auf und ab, bis sie erschöpft in meinen Armen einschlief. Die wenigen Stunden Schlaf, die uns bis zum nächsten Morgen noch blieben, verbrachten wir halb sitzend auf dem Sofa. Sobald ich sie ins Bett legte, verstopfte der Schleim die Atemwege, und sie drohte zu ersticken. Eine Nacht wurden die Hustenanfälle immer schlimmer, wir fuhren um drei Uhr nachts ins Krankenhaus, verbrachten einige Stunden im Emergency Room, weil wir dachten, es ist der Keuchhusten, was sich als falscher Alarm herausstellte. In der Früh eilte ich dann zu den Proben, versuchte die Partie des Sesto so professionell wie möglich abzuspulen, um schnell wieder an Katies Krankenbett zu sitzen. Die zehn Tage New York waren ein Drahtseilakt zwischen krankem Kind und Karriere – noch dazu ist die Partie des Sesto emotional unheimlich anstrengend. Innerhalb von drei Stunden durchlebe ich in der Rolle viele Zwiespalte und menschliche Abgründe. Trotz meiner Anspannung, meiner Sorgen und den durchwachten Nächten machte ich in den Hosen von Sesto eine glamouröse Figur, ich hatte die richtige Mischung aus vokalem Glanz, schauspielerischer Raffinesse und perfekter Tonalität gefunden. An meine Babypause dachte niemand mehr, meine Stimme hat bis zum letzten Ton gehalten.

Nachdem der Vorhang gefallen und der Applaus verstummt war, wartete backstage Susan Graham, die selbst Mezzosopranistin gewesen war und die Partie mehrmals gesungen hatte, mit Mikrofon und TV-Kamera für ein Interview auf mich. Noch außer Atmen von der Vorstellung ging ich zu ihr. Ich trug noch das Sesto-Kostüm, mit kurzen Pluderhosen, Strümpfen und Overknees. Wir plauderten über die emotionale Achterbahnfahrt des Sesto und über das musikalische Feuerwerk, als sie mir ein ungewöhnliches Kompliment machte: »Ich war beeindruckt, wie Sie bei der ›Parto, parto‹-Arie die Stiegen singend hinuntergeschritten sind, ohne ein einziges Mal auf den Boden zu schauen. Haben Sie das geübt?« Ich musste herzlich auflachen und antwortete im Scherz: »Das ist mein Geheimnis. In Wahrheit kommt es auf die Schuhe an.« In dieser Pointe steckt eine gewisse Wahrheit. Frauen gelten als Shoe-Maniacs, aber auch für eine Opernsängerin sind Schuhe von großer Bedeutung. Beim Singen sind die Haltung, der Stand wichtig, wir müssen uns auf der Bühne oft impulsiv bewegen, ohne die richtige Wahl des Schuhwerks geht da gar nichts. Sehr oft verlange ich die Schuhe, vor allem wenn sie neu gemacht sind, gleich bei den Proben. So werden sie gedehnt, eingelaufen, damit ich sie bei der Vorstellung im Idealfall gar nicht mehr spüre.

Das freie Gefühl der Füße, mich mit dem Boden verbunden zu fühlen, ist auch ein Kindheitserlebnis, das ich immer mit mir tragen werde. Anfang der achtziger Jahre, als man in Riga alles nur mit Lebensmittelkarten zu kaufen bekam, standen wir uns stundenlang für Butter, Brot und Milch in der Schlange die Beine in den Bauch. Und es geschah nicht selten, dass ausgerechnet in dem Moment, da wir endlich an der Reihe waren, die Lebensmittelausgabe zu Ende war. Wenn meine Mutter für eine Konzerttournee ins Ausland verreiste, war für uns Kinder immer Weihnachten. Sie brachte die schönsten Geschenke aus dem Westen mit: neue Strumpfhosen, Pullover, Kaugummis und einmal auch Schuhe. Ich erinnere mich noch heute, wie sie das Päckchen auspackte: schwarze Lackschuhe mit einem kleinen Absatz und einem Velours-Einsatz. Diese Schuhe waren mein Heiligtum, sie waren nur für besondere Anlässe gedacht– einen Theaterbesuch oder eine Geburtstagsparty. Die schwarzen Lackschuhe trug ich über zwei Jahre lang. Selbst als ich größer wurde und die Schuhe zu klein geworden waren, hatte ich keine anderen. Deswegen haben Schuhe für mich einen ganz besonderen Stellenwert, insbesondere auf der Bühne – meine Füße sollen sich frei fühlen, damit ich meine Seele und meine Stimme schweben lassen kann.

10
WOHIN DIE REISE GEHT

Als Künstlerin bin ich zu diesem Zeitpunkt noch lange nicht auf dem Höhepunkt, meine Stimme hat die volle Kapazität noch nicht erreicht. Ich spüre und natürlich wünsche ich mir es auch: Da ist noch Luft nach oben. Aber für jede Steigerung benötigt man Geduld, und sie wird dann und genau so kommen, wie die Stimme es mir erlaubt. Um die Spitze zu erklimmen, habe ich noch viel Training vor mir. Aber ich fühle, dass ich mich wirklich weiterentwickeln kann. Ich stehe an einem Scheideweg: Hosen hatte ich wahrlich schon sehr oft an, auch einige Frauenkleider, und langsam wird es Zeit, mich neuen Herausforderungen zu stellen. Meine Karriere verlief stets kalkuliert, war geprägt von Zufällen oder auch von Glück, ich betrieb nie Raubbau mit meiner Stimme, hütete sie wie einen Goldschatz. In meinem Alter nach wie vor den jugendlichen Liebhaber zu mimen, wird für mich immer schwieriger. Etliche Jahre lang stand ich als Octavian Rofrano in der Strauss-Oper der »Rosenkavalier« auf der Bühne. In der Metropolitan Opera nahm ich meinen Abschied von dieser Figur, in die ich so oft schlüpfte. Diese Rolle könnte ich in jeder nur denkbaren Situation singen; wenn man mich morgens um vier Uhr aus dem Bett reißt, nach dem sechsten Glas Wein, oder nach vier schlaflosen Nächten. Als Junge habe ich mich wahrlich auf der Bühne ausgetobt. Nun will ich einfach nicht mehr, weil ich mich außerdem auch zunehmend femininer, sanfter und »mütterlicher« fühle. In diesen Hosenanzügen mit den eng geschnürten Busen-Bustiers sowie in den Szenen, wo man ständig spaßig über die Betten hüpfen muss und den naiven Pubertierenden spielen soll, fühle ich mich innerlich mittlerweile als Fehlbesetzung. Auch meine Stimme bietet nicht mehr diesen jugendlichen, naiven Klang, den die Hosenrollen einfach benötigen. Selbstverständlich beherrsche ich immer noch die Koloraturen. Was aber fehlt, ist die besondere Klangfarbe, dieses etwas schnellere Vibrato – dem will ich meine Stimme einfach nicht mehr aussetzen. Dazu kommt noch ein Gefühl, das ich nicht verleugnen kann – mein Körper, meine Seele, meine Emotionen sind bei den Hosenrollen einfach nicht mehr zu hundert Prozent abrufbar.

Mein »inneres Ich« brennt nicht mehr für dieses leichtere Repertoire. Lodert einmal mein Feuer nicht mehr in mir, fühle ich mich wie ein Betrüger, wenn ich auf der Bühne stehe. Ich kann und will nur das weitervermitteln, wovon ich selbst überzeugt bin, was ich authentisch vermitteln kann, was ich täglich in mir trage und was mich fordert. Wie sagt die Marschallin im »Rosenkavalier« so schön: »Jedes Ding braucht seine Zeit.«

Für mich ist diese Entwicklung keine Katastrophe, sondern ein spannendes Entdecken. Der Abschied von diesem Repertoire ist vielmehr eine logische Konsequenz meiner Karriere und meiner musikalischen Weiterentwicklung. Ich vergleiche meinen Status quo gerne mit einem Baum. Mit fünfzig Jahren hat ein Baum einfach gewisse Altersringe. Klar, man könnte den Baum nun von einem Gärtner so trimmen lassen, dass er seine Entwicklung verleugnet und scheinbar optisch jünger aussieht. Aber wozu? Ein reifer

Baum besitzt auch seinen Reiz und hat eine sehr individuelle Schönheit entwickelt. Auf meine Situation umgelegt bedeutet das: Meine Mittellage ist dunkler, breiter fülliger geworden – da eröffnen sich ganz neue Perspektiven. Ich mache eine Entwicklung durch, so wie die Musik selbst: »Barock, Romantik, Verismo!«

Wohin soll nun meine Reise gehen? Wo sehe ich mich in vier oder fünf Jahren? Ich bin eine Suchende, die mit dem Erreichten nie zufrieden ist und stets neue Herausforderungen braucht. Ich spreche nicht gern über Träume, weil ich glaube, dass ausgesprochene Träume nicht wahr werden. Ein Traum steckt tief in uns drin, es ist ein kleines Geheimnis, das wir in uns tragen. Eine Hoffnung, die wir nur gegenüber Menschen auszusprechen wagen, bei denen wir uns sicher und gut aufgehoben fühlen. Bei denen wir wissen, dass wir nicht ausgelacht werden, und die uns auch ehrlich sagen würden: »Weißt du, vielleicht soll das nur dein Traum bleiben.« Nur einige wenige als Partien auszuzeichnen wäre auch nicht fair, weil für jede Stimme unendlich viele Möglichkeiten existieren. Nicht jede Partie, die ich singe, ist meine Lieblingspartie, manche liegen mir besser und manche nicht. Aber ich versuche sie so zu formen, dass sie meine Partien werden. So wie jeder Sänger träumt, eine erkennbare Stimme zu haben. Jeder Sänger hofft, wenigstens mit einer Partie in der Operngeschichte in Erinnerung zu bleiben. Es ist der Gipfel der Gefühle, wenn es über einen Sänger oder eine Sängerin heißt: »So, wie sie oder er es gesungen und gespielt hat, so hat das noch keiner getan.« Oder: »Für mich ist sie die Carmen, Eboli, er der Turiddu, Philipp … gewesen.« Und so versuchen wir bei den Proben und Vorstellungen aus einer Partie etwas Besonderes herauszuholen, etwas, das andere Sänger vielleicht noch nicht geschafft haben. Selbstverständlich ist eine gewisse Arroganz oder Selbstsicherheit dabei notwendig. Der Unterschied besteht darin, ob ich es nur für mich und mein Ego mache, oder für den Charakter und die Vorstellung, die ich am Abend gebe.

Die nächste Traumrolle ist stets die nächste Partie, die ich mir noch nicht zutraue. Sobald ich das Ziel erreicht habe, ist der Traum auch schon wieder passé. Als ich mit meiner zweiten Tochter schwanger war, hatte ich die Hoffnung, dass meine Stimme mehr in Richtung Dramatik rutscht. Und es war tatsächlich so, Schritt für Schritt, ohne Hektik, so wie es immer mein Stil in der Karriereplanung war, versuche ich nun, das dramatische Repertoire zu erobern. Wenn keine melodramatischen Wendungen in meiner Karriere passieren, dann habe ich noch gut fünfzehn Jahre vor mir. Zu meinem Mann sage ich oft im Scherz: »Wenn meine besten Jahre vorbei sind, dann bist du dran.« Eine Sängerin, die nicht nur lyrisches, sondern auch dramatisches Repertoire singt, kann, meiner Einschätzung nach, bis Mitte fünfzig singen. Danach geht es, schneller oder langsamer, bergab. Natürlich rede ich nicht von Ausnahmeerscheinungen wie Edita Gruberová, Agnes Baltsa, Christa Ludwig, Fiorenza Cossotto oder Grace Bumbry. Aber ihre Stimmen sind wirklich singulär. Und dann beschäftige ich mich schon jetzt mit der Frage: Wie erwischt man den richtigen Zeitpunkt? Soll man von der Bühne abtreten, wenn alle noch sagen: »Ach, wie schade, sie könnte noch mindestens fünf oder zehn Jahre singen.« Oder wartet man so lang – vielleicht zu lang –, bis es heißt: »Ach, wie schade, da ist nichts mehr übrig geblieben von dem, wie sie einmal war …« Es ist nicht so, dass ich meinen Abschied jetzt schon plane, aber ich weiß, der Zeitpunkt wird irgendwann kommen.

Wenn ich schon über Träume rede, dann auch deshalb, weil ich sie mir ziemlich realistisch vorstellen kann. Auf meinem Flügel in Spanien liegen eine Menge Klavierauszüge, die ich mir in den nächsten Jahren vornehmen möchte. Ganz oben auf dem Stoß liegen die Partie der Santuzza in der »Cavalleria rusticana«, die Eboli im »Don Carlos«. Noch in weiter Ferne, aber meine absolute Traumrolle ist die Amneris in »Aida«. Ab und zu schlage ich die Notenblätter der Amneris-Partie auf, doch bevor ich die Partie der Gegenspielerin von Aida in Angriff nehme, muss ich in den beiden anderen Rollen bestanden haben. Auch die 42 Kilometer für einen Marathon läuft man nicht aus dem Stand, man tastet sich langsam an die Distanz heran – zuerst mit fünf Kilometern, dann zehn, dann einem Halbmarathon, irgendwann ist man bei dreißig Kilometern, und erst wenn man diese Etappen erreicht hat, traut man sich die große Herausforderung zu. Bei der Rolle der Amneris greife ich nach den Sternen – sollte ich sie mir in den nächsten Jahren irgendwann zutrauen, dann wird die »Aida« der Höhepunkt meiner Karriere sein. Bei den Partien, die für mich als Mezzo infrage kommen, habe ich stets eine bestimmte Vorstellung vom Klang meiner Stimme; bei der Amneris bin ich von meinem Anspruch noch weit entfernt.

Eines eint alle meine drei Wunschpartien: Im Zentrum des Dramas steht jeweils eine Frau, die liebt, eifersüchtig ist, Verrat begeht und im Unglück endet. Ich liebe es, dass ich mit meiner Stimme Emotionen sichtbar machen kann, und dieses Frauen-Trio – Santuzza, Eboli und Amneris – zeigt alle Gesichter einer Frau, sie durchleben während der Oper mehrere emotionale Höhen und Tiefen, von der hingebungsvollen Liebhaberin bis zum rachsüchtigen Weib. Genau diese komplexen Charaktere reizen mich, ich will intelligente Frauen mit Klasse wie die Eboli spielen, keine dummen Gänse. Um das alles aus dem Charakter herauszuholen, nehme ich mir viel Zeit, versuche in die Tiefe der Probleme vorzudringen. Das Drama findet für mich nicht in der Stimme statt, nicht in drei, vier oder fünf Takten, wo man mit brutalen Brusttönen versucht, das Publikum zu beeindrucken, und die Stimme vergewaltigt wird, sondern die Tragik entsteht für mich auf der Bühne. Mein Vorbild für eine Rolle wie die Santuzza oder die Amneris ist die russische Mezzosopranistin Irina Archipowa. Sie hat diese dramatischen Frauenrollen mit ausgeglichener, jugendlicher Stimme gesungen – zwischen 45 und 50 kommen die reinen Brusttöne ohnehin von selbst.

Wann, wo und in welchem Ensemble ich diese Rollen in den kommenden Jahren singen werde, bespreche und fixiere ich mittlerweile mit den Operndirektoren persönlich. Der direkte Draht zu den Opernhaus-Chefs ist ein Vorteil meines Erfolgs, so benötige ich den Agenten nur mehr für die Vertragsabschlüsse mit den Konzertveranstaltern. Mein Einstieg ins dramatische Repertoire wird die Darstellung der Santuzza in der »Cavalleria rusticana« sein. Stimmlich ist die Partie für einen Mezzo mit sehr viel Höhe oder einen Sopran mit viel Tiefe ideal, deshalb war die Santuzza auch eine Paraderolle der großen Diven, die sehr oft zwischen dem Sopran und dem Mezzosopran wechselten. Die Arie und einige Duette dieser sehr kurzen Oper habe ich in den letzten Jahren schon in meine Konzerte etwa mit Jonas Kaufmann in Baden-Baden oder bei »Klassik unter Sternen« in Göttweig eingebaut. Innerhalb von Minuten durchlebt der Zuschauer die schönen und die traurigen Seiten der Liebe, wenn sie in Rache umschlägt.

Die Oper spielt am Ostermorgen in einem sizilianischen Dorf. Auf dem Dorfplatz, zwischen Wirtshaus und Kirche, spielt sich das ganze Liebesdrama ab. Santuzza liebt den um einige Jahre jüngeren Turiddu, den Sohn der Dorfwirtin. Der schöne Turiddu hat Santuzza seine Liebe versprochen, doch nun scheint er sich von Lola, der Ehefrau des Fuhrmanns Alfio, umgarnen zu lassen. Santuzza weint sich bei Lucia, der Mutter von Turiddu, aus. Die Gäste verlassen die Dorfschänke, um die Auferstehung Jesu in der Kirche zu feiern. Nur Santuzza wartet, bis ihr Geliebter auftaucht, um ihn mit ihren Vorwürfen zu konfrontieren. Aber was macht der sizilianische Beau? Er beachtet Santuzza gar nicht, hat nur Augen für Lola, die aufreizend an ihnen vorbei zur Kirche schreitet. Diese Ignoranz will Santuzza nicht hinnehmen, sie stellt sich ihm auf der Kirchentreppe in den Weg und wirft ihm ihre ganze Verzweiflung, ihre Eifersucht, ihre Enttäuschung an den Kopf. Turiddu schenkt ihr kein Gehör, er will seiner neuen Herzensdame Lola in die Kirche nachlaufen und stößt Santuzza zur Seite. Diese Demütigung, den Verlust ihrer Ehre, nimmt Santuzza nicht hin, ihre Liebe schlägt in Hass um. Als Lolas Ehemann vorbeikommt, entlarvt Santuzza ihre Nebenbuhlerin Lola als untreue Ehefrau.

Als Alfio von dem Seitensprung erfährt, geht mit dem gehörnten Ehemann sein sizilianisches Temperament durch, der tragische Verlauf der Handlung ist nicht mehr aufzuhalten. Nach der Messe trifft sich die Dorfgemeinschaft im Gasthaus von Turiddus Mutter. Alfio beißt Turiddu ins Ohr – was in Sizilien eine Aufforderung zum Duell auf Leben und Tod ist. Aber Turiddu ist schon leicht betrunken, will deswegen lieber flüchten, als sich zu duellieren. Er verabschiedet sich von seiner Mutter und bittet sie, Santuzza unter ihren Schutz zu nehmen. Santuzza ist verzweifelt, weil sie erkennt, dass sie mit ihren Rachegelüsten die Ermordung ihres Geliebten provoziert hat. Plötzlich verkündet ein hysterischer Frauenschrei den Tod von Turiddu. In diesem Moment singt die Santuzza ein hohes C und fällt in Ohnmacht.

In vielen Inszenierungen wird darauf angespielt, dass Santuzza schwanger ist. Aber ich glaube, das ist nur ein Hilfskonstrukt, um die Geschichte glaubhafter zu machen. Natürlich könnte Santuzza heutzutage als emanzipierte Frau das Kind selbst großziehen, aber damals in Sizilien ging es um die Ehre, um Versprechen, die nicht gebrochen werden dürfen. Für mich ist es deshalb völlig nebensächlich, ob Santuzza schwanger ist oder nicht.

Bei der Rolle der Prinzessin Eboli in Verdis »Don Carlos« stecke ich noch in der Projektphase. Meine Stimme hat das Potenzial, sich dorthin zu entwickeln, aber so wie sich ein Schmetterling langsam aus einer Raupe entpuppt, muss ich auch meiner Stimme Zeit für die Partie der Eboli geben. Bei dieser Oper, die Verdi nach der Vorlage von Friedrich Schillers Trauerspiel komponierte, stehen Liebe, Freiheit und Macht im Mittelpunkt. Prinzessin Eboli ist die Hofdame von Königin Elisabeth. Diese war eigentlich Don Carlos als Braut versprochen, um den Krieg zwischen Spanien und Flandern zu beenden, doch dann entscheidet sich König Philipp von Spanien anders und schnappt seinem Sohn die Frau weg. Was König Philipp nicht weiß, ist, dass Elisabeth und Don Carlos seit ihrer ersten Begegnung ineinander verliebt sind. Don Carlos ist verzweifelt, weil er seine tiefen Gefühle für Elisabeth nicht einfach abstellen kann. Auch

Prinzessin Eboli ist in dieses Liebeswirrwarr verstrickt, denn sie betet Don Carlos an. Sie schickt ihm einen anonymen Liebesbrief, den der Prinz für eine Nachricht von seiner geliebten Elisabeth hält. Bei einem nächtlichen Treffen mit Don Carlos gesteht Eboli ihm ihre Liebe, aber Don Carlos weist sie zurück, das Gespräch zwischen den beiden eskaliert. Von Enttäuschung und Eifersucht getrieben, verrät sie ihre Königin beim König – mit dem Eboli so ganz nebenbei ein Verhältnis hat. Der Marquis von Posa entdeckt die Rachepläne und entschärft die Situation, indem er Eboli überredet, den Verrat der Königin Elisabeth zu gestehen und Reue zu zeigen. König Philipp lässt seinen Sohn wegen Hochverrats verhaften. Der Großinquisitor verurteilt Don Carlos zum Tode. Daraufhin wird Eboli in ein Kloster verbannt.

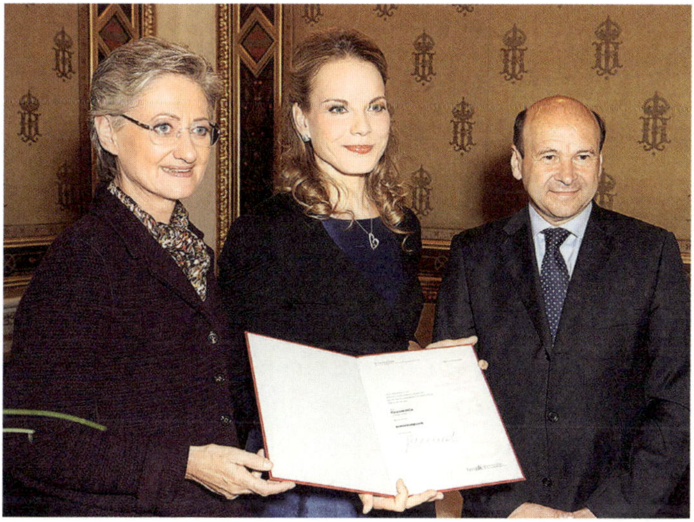

Meine Ernennung zur »Österreichischen Kammersängerin« mit Dominique Meyer und Ministerin Claudia Schmied.

In vielen Produktionen war mir die Prinzessin Eboli viel zu vulgär, zu brutal und mit zu wenig Eleganz gespielt. Die Darstellungen erinnerten mich an einen Panzer, der auf der Bühne alles niederwalzt und die Töne nur rausbrüllt. Meine Vorstellung der Eboli hat viel mehr Klasse. Für mich ist sie eine kluge, intelligente Frau – warum sonst sollte man sie an den spanischen Hof als Hofdame berufen haben? Sie muss das gewisse Etwas haben, das sie von den anderen Hofdamen abhebt, sonst würde auch König Philipp nicht auf sie aufmerksam werden. Und ich glaube, gerade deswegen verletzt sie die Zurückweisung von Don Carlos so sehr. Er geht ja auch musikalisch sehr filigran vor – Verdi ist ein Meister der Stimmkomposition. Bei ihm sind die Farben und Abstufungen besonders schön und eindrucksvoll, wenn man die Dynamik beibehält, so wie er es geschrieben hat. Ein Piano ist nun einmal ein Piano und kein Mezzoforte. Ein Verdi-Piano muss man allerdings auch tragen können – nicht nur mit der Stimme, sondern auch in der Emotion.

Diese beiden Etappen sind aber erst der halbe Weg zur angestrebten Krönung meines Mezzosoprans: die Rolle der Amneris in Verdis pompöser »Aida«. Die Herausforderungen der Oper liegen auf der Hand: Sie dauert drei Stunden, und die Partie der Königstochter Amneris und der Sklavin Aida sind der Löwenanteil der ebenso populären wie spektakulären Oper. Zwei Rivalinnen, die um einen Mann kämpfen – dasselbe Muster wie bei »Don Carlos« und »Cavalleria rusticana«. Nur dass die verhängnisvolle Lovestory zwischen zwei Frauen und einem Mann im alten Ägypten spielt, zur Zeit, als die großen Pyramiden gebaut wurden.

Der ägyptische Feldherr Radames soll mit seinem Heer gegen die Äthiopier ins Feld ziehen. Der schöne Radames wird von der Königstochter Amneris verehrt, er hingegen schwärmt für die nubische Sklavin Aida. Die Blicke, die sich Aida und Radames zuwerfen, entlarven die beiden als Liebespaar und machen Amneris misstrauisch. Mithilfe einer List gelingt es der Königstochter, Aida ein Liebesgeständnis zu entlocken. Als der Feldherr siegreich aus dem Krieg zurückkehrt, wird er triumphal empfangen. Aida entdeckt unter den Gefangenen ihren Vater – den äthiopischen König Amonasro, der seine Herkunft verschweigt und vortäuscht, der König sei in der Schlacht gefallen. Er bittet um Gnade und die Freilassung der Gefangenen – seine Bitte geht in Erfüllung.

Radames bekommt, als Belohnung für seine Taten, die Königstochter Amneris zur Braut. Bevor die Ehe in der Hochzeitsnacht vollzogen wird, trifft sich Radames aber noch mit Aida. Aidas Vater, der König der Äthiopier, folgt seiner Tochter und versteckt sich, um das Gespräch heimlich mitzuhören. Aida gelingt es, Radames zur gemeinsamen Flucht zu überreden und von ihm einen Fluchtweg zu erfahren, der vor den Ägyptern sicher ist. Aber dieser Fluchtweg ist auch gleichzeitig der Aufmarschplan der ägyptischen Truppen. Aidas Vater tritt aus seinem Versteck und lässt seine falsche Identität auffliegen. Radames erkennt seinen unabsichtlichen Verrat und stellt sich den Wachen. Aida und ihr Vater flüchten, der glorreiche Feldherr wird zum Tode verurteilt. Amneris will ihren Geliebten noch retten, will ihn überreden, sein Geständnis zu widerrufen. Aber für Radames ist ein Leben ohne Aida sinnlos, und er nimmt lieber den Tod durch Einmauerung hin. Als er in einem Gewölbe schon eingeschlossen ist, hat er das Gefühl, nicht allein zu sein. Es ist Aida, die sich heimlich mit ihm hat einmauern lassen, um mit Radames zu sterben. So gehen die Liebenden gemeinsam in den Tod.

Ein unglaublich emotionales Finale! Im Tod ist das Liebespaar endlich vereint, nur eine bleibt unglücklich zurück – Amneris. Sie durchläuft in der Oper alle Phasen der Verliebtheit. Zu Beginn ist sie die Intrigantin. Als Radames siegreich aus dem Krieg zurückkehrt und Amneris ihm zur Braut gegeben wird, fühlt sie sich kurzfristig als Siegerin; endlich wird ihr Traum wahr. Doch im Finale steht sie wieder als die große Verliererin da. Auch stimmlich stellt die Partie der Amneris die Sängerin vor große Herausforderungen: Die Verdi-Oper ist für ein riesiges Orchester komponiert, mehrmals muss sie sogar Fanfaren überstimmen. Das braucht viel Kraft.

Es gibt heute sicher manche, denen die Oper mit ihren Libretti generell zu altmodisch ist, anderen wiederum sind die manchmal naiven Geschichten gar zu »blöd«. Mir geht es um das Gesamtkunstwerk, das uns die Oper bietet. Nirgendwo verbinden sich die verschiedenen Künste – Musik, Theater, Bild – wie in der Oper. Wir Sänger beleben mit unseren Stimmen jahrhundertealte Geschichten wieder und versuchen deren Emotionen den heutigen Zuhörern verständlich zu machen. Mal mit mehr, mal mit weniger Erfolg. Dennoch wird die Oper als selbstständige Gattung überleben – so wie wir die griechischen Skulpturen bewundern, die Sixtinische Kapelle oder die Stücke von Shakespeare. Ich bin für Innovationen und weiß, wie wichtig es ist, nach neuen Wegen zu suchen, sonst hätten wir keinen Picasso, keine Coco Chanel, keinen Gaudí und so vieles andere Schöne nicht, aber die Kunstform der Oper bildet eine Ausnahme.

Auch wenn man immer wieder hört, die Oper sei am Ende, ein Dinosaurier, kurz vor dem Aussterben, glaube ich es nicht. Ich hoffe es nicht! Ich werde nicht in zehn Jahren arbeitslos vor Opernhaus-Türen sitzen, die wegen der Krise – oder weil das, was in ihnen gespielt wird, nicht mehr zeitgemäß ist – geschlossen wurden. Es geht um meine Kinder und die Welt, die wir ihnen hinterlassen: Ich als Mutter sehe es als meine Verantwortung, mit meinem Können und meinem Talent dazu beizutragen, dass die Oper auch in zwanzig Jahren noch Werte vermitteln kann, die auch modern sein können, die viele Menschen ansprechen und sie Unbekanntes entdecken lassen. Je lebendiger und offener ich dies tue, desto mehr hoffe ich, dass es mir gelingt, mit dem, was ich mache, den wahren Menschen anzusprechen. Ich wünsche mir, dass der Zuschauer nicht nur in die Oper kommt, um nach Fehlern oder dem »wahren« Konzept zu suchen, sondern dass er Gefühle erleben will, die wir oft auch vor uns selbst verbergen. Denn wie heißt es so schön? – »The man who feels strong, talks little.« In der Oper muss man nicht reden, nur zuhören.

11
SCHLAFMANGEL? IMMER!

Es ging oft drunter und drüber. Mit dem Einstudieren war ich (und bin ich immer noch) stets zu spät dran, der Schlafmangel war mein permanenter Begleiter, die Logistik einer Künstlerfamilie, die freischaffend ist und kein festes Engagement hat, war seit der Geburt von Katie alles andere als ein Spaziergang. An eine überdimensionale Künstlerpause habe ich nie gedacht. Trotz des Stresses und permanenter Organisation wäre mir »nur« Mutter zu sein zu wenig. Mag sein, dass es für eine Frau, die mit achtzehn Jahren heiratet und Mutter wird, bei den Kindern zu Hause bleibt, genug ist. Denn sie kennt ja auch nichts anderes. Ich bewundere diese Frauen, dass sie ihr Leben als erfüllt empfinden und glücklich sind. Vielleicht wissen sie gar nicht, wie es ist, im Berufsleben in einem Wettbewerb zu stehen. Denn hat man als emanzipierte Frau erst einmal den Erfolg geschnuppert, dann möchte man auf die Eigenständigkeit und die Bestätigung nicht verzichten. Doch so wie mir das »nur« Muttersein zu wenig ist, füllt mich auch das »nur« Sängerinnen-Leben nicht zur absoluten Zufriedenheit aus. Schon bald nach der Geburt von Katie entwickelte sich bei mir eine Sehnsucht, die von Monat zu Monat stärker wurde: Für mich war unser Familienglück noch nicht komplett. Da fehlte noch jemand.

Klar versucht man den Gedanken an ein zweites Kind aus der Sicht von Eltern, die ständig »on tour« sind, auch schnell beiseitezuschieben, weil es ja ohnehin schon anstrengend genug ist, ein Kind und zwei Künstler zu managen. Doch das Gefühl der inneren Freiheit, das ich seit der Geburt von Katie geschenkt bekam, wischte alle Bedenken weg. Auf der Bühne zu stehen ist meiner Ansicht nach eine ziemlich egozentrische Einzelfahrt. Wenn du dich nur der Bühne »opferst«, lebst du letztlich ein sehr, sehr einsames Leben. Klingt vielleicht absurd. Aber auch wenn ich, seit Katie auf der Welt ist, meinem Zeitplan für das Einstudieren, dem Stimmtraining immer hinterherlaufe, habe ich trotzdem die Zuversicht, dass bis zur Premiere alles perfekt klappen wird. Meine Kinder geben mir eine unglaubliche Kraft und Lust, auf der Bühne zu stehen, gleichzeitig befreien sie mich vom Druck, ständig über meine Stimme und meine Performance nachzudenken. Denn sie brauchen mich heute und jetzt. Was ich jetzt versäume, kommt nie wieder zurück. Meine Töchter werden von Tag zu Tag größer. Das eine oder andere Konzert kann ich in einigen Jahren noch nachholen, aber eine zweite Chance, den fünften Geburtstag oder das erste Schulweihnachtskonzert zu erleben, gibt es nicht.

Selbst die kleinen beruflichen Niederlagen sind gar nicht mehr so wichtig. Das heißt nicht, dass ich nicht immer noch ehrgeizig bin. Ich will meinen Namen und mein Image verteidigen, nur – anders als früher – nicht mehr an 80, sondern nur mehr an 45 Abenden im Jahr.

Durch die Kinder habe ich auch erkannt, dass es ein Leben »nach dir« gibt. Meine Kinder tragen mein Blut, meine Traditionen, meine Werte, Erlebnisse aus ihrer Kindheit in sich weiter und geben hoffentlich einen kleinen Teil an die Kindeskinder weiter. Das gibt mir die Zuversicht, dass wenn meine Stimme einmal am Ende ihrer Kraft ist, wenn ich als Sängerin nicht mehr interessant bin, weil die junge Generation meinen Platz übernommen hat, wenn meine Bühnenfotos vergilbt sind, die Kritiken von Staub und Milben zerfressen sind, es trotzdem einen Teil von mir gibt, der weiterlebt. Wir sind eine Familie, ein Verbund, der jederzeit füreinander da ist und einander schützt. Seit ich Mutter bin, existiert nun ein Grund, warum mein Mann und ich uns noch mehr auf das wahre Leben konzentrieren.

Das Publikum lebt ja auch nicht anders. Die Opernliebhaber kaufen sich eine Karte, um sich mehrere Stunden unterhalten zu lassen. Danach gehen sie nach Hause und leben wieder ihr eigenes Leben.

Warum soll dieses Lebenskonstrukt für uns Opernsänger nicht auch gelten? Ich werde für ein paar Stunden gebucht, studiere die Partie akribisch ein, singe mit Leidenschaft, aber das alleine macht nicht glücklich. Ich will meine eigenen Erfahrungen machen, will diese weitergeben und nicht nur die Fantasie des Autors, des Komponisten und des Publikums. Dieses Multitasking-Leben, wo ich mich nicht nur auf eine Sache konzentriere, sondern meine Energie auf sieben oder acht Dinge verteilen kann, benötige ich, wie es so schön heißt, für meine Work-Life-Balance. Davon lebe ich. Daraus schöpfe ich auch Kraft.

In Lettland sagt man: Der Mensch denkt, Gott lenkt. Ein Kind ist ein Wunder, es zu planen ist nicht wirklich möglich. Aber Karel und ich hatten die Gnade, schnell wieder Eltern zu werden. Im Frühjahr 2014 kam unsere zweite Tochter Cristina Sophie zur Welt. Und es war wieder wie beim ersten Mal – der erste Schrei, der Baby-Geruch oder das erste Mal das Baby im Arm halten – ein Augenblick, der einen verzaubert. Jetzt sind zwei Schwestern auf der Welt, die hoffentlich ein Leben lang füreinander da sein werden, die miteinander vieles erleben werden, die sich in der Pubertät gegen uns verbünden werden, aber hoffentlich immer wissen, dass sie für uns, Karel und mich, das Allerwichtigste sind.

Für meine Mutter, die damals leider schon an Krebs litt, waren die Enkelkinder die Krönung – quasi die (positiven) Zinsen ihres Lebens. Oft sagte sie zu mir: »Ich liebe meine Kinder über alles, aber die Enkelkinder vergöttere ich.«

Eigentlich bin ich nicht naiv, sondern ein organisierter, disziplinierter Mensch, was aber nicht heißt, dass ich immer alles voll im Griff habe. Aber wie heißt es so schön: »Ein Kind ist kein Kind.« Diese Erfahrung sollte auch ich schnell machen. In einem Anfall von Übermut fixierte ich mein Comeback schon drei Monate nach Cristinas Geburt. Ich dachte, als Mutter bin ich schon eingeübt. Warum soll die Rückkehr auf die Bühne nicht klappen, wenn die auch etwas früher geplant ist als mit erstem Kind? Eine schwere Fehlkalkulation. Um große Konzerte oder Hauptpartien singen zu können, muss ich durchschlafen. Als Frau und Mutter übersteht man den Tag mit kleinen Nickerchen oder ein paar Stunden Schlaf zwischendurch. Ich musste feststellen, dass Frau- und Muttersein und Frau- und Sängerinnensein – doch zwei ziemlich unterschiedliche Dinge sind. Als Sängerin brauche ich meine sieben bis acht Stunden guten Schlaf. Das ging drei Monate nach der Geburt einfach noch nicht. Da habe ich von mir selbst zu früh zu viel verlangt.

Es ging mir wie anderen jungen Eltern auch, die zwei Kinder innerhalb kürzester Zeit bekommen – ich war nonstop im Einsatz. Wenn die eine schlief, war die andere wach, wenn ich die Kleine stillte, wollte die Große auf den Arm. Manchmal hatte ich nicht einmal Zeit zum Duschen.

Oder wenn ich ein kleines Zeitfenster hatte, kam die Große und machte einfach die Tür auf. Manchmal war ich so müde, dass mich Karel schlafend auf dem Teppich fand, weil ich beim Spielen mit den Kindern eingenickt war. Wenn er mich aufweckte, musste ich lachen.

Am liebsten hätte ich mir Zwillinge gewünscht, weil dann quasi alles in einem Aufwasch erledigt gewesen wäre. Es ist ja wunderschön, wenn das Kind die Umwelt entdeckt, aber alles nochmals zu durchleben – die Pürees, die ersten Zähne, die Bauchkrämpfe, die ständige Suche nach dem Schnuller. Ja, die Schnullersuche konnte sich zur Großaktion am Abend entwickeln. Denn Katie wusste genau, dass der Reserve-Schnuller nicht *der* Schnuller war. Also krochen Karel und ich unter jedes Möbelstück, in jede Ecke, bis endlich wieder der Lieblingsschnuller in ihrer Hand war. Später verlangte Katie nach drei Schnullern. Einen in ihrem Mund und jeweils einen in jeder Hand. Damit es tatsächlich immer einen gab und Katie immer *den* richtigen Schnuller hatte. Dann kommen die kleinen Verletzungen, wenn die Kinder zu gehen beginnen. Das alles hatte mich ziemlich an meine Grenzen gebracht. Denn parallel lief die Planung für meine Karriere weiter. Neben Reisen und den Auftritten musste ich meinen Auftrittskalender planen, die Texte auswendig lernen – was sehr schwierig war, weil man dafür sehr viel Konzentration benötigt.

Singen ist ein Hochleistungssport, und jeder Auftritt ist für uns wie eine Olympiade. Am Abend haben wir nur eine Möglichkeit, das Lied oder die Arie zu singen, entweder erwischt man die eigene Bestleistung oder eben nicht. Der Anspruch der Opernfans ist hoch: Sie erwarten immer einen Weltrekord. Die ersten drei Jahre als Mutter waren Raubbau pur an meinem Körper. Keine meiner beiden

Töchter schlief durch. Nicht eine einzige Nacht, bis sie über drei Jahre alt waren.

Wurde das Tohuwabohu unüberschaubar, wollte ich mich manchmal am liebsten verstecken. Ein Gedanke rettete mich, wenn die Emotionen verrücktspielten: »Elīna, die ersten drei Jahre vergehen schnell. Dann wird es bestimmt leichter.«

Ich bewundere zutiefst meine Kolleginnen, die es anscheinend leichter schaffen. Vor kurzem erlebte ich beim »Rosenkavalier« in der Metropolitan Opera Erin Morley. Bereits einen Monat nach der Geburt ihres zweiten Kindes stand sie auf der Bühne, sang die schwere Partie der Sophie. Zwischen den Auftritten stillte sie das Kind noch im Künstlerzimmer. Wie sie das schaffte, grenzt an ein Wunder für mich! Erst kürzlich ist sie zum dritten Mal Mutter geworden. Hut ab!

Bis der ersehnte Zeitpunkt allerdings eintrat und ich mein Comeback auf der Bühne wagte und auch wieder auf Reisen war, war der Aufwand enorm. Karel und ich engagierten gleich ein ganzes Team an Kindermädchen – insgesamt waren es fünf Nannys. Damit die Mädchen nicht ständig mit neuen Gesichtern und Persönlichkeiten konfrontiert waren und sie ein Gefühl der Sicherheit hatten, war es uns wichtig, dass wir keine hohe Fluktuation bei den Kindermädchen hatten. Am Beginn sind es Fremdlinge, die in unsere kleine Familie eindringen. Später, wenn einige Reisen absolviert sind, das Vertrauen stimmt, die Nannys unser Tempo angenommen haben, werden die Kindermädchen zu Ersatzfamilienmitgliedern, weil sie unseren Alltag mit uns teilen. Zwei Kindermädchen tingelten mit uns durch die ganze Welt. Nach vierzehn Tagen erfolgte dann quasi der Schichtwechsel. Da übernahm das andere Kindermädchen-Duo die Betreuung unserer Mädchen. Will man auf alles vorbereitet

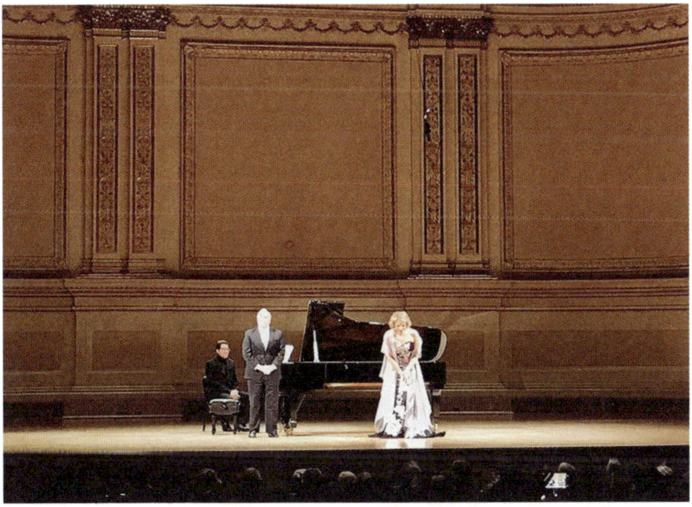

Auftritt in der Carnegie Hall.

sein, benötigt man aber eine Reserve für Notfälle. Also gab es quasi auf Abruf eine fünfte Kinderfrau als Sicherheitsnetz, falls eine der vier Betreuerinnen ausfiel oder Urlaub hatte. Anders hätten Karel und ich es nicht geschafft, unsere Jobs und die Familie zu managen. Dazu kommt eine eigene Logistik beim Planen. Sechs Monate im Voraus wird festgelegt, wen von uns beiden die Kinder zu den jeweiligen Engagements begleiten. Karel ist ein wahres Genie beim Planen – er behält immer den Überblick. Und er ist ein wundervoller Vater, der viel geduldiger mit den Hoppalas im Alltag umgeht. Die Mädchen haben ihn natürlich um den Finger gewickelt, und manchmal habe ich sogar das Gefühl, dass ich eher der Störfaktor in dem Spaß-Triangle bin. Aber wie in jeder Familie – einer muss der *bad cop* sein, und irgendwie hat es mich erwischt. Ja, Ungeduld ist immer noch meine größte

Schwäche, die ich täglich kontrollieren muss. Aber Kinder sind die besten Lehrer und spiegeln alles wider, was du bist.

Schlimmer als die Logistik ist allerdings die permanente Konfrontation mit Viren aller Art. Es war wie eine Art böses Ping-Pong-Spiel. Abwechselnd hatte ich Bronchitis, Kehlkopfentzündung oder Ohrenentzündung – gleich sechs Mal ließ ich mir 2016 Antibiotika verschreiben, weil der nächste Auftritt anstand. Zwei Wochen Auskurieren geht im Opernbusiness nicht – oder nur mit sehr unangenehmen Konsequenzen für das Theater oder Festival, da die Sänger Zugpferde für die Konzerte sind.

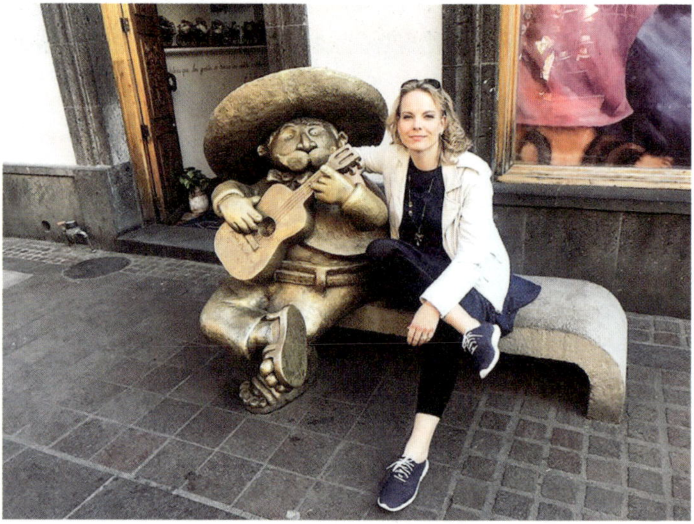

Unterwegs auf der ganzen Welt; hier in Mexiko.

Doch die Mädchen werden zum Glück größer, gehen in den Kindergarten, manches Mal überall auf der Welt verstreut, wenn wir für eine neue Produktion für zwei Monate in einer

Stadt Station machen. Langsam wird es besser, und Karel und ich können wieder aufatmen. Natürlich weiß ich, dass ein normales Familienleben anders ausschaut. Natürlich machte ich mir ab und an Vorwürfe, dass Katie und Cristina einen geregelteren Alltag haben sollten. Im Kindergarten ist Katie oft die große Abwesende – so war sie im Jahr von 114 Tagen 56 Tage nicht im Kindergarten, sondern mit mir unterwegs. Aber die Kinder genießen das Wanderleben auch. Im Flugzeug gibt es immer Süßigkeiten, jetzt auch iPad und Filme, und die neuen Hotels oder Wohnungen sind spannend. Meine Töchter leben nach der Devise: Hauptsache, die Eltern sind dabei, auch wenn sie schnell gelernt haben, dass häufig nur ein Elternteil zu Hause ist. Klage ich über Halsschmerzen, dann freuen sich meine Töchter, denn das ist für sie das Signal, dass ich zwar nicht singen kann, aber dafür für sie mehr Zeit habe. Immer wieder taucht bei Katie auch die Frage auf, wie lange ich denn noch singen werde? Wenn es nach ihr geht, hoffentlich nicht mehr zu lange, damit ich endlich mehr zu Hause sein kann. Auch werde ich von meinen Töchtern mit der Frage konfrontiert, ob ich das Singen mehr liebe als sie, weil ich mehr unterwegs bin als zu Hause. Auch wenn die Sehnsucht nach mehr Zeit mit mir immer wieder ein Thema zwischen uns ist, genießen unsere Töchter die Bühnenauftritte auch. Sie sind echte Profis – beiden kennen sich mit »Rosenkavalier«, »Carmen«, »La Favorit« oder »Madame Butterfly« bestens aus. Meine Perücken, meine Kostüme und der Schmuck, den ich wie zuletzt bei »Samson und Dalila« an der Met getragen habe, begeistern meine Mädchen. Das Objekt der Begierde ist meine Schminktasche. Sie wissen auch, dass statt echtem Blut in »Carmen« oder zuletzt in »La Favorit« in München Ketchup verwendet wird.

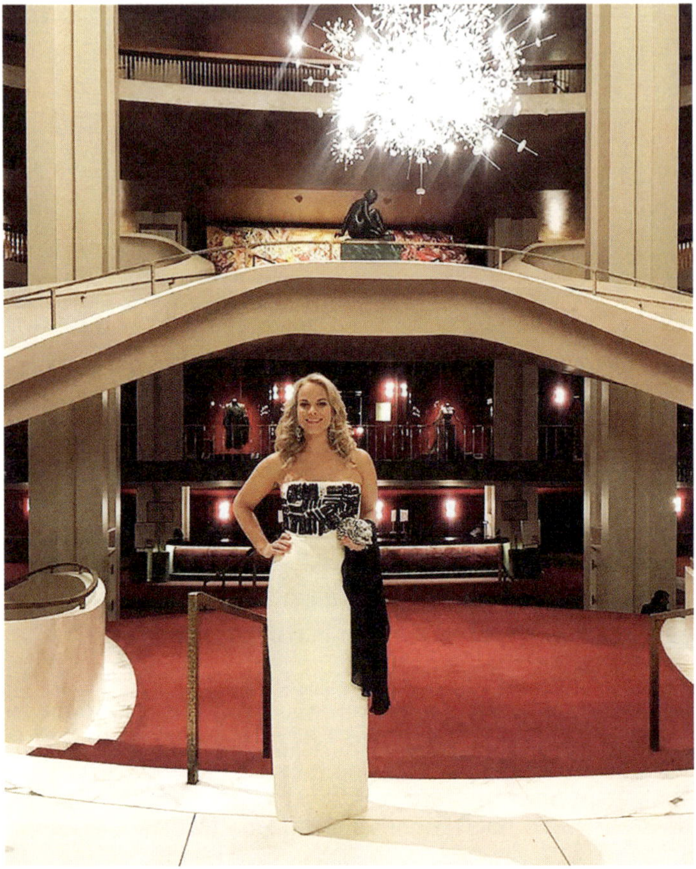

Premiere für »Samson und Dalila«.

12
EINE HARTE ZÄSUR

Um Träume auch zur Realität werden zu lassen, muss man bereit sein, seine Komfortzone zu verlassen. Das benötigt Konsequenz und Mut – in meinem konkreten Fall vielleicht sogar doppelt so viel Mut, wie ich in meiner bisherigen Karriere aufbringen musste. Für so einen Schritt benötigt man ein besonderes Rüstzeug: nämlich starke Nerven, um die vielleicht noch nicht so gelungenen Etappen zu erkennen und die öffentliche Konfrontation mit den noch vorhandenen Mankos zu überstehen. Die Opernwelt hat meine Interpretationen der Rollen der Carmen, des Octavian oder des Sesto angenommen und mich viele große Erfolge feiern lassen. Aber werde ich auch im dramatischen Fach reüssieren können?

Diese Partien werden von unzähligen Klischees, Prototypen, der Vorstellung von einer gewissen Stimmfarbe und einer Lautstärke begleitet. Sich mit einem Fachwechsel neu zu etablieren, auch mit meiner ganz individuellen Interpretation der Rollen, ist ein Sprung in das größte, tiefste und breiteste Haifischbecken. Trotz dieses Hochrisikos, den zahlreichen Möglichkeiten des Scheiterns, springe ich. Ich werde mit den Riesenhaien schwimmen und versuchen, Oberwasser zu behalten. Die Alternative wäre Stillstand, das war in meinem Leben noch nie eine Option. Jeder Sänger hofft auf eine lange Karriere, in der man verschiedene Partien, eine ganze Reihe von Inszenierungen und Interpretationen stimmlich wie künstlerisch entwickeln kann – und diese auch dem

Publikum präsentieren darf. Blickt man zurück, dann existieren tatsächlich nur wenige Künstler, die von Barock bis Wagner das gesamte Repertoire gesungen haben. Warum das so ist? Wir Sänger werden von den Opernfans, von den Kritikern, aber auch von den Operndirektoren gerne in Schubladen geschoben – uns wird gerne ein Image verpasst. In den Kritiken findet man diverse Zuordnungen wie dieser sei ein göttlicher Mozart-Sänger, die andere ein überwältigender dramatischer Sopran oder etwa die Meisterin der Koloraturen. Wenn man so einen Stempel aufgedrückt bekommt, dann wird man auch nur für diese Rollen gebucht. Doch nach ein paar Jahren verlieren die Opernfans, aber auch die Opernhäuser das Interesse. Seien wir doch ein Mal ehrlich: Wie viele Male wollen Sie dieselbe Sängerin in derselben Partie hören? Kann man tatsächlich als Sesto nach zehn Jahren auf der Bühne noch immer etwas Neues bieten? Das bezweifle ich.

Es geht auch um mich. Ich, als Sängerin, als Künstlerin, benötige neue Anreize. Deswegen habe ich mich ganz bewusst von einigen Glanzpartien in meiner Karriere verabschiedet. Sie haben mich einfach nicht mehr erfüllt, weil mich die Musik nicht mehr so ansprach wie früher. Also war ich fast gezwungen, für mich, meine Karriere, meine Weiterentwicklung einen Schritt zu machen, damit ich wieder Lust und Laune zum Singen verspürte.

Geht alles so, wie ich es geplant habe, dann möchte ich in fünf bis zehn Jahren alle meine Traumpartien beherrschen – die Santuzza, die Eboli, die Didon, die Amneris, die Kundry. All diese starken, interessanten, mystischen Frauen zu spielen trage ich schon immer in meinem Herzen. Doch ich öffnete mein Herz, um mir diesen Wunsch zu erfüllen, nur langsam, vorsichtig und wohlüberlegt.

Denn ich finde, man benötigt auch das ideale Alter, um diese Rollen als Künstlerin interpretieren zu können. Erst jetzt habe ich das Gefühl, dass ich die Frauen verstehe und nicht die Mädchen, die Frauen sein wollen. So glaube ich, dass die Amneris, die Dalila oder die Santuzza mir näherkommen. Ich kann mit ihnen auf einer Ebene kommunizieren, wo Rache oder Eifersucht nicht nur Kaprizen sind. Möglicherweise war ich bis jetzt zu vorsichtig – doch nun traue ich mir dieses Repertoire zu, bin bereit dafür, auch wenn ich noch etwas besser sein könnte.

Der erste Schritt auf dem steinigen Weg zum Ziel war es vor allem, einen Lehrer zu finden, der mir wieder einen neuen Push gab. Als Opernsängerin steht man vor der Entscheidung: Sucht man sich einen Stimmtrainer, der sich trotz meines Namens und meiner Karriere traut, meine Stimme zu kritisieren und zu hinterfragen? Oder sucht man sich einen Lehrer, der einem nur Komplimente macht? Bis man Mr. oder Mrs. Right gefunden hat, führt man viele Gespräche mit Kollegen, hört sich um, welche Erfahrungen sie gemacht haben, testet einige Lehrer aus, selten passt es gleich beim ersten Mal. Warum aber benötigt ein Sänger überhaupt einen Lehrer, wenn er, so wie ich, schon viele Jahre auf der Bühne Erfahrungen gesammelt hat? Es ist wie im Sport. Die Fußballer wissen doch alle, wie man mit dem Ball über das Fußballfeld läuft und Tore schießt. Aber dann kommen kleine Details, die man selber gar nicht wahrnimmt. An diesem Punkt kommt der Trainer ins Spiel. Er korrigiert die schlechten Angewohnheiten, er erstellt notwendige neue Übungen, um der Abnutzung des »Naturmaterials« durch Krankheiten und das zunehmende Alter entgegenzuwirken, die die Stürmer nicht mehr so frei und bequem laufen lassen.

Es ist wie bei einem Auto – nach fünfzehn Jahren müssen auch kleine Ersatzteile ausgetauscht werden, um weiterhin sicher auf der Straße unterwegs zu sein. So sucht der Sänger nach neuen Griffen und technischen Ansätzen, um die Stimme zu führen.

In Dale Fundling, einem gebürtigen Texaner, der vor über zwanzig Jahren am Mozarteum in Salzburg unterrichtet hat und heute in Berlin lehrt, fand ich punktgenau jenen Lehrer, den ich suchte.

Gleich in der ersten Stunde stellte er mir eine Frage, die mir ausgesprochen imponierte: »Soll ich nur dein Ego polieren, oder wollen wir richtig arbeiten?« Ich antwortete, ohne nachzudenken: »Wir werden arbeiten.«

Das waren keine leeren Absichten. Es kam richtig viel Arbeit auf mich zu. Dale verwendete neue technische Ausdrücke, sprach von Muskeln, von denen ich bis dahin gar nicht wusste, dass sie existieren. Er gab mir Übungen, die ich nicht bewältigte. Schon nach der zweiten Stunde war ich den Tränen nahe. Ich war frustriert, dachte mir: Ich singe seit fünfzehn Jahren an allen großen Opernhäusern, und jetzt schaffe ich es nicht einmal, eine Übung nach seinen Vorstellungen zu singen? Trotz der Verzweiflung spürte und hörte ich, dass hier eine neue Freiheit, neue Töne und neue Möglichkeiten auf mich zukommen würden – auch wenn der Weg noch ein langer und steiniger war. Gerade das machte die Arbeit mit Dale spannend. Einen neuen Lehrer zu verstehen, selbst wenn die Chemie beim Sänger-Trainer-Verhältnis stimmt, ist ein Prozess. Manches Mal auch ein längerer. Es braucht Geduld und Durchhaltevermögen. Nicht selten dachte ich beim Unterricht, dass ich »zu blond sei«, war teilweise sehr frustriert, wollte die Flinte ins Korn werfen und zurückkehren zu dem, was ich schon beherrschte. Nicht selten kämpfte ich mit dem Gedanken, ob es nicht einfacher wäre, dort weiter zumachen, wo ich die großen Erfolge gefeiert hatte. Aber die Neugierde, mich selber neu kennenzulernen, mich an neue Grenzen zu pushen und die Herausforderung, etwas Neues zu kreieren, behielt trotz der vielen Anstrengungen die Oberhand. Es dauerte zwei Jahre, bis mir sprichwörtlich endlich der Knopf aufging. »Ja, das ist es. Jetzt habe ich es«, jubelte ich.

Dale antwortete mir mit der Gelassenheit eines Wissenden, so als hätte er ein Déjà-vu: »Seit zwei Jahren sage ich dir dasselbe. Jetzt hast du es verstanden, weil du den anderen Gang schon mehrmals gelaufen bist. Das hast du jetzt endlich erkannt.« Dale machte mir aber nicht nur Lust auf das neue Repertoire, er gibt mir auch eine gewisse Sicherheit. Viele erfolgreiche Opernsänger vertrauen auf ihn, wie etwa die finnische Sopranistin Camilla Nylund oder der wunderbare Wagner-Interpret Piotr Beczala.

Und Dale schaffte auch etwas, was ich ihm wahrscheinlich nie zugetraut hätte: Er kompensierte den Verlust meiner Mutter, die meine wichtigste Kritikerin war. Sie lehrte mich, dass man unglaublich viel Geduld braucht, um an die Spitze zu kommen. »Als Künstler ist man nie fertig«, war einer ihrer Leitsätze. Es existieren immer Phrasen, Arien und Lieder, die wir Opernsänger besser interpretieren können, um das Publikum noch mehr zu berühren. Diese Philosophie meiner verstorbenen Mutter lebt Dale auch. Es war wie ein fließender Übergang, denn nur wenige Monate nachdem ich Dale als meinen Gesangslehrer fand und auswählte, musste ich mich von meiner Mutter verabschieden.

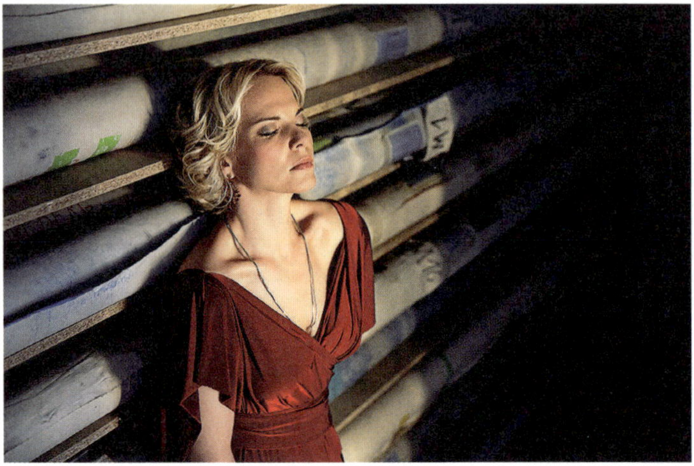

Der Tod meiner Mutter war eine unglaubliche Zäsur für mich. Ich durchlebte einen emotionalen Tsunami, der mir alle Kräfte raubte und mich zu einer künstlerischen Pause zwang. Die Mutter zu verlieren, den Menschen, der dich im eigenen Bauch getragen hat, darauf kann man sich nicht vorbereiten. Selbst wenn man weiß, was einen erwartet, so wie in meinem Fall, wird es nicht einfacher. Denn egal ob jemand plötzlich aus dem Leben gerissen wird oder er langsam geht, in beiden Situationen ist man als Angehöriger eines: vor allem hilflos.

Ich war emotional müde und benötigte Zeit, um den Tod meiner Mutter zu verarbeiten, und zog mich in mein Zuhause zurück. Die Oper, das Singen interessierte mich gar nicht, und ich konnte auch nicht – denn ich hatte keine Stimme. Wenn man viel weint, strengt man dieselben Bauchmuskeln an, die man für das Singen braucht. Erst als ich nach einigen Wochen wieder zu Hause mit meinen Töchtern war, spürte ich den Drang, wieder Notenblätter in die Hand zu nehmen. Langsam, ganz langsam begann ich wieder mit meiner Stimme zu arbeiten. Aber es war kein leichter Weg zurück. Ich nahm die Partitur von »Werther« zur Hand, denn ausgerechnet diese Partie stand als Nächstes auf meinem gebuchten Kalender – und legte sie gleich weg. Denn Charlotte, die ich singe, spricht im ersten Akt über ihre sterbende Mutter. Dazu war ich noch nicht bereit.

Meine Mutter war meine Freundin, meine Lehrerin, meine Kritikerin in Personalunion. Sie war sehr streng, manchmal zu streng. Sie hat mich gefordert, was manches Mal Überforderung für mich bedeutete. Doch gerade deshalb weiß ich, wie ich mich in Krisensituationen zu verhalten habe. Gleichzeitig war meine Mutter ein sehr herzlicher Mensch. Alles, was sie getan hat, machte sie aus Liebe zu mir. Sie hat mir beigebracht, was Moral ist und was es heißt, eine Familie zu sein.

Im Herbst 2013 ereilte sie die Krebsdiagnose – ich war gerade das zweite Mal schwanger. Vieles an meiner Mutter war besonders, leider traf das auch auf den Krebs zu. Wir kämpften mit allen nur erdenklichen Mitteln gegen die Krankheit an – von der Chemotherapie bis zu experimentellen Medikamenten, die wir extra aus den USA einfliegen ließen. Ich suchte mit ihr diverse Kliniken von Lettland bis London auf. Die Spezialisten fanden keine Therapie, die den Krebs stoppen konnte. Er streute und streute und streute …

Selbst als wir an dem Punkt angekommen waren, wo keine Rettung mehr in Sicht war und wir vor der Krankheit kapitulieren mussten, setzte meine Mutter ihr ganz besonderes Lächeln auf. Diese Haltung löste in mir eine große Bewunderung aus.

Es war für mich völlig klar, dass ich bei meiner Mutter sein werde, wenn es zu Ende geht. Da gab es nicht viel zu überlegen. Sämtliche Engagements sagte ich binnen eines Tages ab, und ich blieb bei ihr im Krankenhaus in Riga. In diesen Tagen des Abschiedsnehmens gehen einem als Tochter viele Gedanken durch den Kopf. Es kommen und gehen schöne wie schlechte Erinnerungen. Man steht vor der Entscheidung, ob es jetzt überhaupt der richtige Zeitpunkt wäre, seiner Mutter noch all das zu sagen, was man ihr noch nicht gesagt hat. Ich wägte ab, was solche Gespräche überhaupt bringen können. Anfangs war ich der Meinung, ich möchte keine Aufarbeitung unserer Mutter-Tochter-Beziehung. Aus einem simplen Grund: Man kann nicht ändern, was in der Vergangenheit passiert ist. Leidet meine Mutter womöglich noch in ihren letzten Stunden, weil sie weiß, dass sie mich verletzt hat? Trennen wir uns dann vielleicht mit einem gewissen Gefühl des Scheiterns? Für mich stellte es eine Art von Egoismus dar, wenn ich meine todkranke Mutter mit offenen Worten konfrontiere, nur um mich von irgendeiner Last zu befreien.

Aber es kam anders.

In den letzten Tagen ihres Lebens hatten meine Mutter und ich wirklich ausgedehnte, intensive Unterhaltungen. Irgendwann kommt man an dem Punkt an, wo man nicht mehr nur über die Enkelkinder, schöne Erinnerungen aus der Kindheit oder Highlights seiner Karriere reden kann. Also entwickelte ich eine ausgewählte Form von Aussprache. So erzählte ich Dinge, die ich mich bis dahin nie getraut hatte, ihr anzuvertrauen. Es waren auch kleinere, banalere Beichten dabei. Etwa dass ich mit vierzehn Jahren einen Ring von ihr ohne Erlaubnis genommen und verloren hatte.

Meine Mutter wiederum vertraute mir an, wie sie sich ihr Begräbnis wünscht. In welchem Kleid, mit welchem Schmuck, mit welcher Musik sie beerdigt werden wollte. Ja, sogar ihre Brille wählten wir aus.

Bevor sie uns verließ, bewegte meine Mutter vor allem ein großes Thema. Das waren ihre Enkelkinder. Meine jüngste Tochter Cristina war eigentlich noch im Baby- und Katie im Kleinkindalter – ihr war bewusst, dass die beiden keine Erinnerung an sie haben werden, wenn sie erwachsen sind. Das belastete sie, denn sie wäre meinen Töchtern gerne eine gute Großmutter gewesen. Aber das Schicksal vergönnte ihr diese Gnade nicht.

Meine Mutter gab mir zu verstehen, dass der Ort ihres Ablebens keine Bedeutung für sie habe, wichtig war ihr nur, dass sie nicht alleine beim Übergang vom Leben in den Tod war. So wie es meine Mutter wünschte, passierte es dann auch. Mein Vater, mein Bruder und ich waren bis zum letzten Atemzug an ihrer Seite – und ich schloss ihre Augen. Eine meine ersten Rollen nach ihrem Tod war der depressive »Werther«. Ich bat meinen Bühnenpartner, den Tenor Matthew Polenzani, dass er, wenn er am Ende der Oper stirbt, die Augen bitte schließen soll. Ich schaffte das damals nicht, weil es mich an das Sterbebett meiner Mutter erinnerte.

Seit ihrem Ableben fühle ich mich als Halbwaise. Meine Mutter war stets eine sehr starke Persönlichkeit, das bedeutet aber auch, dass sie sehr dominant in unserer Mutter-Tochter-Beziehung war. Sie hat eine immense Lücke in mein Leben gerissen, und ihr Verlust war ein großes Trauma für mich, aber gleichzeitig war es auch eine Art von Loslassen. Denn meine Mutter war meine Zensorin, meine erste Kritikerin, weil sie selbst ein Profi im Mezzosopran-Fach war. Ihr Urteil fällt nun weg. Auf ihren Ratschlag kann ich nicht mehr zugreifen. Ich bin nun für jeden Fehler, jede Entscheidung alleine verantwortlich – oder anders gesagt: Ich bin nun wirklich erwachsen.

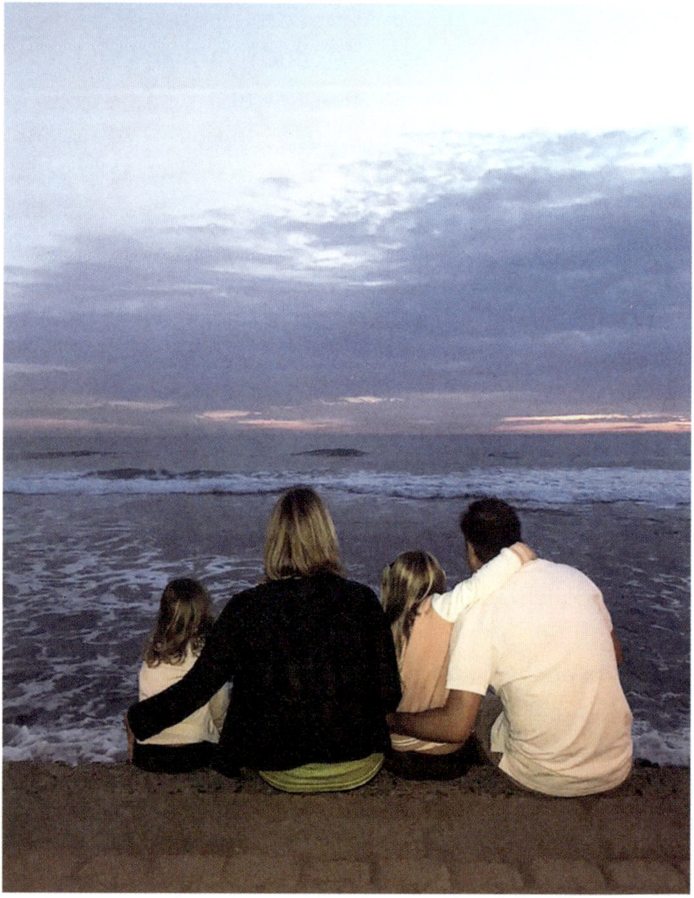

Meine perfekte Welt.

13
ICH WILL KEINE KOPIE SEIN

»Wir besitzen nur eine Stimme, die aus zwei kleinen Stimmbändern besteht. Umtauschmöglichkeit gibt es keine.« Dieser Kernsatz meiner verstorbenen Mutter avancierte zu meinem Karrieregeheimnis. Ich hüte meine Stimme wie einen Schatz. Nur mit diesem Bewusstsein schafft man es, auf der Opernbühne viele Jahre Triumphe zu feiern. Jene, die es übertreiben und Raubbau an der Stimme betreiben, sind oft schon nach zehn bis fünfzehn Jahren von der Bildfläche verschwunden. Manche sogar noch schneller. Ich bin noch lange nicht fertig: In den kommenden zehn Jahren möchte ich als dramatischer Mezzosopran mein Rollenspektrum ausbauen und erst so »richtig Gas« geben.

Die Einheit meiner Stimme war bis jetzt mein Markenzeichen. Für meine scheinbar leichte Höhe und die Homogenität durch die verschiedenen stimmlichen Register wurde ich geschätzt.

Die Herausforderung ist, dass ein Mezzosopran ein hohes C genauso gut singen kann, um den Sopran auf der Bühne ein wenig zu verunsichern. Ich finde es großartig, wenn bei Duetten wie von Norma und Adalgisa, Anna Bolena und Giovanna Seymour die Stimmen verschmelzen – und der Zuhörer gar nicht mehr sicher ist, wer jetzt singt. Diese Fusion der Stimmen wirkt hypnotisierend. Die Herausforderung, vor der mein Gesangslehrer Dale und ich standen, war, die Erfolgslinie meiner Stimme, die so lange mein Markenzeichen war, nun in einem neuen Fach weiterzuentwickeln. Um eine neue Art von Powerfrauen der Opernwelt auf der Bühne verkörpern zu können, musste ich neue dramatische Momente schaffen und mich in einem Verdi- oder Verismo-Orchester hörbar machen. Dieses Hörbarmachen kann man als Opernsängerin nicht nur mit dem Gesangslehrer in einem Raum trainieren. Dafür braucht es tatsächlich Publikum, Orchester, Adrenalin, Chor und diese großen Opernhäuser – erst dann bekommt man die Partien in die Kehle. Vor dieser Entwicklungsstufe ist viel Stimmgymnastik notwendig – ich musste eine neue technische Kapazität aufbauen, ohne meiner Stimme zu schaden. Das war ein Balanceakt. Denn auf der einen Seite galt es, meine Höhen in der Stimme zu bewahren. Auf der anderen Seite mussten wir mit aller Vorsicht versuchen, die Tiefe zu öffnen und zu erweitern. Das schafft man nur mit viel Körperenergie, die man teilweise anders zu kanalisieren lernt.

Die größten Gefahren bei dieser heiklen Mission sind, dass die Substanz der jeweiligen Stimme verloren geht. Man fängt an zu forcieren, die Stimme wird zunehmend beansprucht. Die Folge ist, dass die Muskeln auf falsche Weise eingesetzt werden – daraus kann ein Schneeballeffekt entstehen, der manchmal irreparable Stimmprobleme verursacht. Vor diesem Schicksal waren die größten Stimmen unserer Zeit nicht gefeit – selbst eine Diva wie Maria Callas nicht. Sie verfügte über einen Stimmumfang von drei Oktaven. Vom »A« bis hinauf zum »ES«. Es existieren sogar Aufnahmen, wo sie bis an das stratosphärische »G« geht. Sie sang Rollen des gesamten Sopranfachs ebenso wie für sie passende Mezzopartien. Sie gönnte ihrer Stimme keine Schonung. Deswegen, das sagen selbst die größten Callas-Kenner, waren es nur knapp zehn gute Jahre, in der ihre Stimme dieses Volumen und diese Strahlkraft aufwies. Hätte sie mehr Pausen gemacht, ihre Rollen mit mehr Sorgfalt ausgewählt, wären ihr noch viele große Triumphe vergönnt gewesen. Beschleunigt wurde der Prozess durch ihre zahlreichen emotionalen und persönlichen Krisen. All das führte dazu: Die größte Diva aller Diven überstrapazierte ihre Stimme. Dieser Verlust trifft Opernsänger oft blitzartig. Ähnlich erging es Giulietta Simionato. Zwischen 1956 und 1966 galt die italienische Mezzosopranistin als die Königin der Oper. Simionatos Stimme zeichnete sich durch ihr dunkles Timbre, den warmen, satten Klang und einen ausgesprochen weiten Stimmumfang aus. Doch je mehr sie sich, so scheint es, auf die schweren Verdi-Rollen wie Amneris, Ulrica oder Azucena verlegte, desto mehr dünnte ihre hohe Mittellage aus. Beim Singen die Mittellage zu halten ist das Schwierigste – für mich fällt das unter die Kategorie Königsklasse.

Die Motivation für den Wechsel vom lyrischen zum dramatischen Mezzosopran war nicht nur, dass hier meine Traumpartien auf mich warten, die zu meinem Temperament, meinen Gefühlen und auch besser zu meinem Körper passen. Es gab noch einen anderen Hintergedanken. Ich wollte mein Publikum überraschen. Nach fast zwanzig Jahren im lyrischen Fach war es Zeit, etwas Neues zu bieten – eine Elīna Garanča, die man noch nicht kannte. In den vergangenen Jahren spielte ich die Carmen, zahlreiche junge Mädchen und jede Menge Hosenrollen. Jetzt bin ich bereit für die Super-Powerfrauen der Opernwelt. Mein Ziel ist es, diese Frauen aus ihren Klischees, mit denen diese ikonischen Partien seit Jahrzehnten behaftet sind, zu befreien. Diese Mega-Partien vielleicht von einer neuen emotionalen Seite zu zeigen, die Partie in eine neue Richtung zu drehen, sie anders zu interpretieren. Mir ist das schon einmal gelungen – nämlich bei der Carmen. Wer hätte jemals gedacht, dass man gegen so viele Vorstellungen von Charakter und Optik auch als blonde Carmen Triumphe feiern kann? Denn ich bin nicht die kühle, temperamentlose Blonde aus dem Norden, wo Eisbären auf der Straße laufen. Dafür braucht es Mut, viel Erfahrung und sicherlich auch den Respekt des Publikums, das meine Interpretation annimmt. Der Drang, es einfach anders zu machen, einen neuen Zugang zu suchen, hatte schon immer einen besonderen Reiz für mich. Ich möchte keine Kopie auf der Bühne abliefern. Ich möchte wissen und mir ausdenken, was in den Figuren steckt. Dafür muss man tiefer hineinschauen, um andere und neue Aspekte zu erkennen, als der erste Blick zunächst offenbart.

Warum ist die launisch-rachsüchtige Königstochter Amneris in Verdis Oper »Aida« so eifersüchtig? Entsteht die Eifersucht tatsächlich aus der Verzweiflung, weil sich der ägyptische Feldheer Radames in die Sklavin Aida verliebt hat? Oder ist es vielmehr das unbändige Verlangen, alles kontrollieren zu wollen? Oder befindet sich Amneris, die ohne Mutter aufgewachsen ist und in einer Rolle steckt, die sie sich nicht ausgesucht hat, in einer Auseinandersetzung mit sich selbst? In einer Oper wie »Aida«, wo gleichermaßen viel Kraft und Eifersucht im Spiel sind, will ich den Moment zeigen, wo die Amneris an sich selbst zweifelt. Denn sie trifft zum ersten Mal auf eine Frau, die genauso intensiv lieben kann wie sie. Vielleicht ist Aida in der Liebe sogar stärker als Amneris, da sie *auch* um ihr Land kämpfen muss.

Eine Art Elchtest, ob ich stimmlich für den Einstieg in die dramatische Opernwelt reif bin, vollzog ich mit der Rolle der Santuzza in dem Verismo-»Schlager« »Cavalleria rusticana«. Bei meinem Rollendebüt an der Pariser Opera Bastille im Dezember 2016 wollte ich mein Publikum nicht nur mit meiner dramatischen Stimmlage, sondern auch mit einer Neudeutung der Rolle verzaubern.

Gemeinsam mit dem italienischen Regisseur und Filme-Macher Mario Martone und dem in Mailand geborenen Dirigenten Carlo Rizzi zeichnete ich ein ungewöhnliches Santuzza-Bild. Zwar steht in der Original-Partitur der 1890 in Rom uraufgeführten »Sizilianischen Bauernehre« bei Santuzza »junge Bäuerin«. Meistens erlebt man das klassische Dreiecks-Klischee: ein attraktiver Mann, um den sich eine junge Frau – Lola – und eine ältere »Ex« – Santuzza – streiten. In einem sizilianischen Dorf spiegelt sich das wahre Leben wider, der normale Alltag, voller Leidenschaft. Santuzza gesteht ganz direkt ihre Liebe: »Du liebst mich nicht, aber ich liebe dich. Und du darfst mich nicht verlassen, und wenn du es tust, musst du sterben.« Es interessiert sie nicht, dass Turiddu nicht sie liebt, sondern Lola. Das begreift sie einfach nicht. Er fühlt sich von ihr total bedrängt und hat überhaupt keine Luft zum Atmen. Deswegen belügt und betrügt er sie. Für Santuzza liegt das Leben Turiddus in der Hand des Schicksals. Sie zeigt keinerlei Reaktion, als ihn Alfio herausfordert, sie betet nicht für sein Leben. Sie glaubt fest daran, dass sein Tod richtig ist. Das gehört zu ihrer Welt. Santuzzas Tragik spielt sich in nur einem Akt ab. Wir erleben einen Tag, den Ostersonntag, sozusagen ein ganzes Leben in einem Augenblick – und das äußerst intensiv. So wird die Santuzza üblicherweise aufgeführt.

Aber wie gesagt, ich suche nach neuen Wegen, nach bisher unentdeckten Charaktereigenschaften in den Figuren, möchte die gängigen Klischees entstauben. Denn warum muss sich ein Mann immer für die jüngere Frau entscheiden? Ist es tatsächlich so, dass Frauen so eiskalt sind, dass sie nicht für das Leben ihres Geliebten beten, auch wenn dieser einer anderen den Vorzug gibt? Ist es wirklich so, dass Santuzza ihm den Tod wünscht? Ich glaube das nicht. Ich kenne keine Frau, die so fühlt, so viel Zerstörungswut in sich spürt und derart rachsüchtig ist. Viel tragischer erscheint mir das Ende, wo Santuzza mit dem unerwünschten Tod von Turridu leben muss.

Das Pariser Publikum hat meine Interpretation der Santuzza herzlich angenommen, und das gab mir zwar eine gewisse Zufriedenheit, dass ich auf dem richtigen Weg war. Aber viel wichtiger war mir, wie ich mit meiner Stimmperformance im Rollendebüt zufrieden war. Und welches Urteil hatte vor allem mein Gesangslehrer Dale?

Bei allen wichtigen Debüts sitzt Dale im Publikum, er zeichnet meine Performance auf. Gleich am Abend nach der Premiere hörte ich mir meine Santuzza-Interpretation an. Ich entdeckte, dass ich an vielen Stellen noch viel zu nervös war. Ich wollte mehr geben, als notwendig war. Denn oft ist weniger mehr. Nicht immer erreicht man durch Andrücken und Kraft auch den nötigen Effekt – nämlich voluminös zu sein und stimmlich frei. Das eigentliche Geheimnis ist, dass einige Muskeln entspannt sein müssen, andere komprimiert. Man muss sich das vorstellen, als würden die Energien von Ebbe und Flut gleichzeitig aufeinandertreffen. Irgendwann musst du dich befreien, damit der Ton aus deinem Körper strömt – manchmal wird der Körper zum Bogen, der hundert Pfeile gleichzeitig abschießt.

Mein Urteil über mich war härter als das der Außenstehenden, aber Dale beruhigte mich. »Zum ersten Mal singst du die Partie vor Publikum. Sei doch etwas geduldiger mit dir.« Das beste Kompliment kam von meinen Bühnenkollegen, sie meinten, »es klingt, als ob du die Partie schon jahrelang singst«. Ob sie mir schmeicheln oder Mut machen wollten, weiß ich nicht, aber es gab mir Kraft sowie Sicherheit und die Lust, weiter den eingeschlagenen Weg zu gehen.

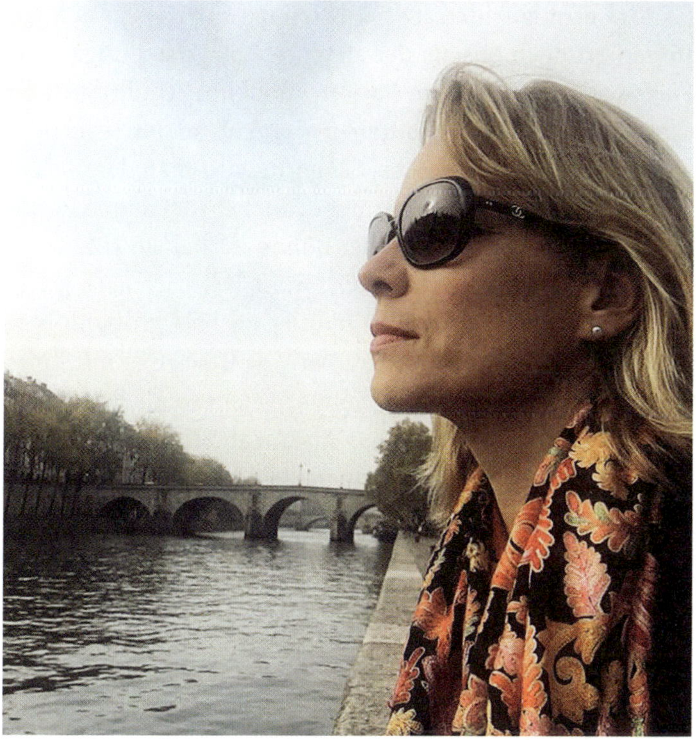

Oktober 2017 in Paris.

Die Pariser Oper Bastille war schon immer ein guter Boden für mich. Als junge Künstlerin feierte ich hier meine ersten

Erfolge, sodass die Opernwelt auf mich aufmerksam wurde. Egal auf welcher Karrierestation ich mich gerade befand, in Paris hörte man mir zu, hatte man Vertrauen in mich, und das Team motivierte mich auch, wenn ich Zweifel hatte. Die Pariser, vor allem Casting Director Ilias Tzempetonidis, waren die Ersten, die mir die Rolle der Santuzza anboten und auch das zweite große Rollendebüt als Eboli in »Don Carlos« ermöglichten. Diese Offenheit für Neues, sich auf Inszenierungen abseits der stereotypen Vorstellungen einzulassen, schätze ich am Pariser Publikum. Traditionen zu durchbrechen ist etwa in Italien – egal ob an der Scala oder in Rom – viel schwerer. Als Sängerin wird man das Gefühl nicht los, dass die Opernkenner es am liebsten hätten, wenn die Maria Callas wieder auf der Bühne erscheinen könnte.

Fühle ich mich an einem Ort wohl, kehre ich auch gerne zurück. Im Oktober 2017 stand das nächste große Rollendebüt in Paris auf dem Programm. Die Besetzung mit Jonas Kaufmann als Don Carlos, Sonya Yoncheva als Elisabetta, Ludovic Tézier als Posa, Idar Abdrazakov als Philipp und mir als Eboli strahlte schon im Vorfeld weit über Frankreich hinaus und lockte Opernliebhaber aus aller Welt an. Die Regie von Krzysztof Warlikowski war alles andere als klassisch. Malgorzata Szczesniaks holzgetäfeltes Bühnenbild beinhaltete einen roten Käfig, der das Kloster andeutete und sich später in eine Turnhalle verwandelte, wo eine kettenrauchende Eboli Kapitän der Fechtmannschaft ist. Phillipps Arbeitszimmer wirkte wie das Wartezimmer eines Zahnarztes, während Carlos in einem Gitterkäfig gefangen war, wodurch er keinen physischen Kontakt mit seinem sterbenden Freund Posa herstellen konnte. Anstelle seines Grabmals stand eine Büste Karls V. auf einem Tisch. Es ist alles sehr Film-noir-schick, kalt und abgeklärt. Ein grießiger Zelluloidfilm flackernder Asche wurde zeitweise über die Bühne projiziert, genauso wie eine Großaufnahme des Carlos, der eine Waffe an seine Schläfe hält. Nach vierdreiviertel Stunden gab es Jubel für Dirigent Philippe Jordan und uns Sänger. Aber für die Regie hagelte es Buhrufe, obwohl Warlikovsnis Personenführung genial war und er die Geschichte klug erzählte. Offenbar war der Verzicht auf Klischees für so manchen Pariser Traditionalisten, trotz der liberalen Haltung, dann doch eine Spur zu radikal.

Mit meiner Darstellung der Eboli war ich endgültig im dramatischen Fach angekommen. Die Kritiker waren euphorisch. Die *Neue Zürcher Zeitung* schrieb etwa: »Eine Ohr- und Augenweide: Elīna Garanča als Prinzessin Eboli. Konzipiert als weiblicher Gegenentwurf zu Elisabeth, intrigiert sie mit allen stimmlichen und darstellerischen Mitteln zwecks Selbstverwirklichung und landet am Schluss – welche Ironie – im Kloster.« Oder die Wiener Tageszeitung *Der Standard* urteilte: »Was Elīna Garanča aus den Auftritten der Eboli macht, ist von der offensiven Verführerin bis zur Selbstanklage umwerfend.«

Als Perfektionistin, die ich eben bin, war ich auch mit dieser Performance – trotz der guten Kritiken – nicht zu hundert Prozent zufrieden. Meine Nervosität war einfach zu groß, wegen der hohen Erwartungen. Es hat mir wieder bewiesen, dass meine eigene Messlatte höher ist als jene des Großteils des Publikums und der Kritiker. Denn auch wenn ich mich über den Erfolg freue, kann ich nicht einfach mit dem Erreichten zufrieden sein. So bin ich einfach immer bemüht zu zeigen: Ich kann es noch besser. Doch ich muss gestehen, manchmal übertreibe ich es auch mit meinem Ehrgeiz und dem Druck, den ich selbst erzeuge. Diese Erkenntnis kommt leider oft erst Jahre später, wenn ich mir Aufnahmen anhöre, die vor einigen Jahren entstanden. Nur zu gut kann ich mich an meine innere Unzufriedenheit von damals erinnern, viele Jahre später denke ich mir dann: Also, das war doch eigentlich ganz gut.

Für meine nächsten Eboli-Auftritte, die ich in italienischer Sprache in London, München oder auf Französisch auch an der Metropolitan Opera performen werde, werde ich das Niveau sicher noch steigern. Denn ich singe dieses Repertoire nun fast täglich und mache große Fortschritte bei der Technik.

Wie es sein wird, die gleiche Partie in zwei Sprachen zu singen, verwirrt mich noch etwas. Aber die Übung macht den Meister. Noch schwerer geht es einem Bariton, der beide Partien in »Don Giovanni singt« – mal den Leporello und dann den Don Giovanni. Bewundernswert ist für mich auch Grace Bumbry, die die Aida und dann die Amneris gesungen hat. Nicht an einem Abend, denn das funktioniert wegen der Duette nicht. Aber als Video auf YouTube existiert die Variante schon …

14
MEIN MOUNT EVEREST HEISST AMNERIS

Die Oper gleicht einer Gladiatorenarena. Wie die römischen Gladiatoren betreten die Solisten die Arena, alle haben lange für diesen Moment geprobt, die Balance mit dem Orchester gesucht, die Produktion wochenlang einstudiert, die Kostüme adaptiert – doch bis der Vorhang fällt, wissen wir nicht, für wen das Publikum den Daumen nach oben oder unten zeigen wird. Für die Regie, den Tenor, den Sopran, den Bariton oder den Mezzosopran? Die Steigerung jeder Premiere stellt das Rollendebüt dar. Manche meiner Kollegen zittern wie Espenlaub davor, liegen den ganzen Tag vor dem Debüt im Bett, um Körper, Fitness und vor allem die Stimme zu schonen. Bei mir läuft so ein nervenaufreibender Tag ganz anders ab. Statt zu grübeln, die Gedanken nur um die Premiere kreisen zu lassen und permanent zu zittern, suche ich mir eine Aufgabe, die meine Gedanken in andere Sphären bringt. Das schaffe ich am besten beim Bügeln. Die mechanische, sehr eintönige Bewegung gibt mir Zeit zum Konzentrieren – und ich habe schon vor der Premiere einen klitzekleinen Erfolgsmoment. Der zerknitterte Berg wird immer kleiner, und die schön gefalteten Blusen und aufgehängten Kleider immer mehr. Es ist eine Art Beschäftigungstherapie.

Am Tag vor meinem Rollendebüt in »Samson und Dalila« im Mai 2018 an der Wiener Staatsoper hatte ich kurz davor gerade meine neue Wohnung bezogen. Die Einzugsarbeiten waren die beste Ablenkung für den Abend, an dem einiges auf dem Spiel für mich stand – denn es wartete die dritte neue dramatische Frauenrolle auf mich. Ich baute Kästen zusammen, sortierte Kisten aus, räumte die Wohnung auf. Nachmittags erschien mein Gesangslehrer Dale zum Einsingen. Er sicherte mich ab, damit ich mich frei fühlte.

Erst knapp vor der Vorstellung taucht bei mir dann doch noch das Lampenfieber auf. Jeder, der bei einer Hochzeit oder in der Kirche schon mal etwas Vortragen musste, weiß, wie es sich anfühlt. Es ist dieses wellenartige Herzklopfen, der trockene Mund, der einen beschäftigt. Dann laufe ich angespannt in der Garderobe auf und ab, zupfe dauernd an meinen Haaren und meinem Kostüm. Irgendwann muss ich dann unbedingt raus aus der Garderobe, sonst fühle ich mich wie ein in den Käfig eingesperrtes Tier. Meistens gehe ich auf die Hinterbühne und beobachte meine Kollegen, die vor mir die Arena betreten haben. In diesem Moment ist schon sehr viel Energie auf der Bühne zu spüren, die ich aufsauge, bis auch ich tatsächlich meinen Auftritt habe.

Es war die erste Aufführung dieser französischen Meisteroper in Wien seit 25 Jahren. Richtig stiefmütterlich wurde das Werk »Samson und Dalila« in Wien behandelt – dementsprechend groß war das Interesse bei Publikum und Kritikern für das melodische Comeback. In der Rolle des Samson wurde Roberto Alagna engagiert, mit dem ich schon in »Carmen« große Erfolge feiern durfte. Für uns war Wien der perfekte Probelauf für die New Yorker Met. Denn nur vier Monate später eröffneten wir die Opernsaison als Samson und Dalila im Big Apple.

Inhaltlich basiert die Oper auf der biblischen Geschichte Samsons aus dem Buch der Richter. Camille Saint-Saëns entwarf ein Werk, das aus der biblischen Geschichte nur einen

Ausschnitt wählt: nämlich die Liebesgeschichte. »Danach verliebte sich Samson in eine Frau im Tal Sorek; sie hieß Dalila. Die Fürsten der Philister kamen zu ihr und sagten: Versuch ihn zu betören und herauszufinden, wodurch er so große Kraft besitzt und wie wir ihn überwältigen können.« So erzählt die Bibel die Geschichte des übermenschlich starken Samson, der über seine Liebe zu Dalila sowohl seine Kraft als auch seine Verbundenheit zu Gott und seinem Volk einbüßt. Und in seinem Freiheitskampf scheitert. Saint-Saëns erzählt die Handlung gleichzeitig als Konflikt zweier Völker sowie zweier Menschen. Und er entwirft eine zeitlose Geschichte, die zwischen inniger Liebessehnsucht und ekstatischem Bacchanal aufgespannt ist. Mit dem Protagonistenpaar wiederum gelangen ihm Prototypen des Opernrepertoires: starke Figuren, changierend zwischen Liebe, Verrat und Tod. Damit verschob sich der dramaturgische Schwerpunkt der ursprünglichen Handlung in Richtung eines Beziehungsdramas, an dessen Rändern sich Fragen zu Gesellschaft und Freiheit, Glaube und Berufung gruppieren. Interessiert hat den Komponisten auch hier, wie so oft, der einsame Raum rund um die Protagonisten – ein Thema, das er tief in seinem Herzen trug. Bei der Rolle der Dalila steht für mich die Frage im Raum: Hat sie ein Herz? Ist sie tatsächlich der supererotische Vamp, der sich nur im Bett herumwälzt? Oder ist Dalila einfach eine kalkulierende Frau? Ich persönlich kenne keine Frau, die in Politik, Kunst oder Wirtschaft erfolgreich ist, die Freude daran hat, einen Mann absichtlich niederzutreten, ohne dass sie Mitleid empfindet.

Auch privat kenne ich keine Freundin oder gute Bekannte, die einen Mann, selbst wenn er sie mal nicht gut behandelt hat, durch die Scheidung oder einen Beziehungs-

»Höllenritt« gezogen hat, ohne nachzudenken, ob sich das Ganze lohnt.

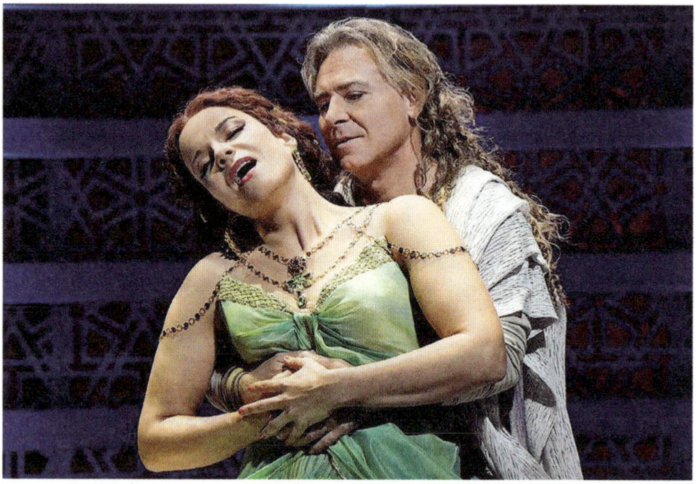

Mit Roberto Alagna in »Samson und Dalila« 2018 an der Metropolitan Opera.

Wenn eine Inszenierung beim Publikum nicht gut ankommt, werde ich oft von den Opernfans gefragt, warum haben wir Sänger nichts dagegen unternommen, nicht von Anfang an protestiert? Aber es gibt ein Phänomen, das ich gerne aus meiner Sicht erklären will. Ja, es kommt vor, dass das Bauchgefühl beim ersten Konzeptionsgespräch sagt: Diese Inszenierung wird beim Publikum keinen Anklang finden, weil das Konzept falsch ist oder das Bühnenbild nicht passt. Doch dann passiert ein Stimmungswechsel während der Proben. Von dem Gefühl »es kann nichts werden« kippt die Stimmungslage auf »stimmt, so habe ich die Oper noch gar nie gesehen«.

Woher diese 180-Grad-Drehung kommen kann? Vier bis sechs Wochen und bis zu acht Stunden täglich versuchen die Solisten sich bei den Proben in die szenische Umsetzung dieser Produktion einzufügen, sich selbst zu suchen, manchmal auch sich selbst zu brechen, um irgendwie in das Konzept hineinzupassen. Es ist wie ein Psychotraining, das die Regie täglich mit den Künstlern absolviert. Man stellt Fragen, tauscht sich mit den Kollegen aus, versucht für sich selber eine Rechtfertigung des Tuns zu finden. Und irgendwann gelangt man tatsächlich an den Punkt, wo die Produktion Spaß macht, weil man schon mittendrin in dieser Entwicklung steckt. Selbstverständlich spielt auch die Angst mit, dass man nicht mehr gebucht wird, weil man schlicht auch das Geld braucht. Ein Sänger sieht meist die ganze Produktion erst beim Konzeptionsgespräch. Wie die Inszenierung aufgebaut ist, weiß nur das »oberste« Team: also Intendant, Regisseur, Bühnenbildner, Kostümbildner und die jeweiligen Assistenten und technischen Einheiten. Doch es kann schon vorkommen, dass die Produktion massive Buhrufe einstecken muss.

Die kritische Haltung der Opernfans stellt keine unrühmliche Ausnahme dar, es ist vielmehr ein internationaler Trend. In den vergangenen fünf Jahren kann ich mich beispielsweise an keine Inszenierung erinnern, die keine Kritik einstecken musste – mal waren es weniger Buhrufe, mal mehr. Aber prinzipiell zeigte der Daumen für die Regie sehr oft nach unten. Aus meiner Sicht hat das einen einfachen Grund. Viele Regisseure in den vergangenen Jahren kommen aus dem Schauspiel – und in diesem existiert dieser Traditionsdruck nicht. Wenn dann »Reformer« auf die zahlreichen »Traditionalisten« im Opernpublikum treffen und das noch dazu bei einer Bibelgeschichte, ist das Potential, dass es hier zu keiner Symbiose und zu Auffassungsunterschieden kommt, äußerst groß.

Damit das Opernhaus Aufmerksamkeit erhält, passieren die Provokationen der »verrückten« Regisseure oft sehr bewusst. Für die Solisten des Abends hingegen geht der Daumen meist nach oben. Natürlich gibt es hier die stimmlichen Vorlieben von Kritikern, die sehr oft von ihrem *subjektiven* Geschmack reden. Ein anderes Faible von Kritikern ist es, uns mit Opernsängern zu vergleichen, die schon sehr lange tot sind. Man benötigt Nerven aus Stahl, um nicht an den maßgeblichen Kritikern zu zerbrechen oder depressiv zu werden. Um dieser emotionalen Falle zu entgehen, habe ich immer versucht, meinen eigenen Motor für meine Auftritte zu finden, meine eigenen Ziele zu setzen. Knallhart bewerte und hinterfrage ich selber, was ich gut oder suboptimal gemacht habe. Und warum tue ich mir eigentlich dieses oder jenes Projekt selber an?

Aber es gibt auch überraschende Erlebnisse. Bei einigen Vorstellungen dachte ich, dass sie die Erwartungen des Publikums nicht erfüllen konnten. Doch dann wurden sie von der Presse groß bejubelt. Natürlich geht es auch andersrum: Bei den besten Opernabenden, die selbst mich als Zuschauer berührt haben, wird die Presse ganz lahm und kalt. Kritik ist subjektiv, kann sehr hart sein und nicht immer fair. Im Grunde kann es nie erklärt werden, warum ein Sänger zum Liebling wird und der andere nicht. Es ist wie beim kulinarischen Genuss. Der eine liebt Schokoladeneis und versteht nicht, warum andere für Zitronensorbet »sterben« könnten. Beide schmecken köstlich, beide befriedigen unsere Geschmackssinne, aber zu sagen, dieses oder jenes ist besser, finde ich nicht fair und auch nicht begründbar.

Vier Monate später in New York lief vieles ähnlich bei »Samson und Dalila«. Auch diese Vorstellung wurde nicht voller Begeisterung von der Presse angenommen. Der größte Kritikpunkt war das Ende – den Kritikern fehlte, dass keine Wände einstürzten, dass durch Samsons Kraft keine gerechte Zerstörung passierte.

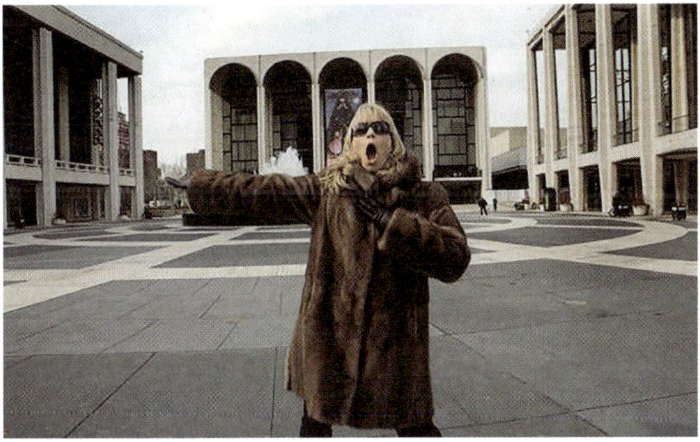

Vor der Metropolitan Opera in New York.

Es war, wie sehr oft bei solchen großen Abenden: Die Erwartung ist sehr groß, die Anspannung noch größer, manche sind enttäuscht, manche sehr zufrieden. Aber am Ende ist es doch immer so: Die Welt dreht sich weiter, und in einem Monat ist es schon vergessen. Auf lange Sicht sind es nicht die Kritiker, die eine Karriere machen, sondern das Publikum und der Sänger selbst. Aber warum ein Sänger geliebt wird und genau der eine aus der Masse heraussticht und der andere nicht, ist ein Mysterium. Dieselbe Beobachtung kann man beim Verlauf der Karrieren machen: Warum dominieren einige Künstler jahrzehntelang das Business und andere verschwinden nach ein paar Jahren?

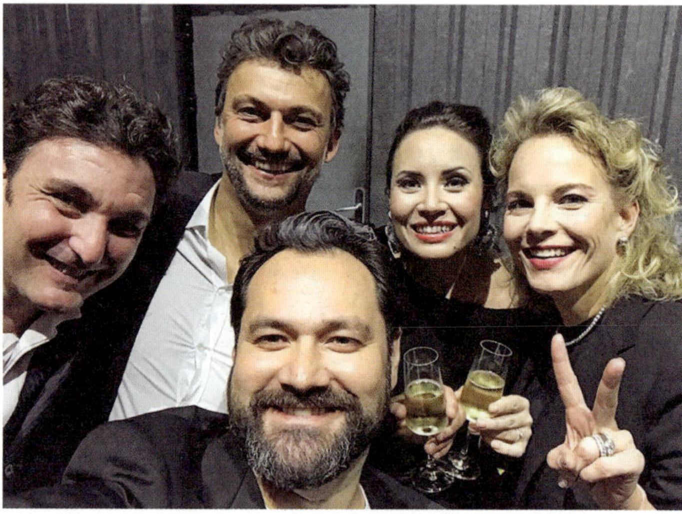

Das »Don Carlos«-Superteam mit Jonas Kaufmann.

Nicht immer ist es die falsche Technik oder die Wahl des falschen Repertoires. Viel mehr entscheidet der Eindruck des Intendanten oder des Casting-Direktors über die Karriere. Ob du mit ihm auf einer Wellenlänge bist und er mit dir weiterarbeiten will. Oder ob der Dirigent deine Stimme favorisiert und dich im Ensemble haben will. Und sind wir doch ehrlich: Es existieren Aufnahmen von vielen Göttern der Vergangenheit, die auch ausgebuht wurden – sei es die Callas, der Pavarotti oder wer auch immer.

Die ersten Etappen meiner neuen Rollen waren also ganz positiv wahrgenommen worden. Die ersten Achttausender, um es mit der Bergsteiger-Welt zu vergleichen, waren be-

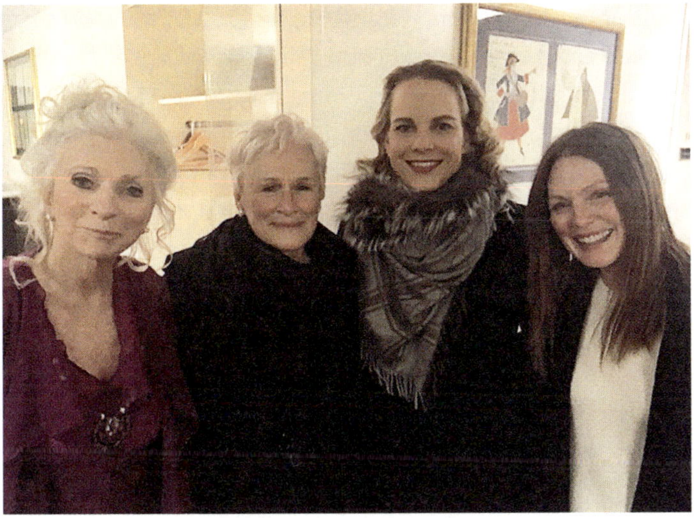

Opern- gegen Hollywoodgranden: mit Glenn Close und Julianne Moore.

wältigt. Mit jedem Achttausender-Gipfelsieg holt man sich ein Stückchen mehr Mut und Selbstvertrauen, um den nächsten zu erklimmen. Jetzt wartete nur noch der Mount Everest auf mich. Auf meine Karriere umgelegt, ist die Amneris der Mount Everest für einen Mezzosopran. Auch Bergsteiger bezwingen zuerst die »leichteren« Achttausender, und erst wenn diese Etappen absolviert sind, nehmen sie den höchsten Gipfel in Angriff – den Mount Everest. Diese Strategie verfolge auch ich. Eigentlich bin ich Sängerin geworden, weil ich einen Traum vor Augen hatte – einmal in der Rolle der Amneris auf der Bühne zu stehen. Wie unglaublich schwer diese Partie ist, zeigt die Tatsache, dass die großartige Agnes Baltsa die Amneris zwar vielfach für Tonaufnahmen gesungen hat, aber nie in dieser Rolle auf der Bühne stand. Den »Grand Slam« für Mezzosoprane hat sie sich trotz einer grandiosen Bühnenperformance offenbar nie zugetraut – außer in ein paar Konzerten im Duett.

Doch abseits der Taktik existiert noch ein anderer Grund, warum ich das Rollendebüt für meine Traumrolle zu einem sehr späten Zeitpunkt fixiere. Ich schiebe diesen Höhepunkt meiner Karriere mit Absicht so lange wie möglich hinaus, nicht weil die Vorbereitung eine sehr intensive ist, sondern vielmehr wühlt mich die Frage auf: Was kommt danach? Was passiert, wenn ich meinen persönlichen Mount Everest bestiegen habe? Taucht dann nach dem emotionalen Gipfel plötzlich eine gewisse Leere auf, mit der ich vielleicht nicht zurechtkomme? Weil ich mich diesem Moment noch nicht so schnell stellen will, muss die Amneris noch ein wenig warten. Dieses bewusste Wegschieben ist fast ein emotionaler Schutz.

Ganz leise und mit viel Feingefühl gehe ich die Amneris an. Es gibt Stimmen, die für ein solches Repertoire geboren sind. Ich würde eher sagen: denen Stimmfarbe und Größe von Natur aus gegeben sind. Diese Künstler fangen sehr früh damit an, das dramatische Fach zu singen. Über Jahre werden sie für die gleichen Partien gebucht (da frage ich mich, wie es einem selbst nicht langweilig wird). Der Haken daran: Dieser Sängertyp hat tendenziell eine eher kürzere Karriere, weil es eben schwierig ist, 25 Jahre im gleichen Repertoire erfolgreich zu sein. Eine absolute Ausnahmeerscheinung ist Placido Domingo. Wir Sänger bewundern ihn, weil er über 120 Partien in seinem Repertoire hat. Selbst in seinem Alter traut er sich noch weitere Rollendebüts zu.

Aber er ist einzigartig, so eine Karriere kann man nicht kopieren. Zu so einer Person wird man geboren. Natürlich mit vielen glücklichen Zufällen und bewussten Entscheidungen, aber der Kern des Menschen ist von Gott gegeben.

Und dann existieren Stimmen, die sich langsamer entwickeln. Dafür aber das Glück und die Freude haben, sich in verschiedensten Partien zu präsentieren. Anna Netrebko ist ein Paradebeispiel dafür: Zum Start der Karriere brillierte sie in allen Mädchenrollen. Jetzt, wo sie schon viele erfolgreiche Jahre auf der Bühne hinter sich hat, kommt das Beste und Schwierigste – bis hin zu Wagner. Ähnlich verläuft es auch bei mir. Auch ich hatte das Glück, mit Barock und Mozart anzufangen. Jetzt darf ich die Sahne auf der Torte auskosten und Partien wie die Dalila, die Amneris oder die Kundry ansteuern. Für manche werde ich vielleicht nie *die* eine oder andere Partieträgerin sein. Andere wiederum finden, dass genau meine Interpretation etwas Besonderes ist. Diese Opernfans werden mich als interessantes Beispiel dafür sehen, wie sich eine Stimme auch entwickeln kann.

Ich erlaube mir zu denken, dass ich genug Bühnenerfahrung und Persönlichkeit besitze, um zu zeigen, dass das, was ich mache, absolut Meins ist. Und nicht der Versuch, jemanden nachzumachen.

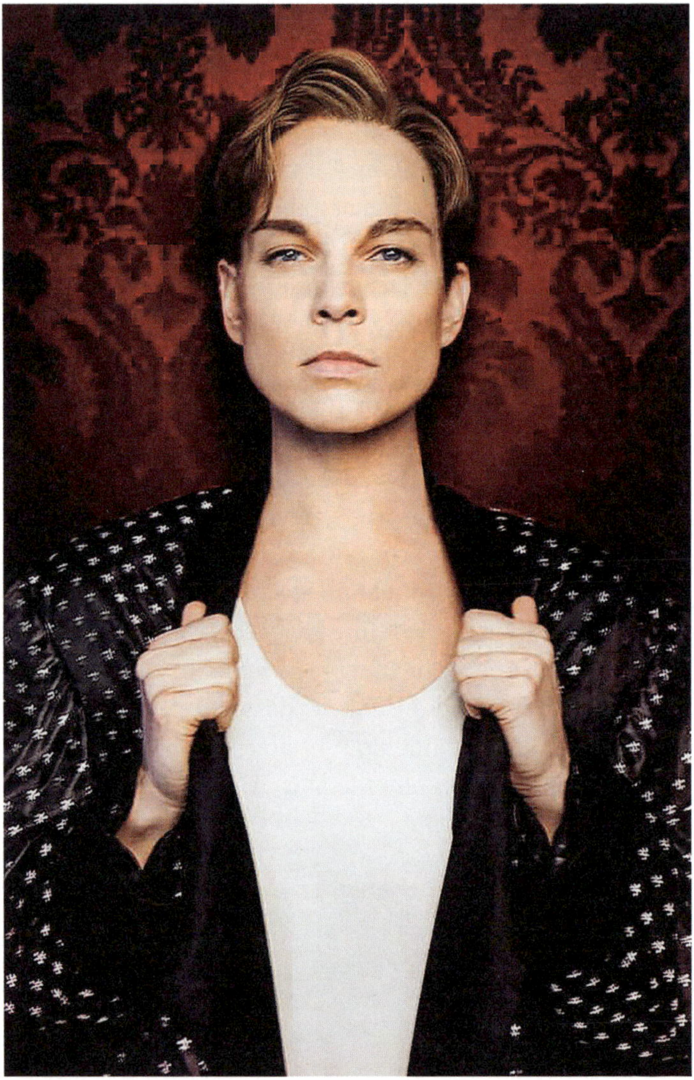

Könnte ich auch in »Titanic« mitspielen?

15
UND NOCH EIN WAGNIS

Ich war nie eine hoffnungslose Träumerin, sondern stets eine, die der Realität ins Auge sieht. Wenn man die Wahrheit erkennt, die Situation rational einordnen kann, dann laufen viele Situationen im Leben einfacher ab, und ich glaube, man schafft auch eine erfolgreiche Berufslaufbahn. In der Opernwelt dauert eine sehr erfolgreiche Karriere 25 bis 30 Jahre. Alles darüber hinaus sind absolute Ausnahmeerscheinungen. Meine Hoffnung ist es, noch viele Glücksmomente zu erleben. Ich habe stets gesagt, dass ich bis 52 singen werde. In diesem Alter würde ich dann mein dreißigjähriges Bühnenjubiläum schaffen – das wäre eine wirklich sehr lange Sängerkarriere. Doch die Zeit läuft schnell …

Erst jetzt merke ich, dass ich so richtig in Schwung gekommen bin, obwohl ich je nach Betrachtungsweise schon oder erst 42 Jahre alt bin, liegen die besten Partien für mich und meine Stimme noch vor mir.

Die Glücksmomente, die ich auf der Bühne suche, finde ich nicht immer nur zwingend im Applaus, sondern wenn ich spüre, dass ich das Publikum mit meiner Stimme und dem, was ich ausdrücken will, berühren kann. Dieser Moment, wo sich das Publikum von mir mitnehmen und verführen lässt, ist ein unglaublich intensiver Adrenalin-Schub. In diesem fast elektrisierenden Augenblick entwickle ich auf der Bühne eine unendliche Energie, die ich zurückgeben will.

Vergleichbar mit einem Fluss, der den Berg hinabfließt und immer größer und breiter wird.

Nur wenn ich meine Auftritte nicht als Routine erlebe, sondern für jeden Auftritt mein Bestes geben will, weil ich die Lust verspüre, auf die Bühne zu gehen, springt der Funke über, entsteht eine Symbiose mit dem Publikum. Vielleicht ist das mit ein Grund, dass ich nach der Santuzza, der Eboli, der Dalila und meiner Traumrolle der Amneris auch noch in die Rolle einer der komplexesten Frauenpartien der Opernwelt schlüpfen will. Seit rund zwei Jahren habe ich den Klavierauszug der Kundry aus Richard Wagners »Parsifal« zum Einstudieren aufgeschlagen. Es war Wiens designierter neuer Operndirektor Bogdan Roščić (er übernimmt die Leitung ab 2020), der mir das Rollendebüt für 2021 anbot. Mit ihm verbinden mich unvergessliche Erinnerungen. Denn er war es, der mir in Paris 2005 meinen ersten Vertrag beim Platten-Label *Deutsche Grammophon* anbot. Heute noch wird mir erzählt, dass ich in diesem Moment vor Glück geweint haben soll. An die Tränen kann ich mich zwar nicht mehr erinnern, aber eines war damals schon spürbar: Bogdan Roščić hat eine Vision, er ist ein Macher – das hat er mit seinen Erfolgen bei der *Deutschen Grammophon* ebenso wie bei Sony mehrfach unter Beweis gestellt. Auch das Wiener Opernpublikum wird er mit Neuem verblüffen. Eine der Überraschungen soll offenbar auch mein Rollendebüt in der Partie der vielschichtigen Kundry sein.

Richard Wagners letztes Opernwerk »Parsifal«, das er 1882 in Palermo vollendete und das einige Monate später im Bayreuther Festspielhaus uraufgeführt wurde, ist sinnlich, symbolisch und eigenartig spirituell. Kurz gesagt, der

»Parsifal« ist einfach extrem – und so ist auch die Rolle der Kundry. Manchmal habe ich das Gefühl, Wagners letzte Oper, die er selbst »Bühnenweihfestspiel« nannte, ist die Summe all seiner Kreativität. So etwas kann man nur am Ende seines Schaffens kreieren, das braucht die Erfahrung eines gelebten Lebens. Denn bei »Parsifal« stehen die Tonarten für Galaxien. Auch deswegen lasse ich mir noch Zeit mit dem Rollendebüt der Kundry, denn der Wagner-Gesang ist etwas ganz Besonderes – zudem hat das italienische Repertoire eine etwas andere Stimmführung.

Doch warum ist die Rolle der Kundry derart komplex? Im »Parsifal« begegnet man dem leidenden Gralskönig Amfortas, der einst auszog, um seinem Gegenspieler Klingsor das Handwerk zu legen. Dieser Klingsor, selbst einst ein Gralsritter, hat aus Angst, das strenge Keuschheitsgelübde nicht einhalten zu können, sich selbst entmannt und war deswegen aus der Gralsgemeinschaft ausgeschlossen worden. Aus Rache errichtet er ein Zauberreich, in dem »teuflisch holde Frauen« die Ritter verführen sollen. Als nun Amfortas Klingsor besiegen wollte, wurde er selbst von Kundry verführt. Er verlor den Heiligen Speer, mit dem Klingsor ihm eine nicht zu heilende Wunde schlug. Nicht zu heilend? Doch, allerdings nur mithilfe eines reinen Tors, der »durch Mitleid wissend« werden würde. Dieser reine Tor ist nun Parsifal, der unwissend und unbedarft zu den Gralsrittern stößt, das Leiden Amfortas' erlebt, aber zunächst nicht begreift. Verständnis für die seelische und körperliche Wunde des Gralskönigs erlangt er erst nach langen Umwegen und dem Zusammentreffen mit Kundry bei Klingsor, die ihn zu verführen versucht. Doch sie versagt, und so kann auch Klingsor Parsifal mit dem Heiligen Speer nicht treffen.

Klingsors Reich wird durch Parsifal zerstört und Kundry erlöst. Gereift erreicht Parsifal schließlich die Gralsburg, heilt mit dem Heiligen Speer Amfortas und wird neuer Gralskönig.

Waren »Heilige« und »Hure« in Wagners »Tannhäuser« noch säuberlich in Elisabeth und Venus geschieden, so wurde der Fall im »Parsifal« komplizierter: Kundry trägt beides in sich. Sie ist ein Zwitterwesen. Verflucht ist Kundry, weil sie, als sie Christus am Kreuz sterben sah, lachte. Erlösung findet sie nur, wenn ein Mann ihr widersteht. Also dient sie als Verführerin bei Klingsor, dem »gefallenen Engel«, und als Büßerin bei den Gralsrittern. Die Verwandlung der sirenenhaft werbenden »heiligen Hure« in eine entfesselte Hasspredigerin verlangt einem die ganze Skala der Gefühle ab, von mütterlicher Wärme über sinnliches Begehren bis zum Lachen, Schreien, Toben, Wüten und Rasen. Auch musikalisch ist Kundrys Partie unkonventionell. Im ersten Akt, wo Kundry noch eine Verfluchte ist, dominieren die tiefen Töne. Einer der zentralen Momente des zweiten Aktes ist Kundrys Lachen, als sie Parsifal erzählt, wie sie den am Kreuz sterbenden Heiland verlachte und daraufhin mit dem Fluch belegt wurde, der sie seitdem »endlos durch das Dasein quält«. Nicht weniger ungewöhnlich ist danach ihr Schweigen im dritten Akt – in der Operngeschichte eine singuläre Erscheinung. Regelrecht gefürchtet hingegen sind die letzten zehn bis fünfzehn Minuten – diese phänomenalen Höhen ohne Blessuren zu bestehen ist für viele Sänger eine Herausforderung. An diesem Part scheitert sogar so mancher Sopran.

Aus meiner Sicht jedoch ist es für einen Mezzosopran sogar einfacher, die hohe Lage zu singen, als die Mittellage zu halten. Das ist eine absolute Kür für die Stimme. Um den Sonor klanghaft zu halten, benötigt es unglaublich viel Konzentration und Wissen. Die Höhe hingegen geht fast von alleine, wenn man weiß, wo man einatmet und wo der Ton produziert wird. Summa summarum besitzt Wagners Werk »Parsifal« nicht umsonst die Aura des Außergewöhnlichen. Solche genuinen Partien verlangen eine immense Intensität beim Singen. Um die Leistung abrufen zu können, darf der Körper keine Schwächen haben. Bei einer Mozart-Oper kommt man physisch mit vier Stunden Schlaf durch. Aber für eine Kundry, Santuzza oder Amneris brauchst du schon eine ausgiebige Nachtruhe mit acht Stunden. Partien wie diese verlangen auch nach einer Strategie – man muss sich seine Kräfte auf der Bühne einteilen. Vom ersten Ton an mit voller Kraft alles durchzusingen ist unmöglich. Selbst die Größten der Bühne wie ein Luciano Pavarotti haben sich nur auf die großen Arien konzentriert. Die Duette, die Ensembles waren für Pavarotti oftmals Nebensache. Denn in Erinnerung bleibt man bei den Opernfans nur, wenn eben die entscheidenden Töne bei der berühmten Arie sitzen. Das Erfolgsrezept heißt: sparsam starten, um beim Höhepunkt voll da zu sein.

Damit sich die Mühen des jahrelangen Einstudierens auch lohnen, denn auch das Auswendiglernen wird von Jahr zu Jahr mühsamer, bereist man mit den dramatischen Partien quasi im Handgepäck die Opernbühnen dieser Welt. Über das mühsame Textpauken klage nicht nur ich, sondern alle meine Kollegen. Manche lernen die Texte und Noten am Laufband. Nebenbei kreuzsticken oder nähen habe ich für mich als effektivste Methode entdeckt. Sich nur in einem stillen Raum mit dem Notenbuch einzusperren funktioniert leider nicht. Wie gesagt, wer mehr als dreißig Jahre auf der Bühne steht, ist im Operngeschäft eine Ausnahmeerscheinung.

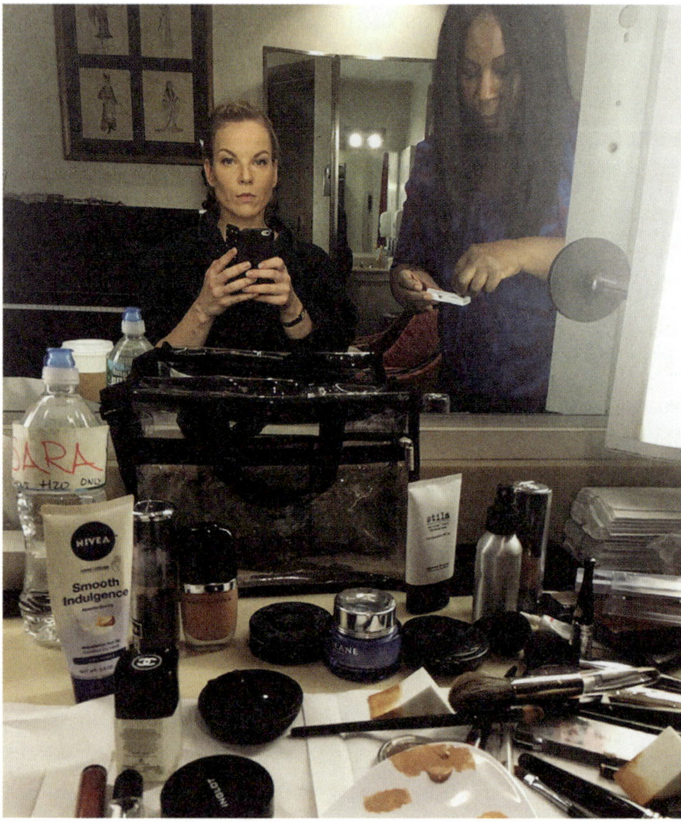

Vor dem Auftritt in der Metropolitan.

Ich wäre nicht ich, wenn ich nicht schon erste Pläne für mein Leben nach meiner Sängerkarriere auf den Weg gebracht hätte. Einer der ersten Schritte war der Kauf einer

Wohnung in Wien in unmittelbarer Nähe zum Musikkonservatorium. Meine Heimat, meine Basis, das Zuhause meiner Familie wird zurzeit auch weiterhin Lettland und Spanien bleiben. Vor einigen Jahren noch dachte ich, dass die Zukunft für mich in der Opernregie liegt. Mit der Zeit begriff ich, dass dafür wirklich einiges an Organisation notwendig ist – da gibt es die Bauproben, die Belichtungsproben. Dafür mangelt es mir einfach an Geduld. Ich bin besser beim Machen als beim Reden und Planen. Es fällt mir leichter, den Nagel selbst in die Wand zu schlagen, als zu debattieren, warum und weshalb ich den Nagel genau an dieser Stelle haben will. Ich arbeite gerne direkt mit Menschen. Als meine neue Passion habe ich das Unterrichten entdeckt. Die Lust, mein Wissen, meine Erfahrung, mein Können an Gesangsstudenten weiterzugeben, hat sich bei mir entwickelt. Nach einem Auftritt warteten oft junge Künstler auf mich, die mich um eine Gesangsstunde baten. So habe ich langsam, step by step, begonnen, meine Erfahrungen und Tricks an die jüngere Generation weiterzugeben.

Letztlich mündeten diese ersten Unterrichtsversuche in meine erste Masterclass in Mexiko. Bei dieser Session entdeckte ich, wie lohnend, aber auch frustrierend diese Arbeit sein kann. Das Geheimnis eines jeden guten Gesangslehrers ist es, dass er nicht nur vorzeigen kann, welche Technik man benötigt, damit der Ton sitzt, sondern dass er auch demonstrieren kann, wie der Ton nicht klingen darf. So wie ich knallharte Lehrer bevorzuge, die mir nicht nur Komplimente machen, agiere auch ich in meinem Unterricht. Als Gesangslehrerin bin ich nicht immer motivierend, ich teile nicht nur Nettigkeiten und Lob aus. Jedem jungen Sänger stelle ich nach dem Vorsingen dieselben Fragen: Welche

Träume hat er? Was hält er von sich selbst? Und wo verortet er seine Schwächen? Mit dieser Methode kann ich die Gesangsschüler besser kennenlernen und einschätzen. Ich bin lieber aufrichtig – da kann es durchaus sein, dass ich die Träume von so manchem angehenden Sänger zerstöre. Oder anders gesagt: Ich öffne ihm vielleicht die Augen. Aber es ist meine persönliche Meinung. Jedem steht es frei, eine andere Expertise einzuholen. So wie ich viele Gesangslehrer ausprobiert habe, aber nur zu wenigen zurückgekehrt bin. Die Wahrheit halte ich für zumutbar. Ich sehe es als meine Verantwortung, ja meine Verpflichtung, den Studenten keine falschen Hoffnungen zu machen, wenn das Stimmmaterial meiner Meinung nach für den Karrieretraum nicht reicht. Dafür braucht es zwar sehr viel Mut, denn die Enttäuschung ist bei den jungen Talenten oft groß. Doch was ist schlimmer? Eine frühe Erkenntnis, damit man noch eine Chance hat, sich beruflich neu zu orientieren – oder mit vierzig Jahren frustriert zu erkennen, dass man wertvolle Lebenszeit verloren hat? Für mich definitiv die zweite Variante.

16
DER BEWEGTE KÜNSTLER

Die Bühne und der Zuschauerraum. Der Künstler und das Publikum. Der Ruhm. Die Anerkennung und Begierde. Die ständige Beobachtung und die Sehnsucht nach einem normalen Alltag. Die Symbiose des »Gebens und Nehmens« – die vice versa notwendig ist. Dieses Zusammenspiel und die Balance zu finden ist nicht leicht. Das moderne Kulturmarketing verlangt von uns, dass wir unseren Fans die Möglichkeit der Nähe geben. Wir sollen Opernsänger zum Anfassen sein.

Aber wann ist die Liebe des Zuschauers angenehm und inspirierend, und wo liegt die feine Grenze, wenn man sich als Künstler bedrängt fühlt? Wird man als Sänger mehr »aufgeladen« und fühlt sich mehr geliebt, wenn Dutzende Fanatiker und Opernliebhaber nach der Aufführung auf ein Selfie oder Autogramm warten? Oder ist es dann wahre Liebe dem Sänger gegenüber, der den ganzen Abend für das Publikum und die Musik brennt, wenn er nach der Vorstellung in Ruhe gelassen wird? Fühlt man sich als Sänger mehr bestätigt, wenn man nach einer über vierstündigen Aufführung noch dreißig bis vierzig Minuten mit den Fans am Bühnenausgang plaudert und persönliche Geschichten einzelner Fans anhört, obwohl der Hunger immer größer und die Müdigkeit immer stärker wird? Oder ist es unhöflich, mit einer Mütze über die Nase gezogen unerkannt ganz schnell an der Masse vorbeizuhuschen und ungestört direttissima ins Restaurant zu laufen, um dort mit der Familie oder engen Freunden ein Abendessen zu genießen? Oder noch besser – einfach nach Hause zu eilen, eine heiße Dusche zu nehmen und dann ab ins Bett?

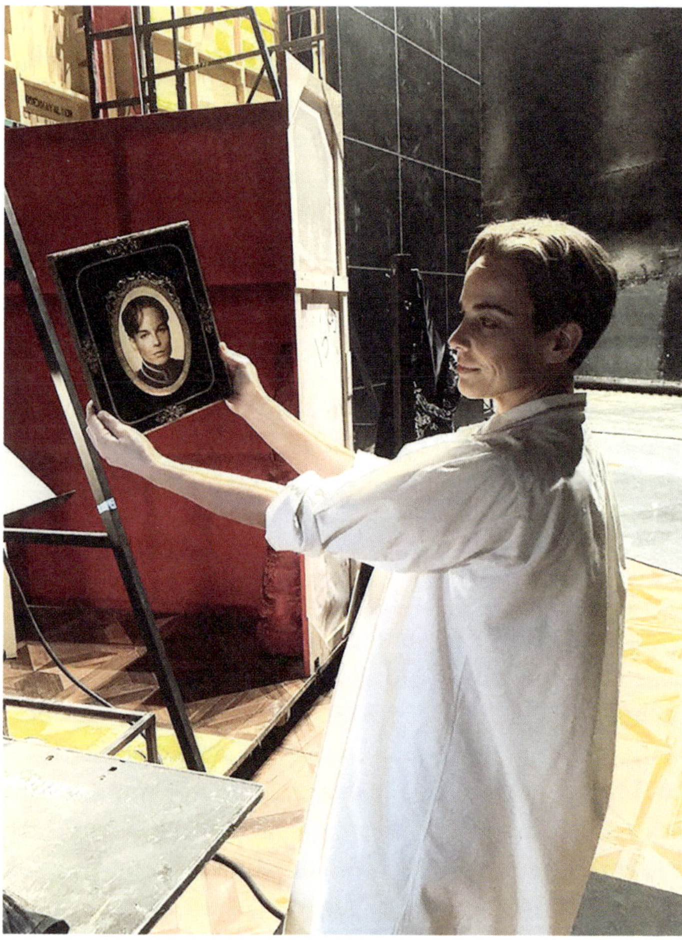

Zwei Mal backstage.

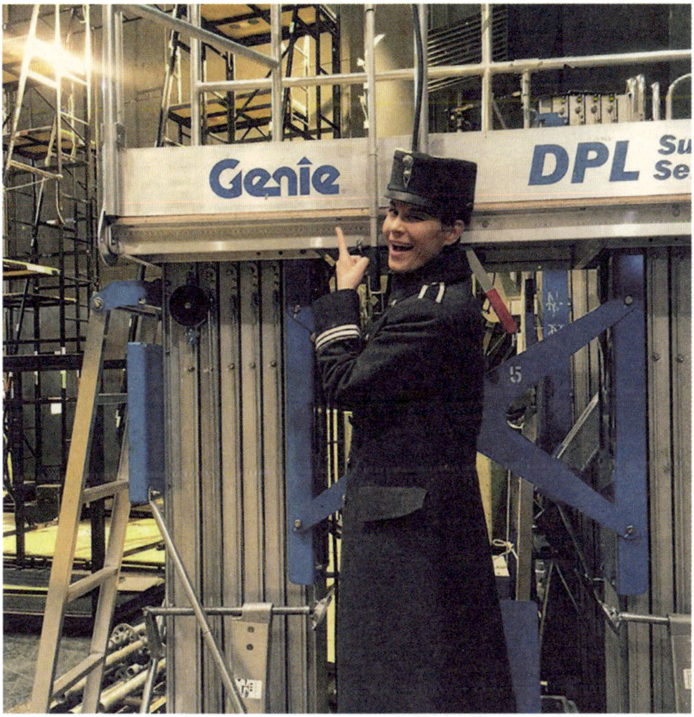

Ich glaube, wir Künstler sind oder waren immer schon alle kleine Schauspieler. Jedes Interview, jedes Gala-Diner, jede Signierstunde ist eine kleine Show, wo wir eine Person darstellen, die uns an diesem Tag gerade »taugt«, um es auf gut Wienerisch zu sagen. Manchmal der entspannte lässige Star, manchmal die zickige Diva oder manchmal der intellektuelle Sänger, der über das Regiekonzept der jeweiligen Oper oder die musikalischen Linien des Dirigenten redet. Die Frage ist aber: Funktioniert es auf Dauer, diese Rollen zu spielen, und macht es Spaß? Was wollen wir uns persönlich damit beweisen? Welche Defizite in unserem Alltagsleben wollen wir damit überspielen? Oder ist nach der Vorstellung das Adrenalin doch noch so dominant, dass wir gar nicht registrieren, dass die Show zu Ende ist? Oft habe ich noch eine Stunde nachdem der letzte Vorhang gefallen ist das Gefühl, dass ich noch immer auf der Bühne stehe.

Ich beobachte und rede viel mit meinen Kollegen, die wie ich jahrelang im Rampenlicht stehen. Irgendwie suche ich nach einer Bestätigung für meine Gefühle, die mich manchmal überwältigen. Fast jeder von uns, der dem Bühnenzauber verfallen ist, kommt irgendwann an den Punkt, an dem er sich fragt: Werde ich nun gelobt, weil ich zur Elite der besten Sänger, Musiker oder Schauspieler der Welt zähle, oder werde ich geliebt auch als der Mensch, der dahintersteht? Sind meine Freunde wirklich Freunde, weil sie mich als die Person, die im Alltag mit ihnen lebt, mögen? Oder finden sie es nur aufregend, einen Star zum Freund zu haben? Bin ich nun im Alltag, abseits der Bühne, meinem »Bühnen-Ich« mehr verpflichtet oder darf ich nun so sein, wie ich will, ohne nachdenken zu müssen? Kann ich beim Kartoffeln kaufen ein Durchschnittsmensch sein und nicht der Star? Ab welchem Punkt im Leben eines Entertainers darf man sagen, ich habe heute keine Lust oder Kraft aufzutreten? Muss ich immer wollen und können? Darf ich es überhaupt *jetzt* entscheiden, wo ich dem Engagement schon vor Jahren zugestimmt habe?

Ich rede oft mit meinen Freunden, die, wenn man es so sagen will, ein normales Leben führen – sie arbeiten von Montag bis Freitag, haben mehr oder weniger immer einen geplanten Urlaub. Was sie beispielsweise am 29. März 2022 machen werden, steht bei meinen Freunden noch in den Sternen.

Ich weiß es aber. Weil ich so viele Jahre im Vorhinein gebucht bin. Zwar gibt der gebuchte Termin mir eine Sicherheit für die »Garanča«, dass sie noch weiterarbeiten wird, aber ob die Elīna dann, an diesem Abend, gesund ist, weiß ich nicht. Hat sie überhaupt Lust? Hat sie genügend Inspiration an diesem Abend? Darf ich, wenn der Abend gekommen ist, meiner Fangruppe und den Medien sagen, tut mir leid, heute ist mir meine Familie wichtiger und ich muss zu Hause sein, weil meine Familie mich *jetzt* braucht?

Als ich vor vielen Jahren den Vertrag unterschrieben hatte, dachte ich zwar, ich werde es wollen/können/dürfen. Aber jetzt – will/kann/mag ich es doch nicht. Ist das nun eine Kapriole? Ist es eine egoistische Entscheidung? Oder eine Wahrnehmung meines Ichs im *Jetzt*? Wie viel kann und soll und darf die Elīna in mir das Leben diktieren? Wie viel meines Lebens soll die Garanča kommandieren? Es stoßen zwei Welten aufeinander – die Welt des Künstlers und jener Person, die den Künstler trägt.

Ich glaube, dass sich jeder junge Mensch, der das Singen oder jegliche Art von Entertainment als Traumjob für sich gewählt hat, eines Tages wünscht, die »neue« Maria Callas, Madonna oder der neue Rudolf Nurejew zu sein. Man träumt von Anerkennung und Begierde, man träumt von tosendem Applaus, gefüllten Konzertsälen und, wenn einer richtig zielstrebig ist, von weltweitem Ruhm. Manchmal um jeden Preis. Manchmal in sehr jungem Alter. Weil gerade in unserer Gesellschaft alles, was juvenil und frisch wirkt, als sehr attraktiv und begehrenswert empfunden wird. Zu diesem Zeitpunkt hat man keine Vorstellung davon, was das für einen persönlich und das Leben bedeutet. Sind die Paparazzi, die die Hollywoodstars jagen, eher schmeichelnd oder nervend?

Oder ist es der normale Alltag eines Superstars, der ursprünglich eigentlich nur das machen wollte, was er liebt – Singen, Tanzen, Schauspielen, Komponieren … und dann ist er aber komischerweise berühmt geworden. Wie viel von dem »berühmt machen« hängt eigentlich von dem jeweiligen Künstler ab? Die Medien hieven einen auf ein Podest. Sie haben aber auch die Macht, dich wieder von diesem Podest zu stoßen. Da heißt es dann »Der tiefe Fall von …«

Was ist heute notwendig, was gehört zu einem Sängerleben, damit man in den sozialen Medien »top« ist? Sind Instagram oder Facebook wichtiger geworden als ein ausführliches Interview in einem Kunst- oder Kulturmagazin? Wird der Sänger immer noch über sein »Geheimnis«, über seine Persönlichkeit, die er auf die Bühne bringt, über das gewisse »Etwas« oder »Charisma« bewertet und nicht an der Menge der »Likes« definiert? Jetzt übertreibe ich etwas, natürlich, aber trotzdem ist die moderne, mediale Präsenz ganz anders geworden, wie es einmal war. Wir versuchen mit Live-Kino-Übertragungen, mit lässigen Fotoproduktionen oder Crossover-Konzerten die Klassik nahbarer zu machen, aber es ist immer noch eine gesellschaftliche Minderheit, die Klassik hört.

Klar ist Instagram oder Facebook ein Instrument, um Oper und ihre Protagonisten einem breiten Publikum näherzubringen. Meine tolle und ohne Frage einzigartige Kollegin Anna Netrebko ist eine, die ihre Fangemeinde fast täglich mit zahlreichen Posts versorgt. Auch mein Management würde sich mehr Engagement von mir in den sozialen Medien wünschen. Doch ich muss gestehen: Mir fehlt die dafür nötige Disziplin und Routine. Selbst wenn es Erlebnisse gibt, die man gut auf Fotos festhalten könnte, um sie über die Social-

Media-Kanäle zu posten, denke ich in diesem Augenblick nicht daran. In meinem Team gibt es eine Social-Media-Beauftragte, die allerdings oft wegen mir verzweifelt, weil ich sehr selten Fotos liefere. Diese Art von Kommunikation liegt mir einfach nicht. Ich habe kein Gespür dafür, was eine gute Story für Instagram wäre. Ich frage mich auch immer wieder, warum sollte es jemanden interessieren, was ich gerade esse oder trinke? Oder ob ich am Tag des Abflugs mit drei statt mit zwei Koffern unterwegs bin. Gleichzeitig ist mir natürlich bewusst, dass die Fans und größtenteils auch die Medien sehr stark davon leben. Mittlerweile existieren sogar »Superstars«, die nur über ihre Präsenz auf Instagram, Facebook oder YouTube berühmt geworden sind. »Gestohlene Sextapes« von Hollywoodstars sind der große Renner im Internet. Im Vergleich dazu ist die Opernwelt noch sehr schüchtern in den sozialen Medien unterwegs.

Aber macht es einen Unterschied für meine Fans, wenn sie wissen, wie mein Schlafzimmer ausschaut oder mit welcher Pfanne ich morgens meine Spiegeleier zubereite? Im Alltag ständig im Hinterkopf zu haben, ein Foto für Instagram zu inszenieren, empfinde ich als stressig. Meine Kinder und mein Zuhause sind ohnehin für die Öffentlichkeit tabu. Meine älteste Tochter Katie entdeckt gerade das Internet. Neulich fragte sie Karel und mich, ob sie nun ein Video auf YouTube stellen darf. Was wir mit einem im Duett gesungenem oder besser gesagt gebellten »Nein« beantworteten. Da kennen Karel und ich kein Pardon. Ich kann die Sehnsucht und den Drang, ständig Bestätigung durch Likes zu brauchen, nicht nachvollziehen. Denn eine große Zahl an Followern verursacht wiederum Druck. Die Fans pausenlos zu unterhalten kann einen immensen psychischen Stress bedeuten, den man sich neben seinem eigentlichen anstrengenden Künstlerdasein aufhalst. Das ständige Bemühen, anderen zu gefallen, kann einen Künstler extrem auszehren. Lässt man ohne Einschränkung das Eindringen in alle Bereiche seiner Privatsphäre zu, wird es zunehmend schwerer, die Kontrolle über das eigene Leben zu bewahren. Bevor die sozialen Medien erfunden wurden, wäre kein Künstler auf die Idee gekommen, Fans zu jeder Tag- und Nachtzeit in sein Wohnzimmer zu lassen.

Mein Weg ist vielleicht noch ein sehr klassischer – manche würden ihn vielleicht auch als altmodisch bezeichnen. Ich finde, dass ich eher ein Redner und Erzähler bin. Ich kann mich als Person besser darstellen, wenn ich entweder auf der Bühne stehe oder wie jetzt, mit einem Buch, meine Gedanken enthülle. Und das Beste daran ist, morgen kann es sein, dass ich mich anders fühle und anders ausdrücken will. Gott sei Dank singe ich live, ohne Playback, so kann ich am Abend in meiner Partie oder meinem Konzertprogramm die Gefühle ausleben, die mich an diesem Tag gerade beschäftigen. So wird jeder Abend in einer anderen Form lebendig. Vielleicht ist es eine Unsicherheit oder auch eine Vielseitigkeit, ich passe mich der Situation leicht an, bin immer auf einer Suche und habe Angst, »eingekastelt« zu werden.

Alles, was im Internet einmal aufgetaucht ist, bleibt dort für immer präsent. Ich wünschte, ich könnte beispielsweise mehrere YouTube-Links vernichten, weil sie mich an gewisse stimmlich weniger erfreuliche Abende emotional und musikalisch erinnern. Auch manche Interviews würde ich gerne löschen, weil mich der Journalist mit seinen Fragen verletzt oder irritiert hat und damit etwas »Besonderes« kreieren wollte. Oder ich wusste die Antwort noch nicht und habe mich naiv gestellt. Oder es war damals eine andere Vision in meinem Kopf, die sich mit der Zeit verändert hat, weil ich selber erwachsener, erfahrener, offener und freier im Kopf und im Geist geworden bin. Das Internet vergisst nicht.

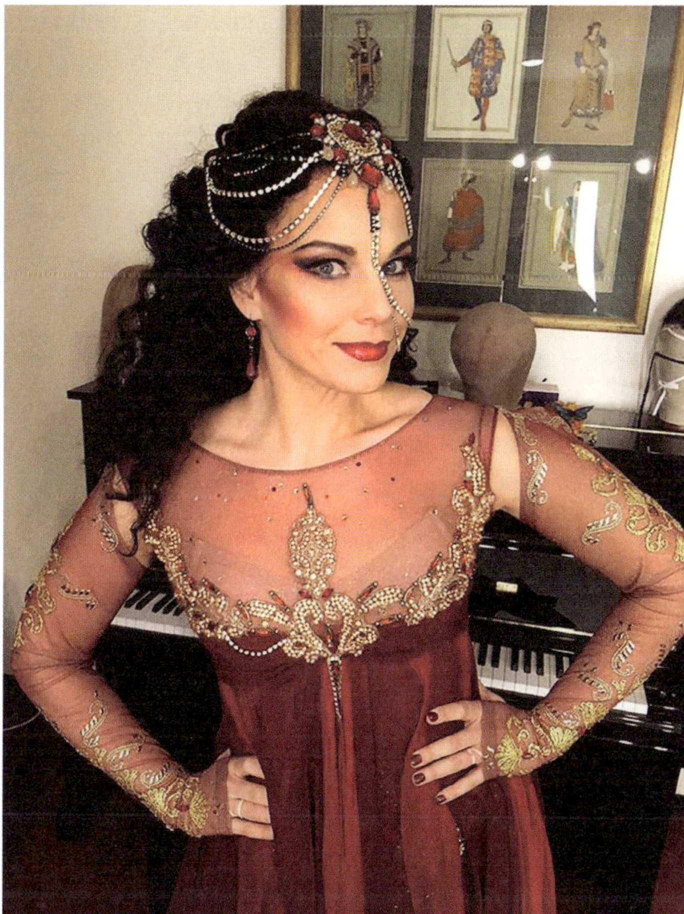

Backstage bei der Fünfzigjahrfeier der Met.

Wahrscheinlich werde ich ein Leben lang damit konfrontiert sein, oder es wird über mich ein »Urteil« gefällt werden, wie ich »bin«, weil ich vor zehn Jahren ein starkes Statement abgegeben habe. Deswegen bevorzuge ich eine leichte Distanz zu den sozialen Medien und versuche, mit den Leuten eher einen direkten persönlichen und lebendigen Kontakt aufzubauen – mit Gesprächen, mit einem Buch, wie jetzt, mit ausführlichen Interviews, aber letztlich mit dem, was ich auf der Bühne tue. Ich glaube, dort bin ich so, wie ich in meinem tiefsten Inneren halt bin. Mal schüchtern, mal offen, mal unsicher und mal bravourös. Ein weiterer Grund, warum ich den sozialen Medien kritisch gegenüberstehe, ist die Tatsache, dass die Häme, die Kritik und manchmal sogar die Wut gegenüber Frauen im Netz viel härter, verletzender und persönlicher ist als bei Männern. Leider richtet sich das neue Phänomen des Hasses im Netz sehr häufig gegen Frauen und Andersdenkende. Unser Styling, unsere Figur, unser Auftreten sind immer Anlass zu Kritik oder hämischen Kommentaren.

Natürlich kann ich das öffentliche Interesse an interessanten Menschen mit außergewöhnlichen Lebensgeschichten nachvollziehen. Auch ich habe mit großem Interesse die Biografien berühmter Persönlichkeiten gelesen oder Dokumentarfilme über das Leben der Stars und Sternchen angeschaut. Aber mit dem Unterschied, nicht wissen zu wollen, ob das Bad meinem ähnlich war oder welches Auto sie fuhren, sondern um zu erfahren, wie es dem Menschen dabei ging, den oft atemberaubenden Aufstieg zu verkraften. Zuletzt hat mich das Schicksal des schwedischen DJ und Musikproduzenten Avicii sehr getroffen. Er beging im Alter von 28 Jahren Suizid. Ein Talent, dessen Musik auch ich im

Fitnesscenter, bei einer Party nach dem Konzert oder im Sommerurlaub mit großer Begeisterung angehört habe. Mit verursacht hat seine Lebenskrise sein kometenhafter Aufstieg – vom unbekannten kleinen Jungen, der schüchtern zu Hause eine neue Form von Musik kreiert hat, zum Superstar, auf den dann plötzlich und unvorbereitet die ganze Welt schaut. Es ging wohl auch bei ihm darum: Wie viel bleibt von deiner Persönlichkeit übrig, wenn du permanent von Millionen verfolgt wirst und diese von dir täglich Wunder erwarten? Wenn ein Management-Team sein Ego oder sein Bankkonto füllen muss/will? Wenn dein Lebenstempo mit Privatjets und hochtourigen Autos immer schneller wird – zumindest oberflächlich gesehen »leichter« gemacht wird. Aber auch Avicii hat sehr früh bemerkt, dass das öffentliche Leben, die vielen Fans und die Aufmerksamkeit wenig Zeit und Raum für sein eigenes »Ich« und dessen, nämlich seine eigenen, Bedürfnisse lassen. Aviciis Worte in seinem Abschiedsbrief haben mich sehr berührt: »Ich liebe Musik und Musik zu machen, nur das Drumherum war mir zu viel.« Ich glaube, nicht grundlos wird in der Künstlerbranche viel getrunken, werden Drogen konsumiert, viele künstliche Stimmungsaufheller geschluckt.

Noch schwieriger haben es die Schauspieler, da deren Karriere von ihrem Typ bestimmt wird. Wie geht man damit um, wenn man ein Leben lang die gleichen oder ähnlichen Partien angeboten bekommt? Irgendwann schlüpft er nicht mehr in die Rollen, sondern wird zu dieser. Ob Klaus Kinskis berühmte Exzesse nur an seiner »Verrücktheit« lagen?

Es gibt natürlich auch die, die es benötigen, die süchtig sind nach Aufmerksamkeit. Ich kann das auch selber bestätigen, dass es sehr verlockend sein kann. Manche Abende bescheren einem Künstler einen Adrenalin-Schub, der sich wie ein Höhenflug nach der Vorstellung anfühlt. Es sind diese seltenen Abende, wo alles klappt – die Stimme läuft wie gewünscht, der Partner antwortet und kooperiert, der Dirigent hängt an deinen Lippen und trägt dich auf seinen Händen durch den Abend, das Publikum atmet, lacht und weint mit dir! An solchen Abenden fühlt man sich wie ein Komet, der hell strahlt und überall Licht streut! Man fühlt sich wie ein Eroberer, der gerade den siebten Kontinent entdeckt hat. Diese unglaubliche Energie muss sich nach einer Vorstellung entladen oder abgearbeitet werden. Jeder tut es auf seine eigene Art. Es kann ja sein, dass der permanente Hype um deine Person gut fürs Ego ist. Aber ist es auf Dauer zu bewältigen? Wie stark ist dann die Einsamkeit, wenn am Ende des langen Abends alle nach Hause gehen und der Künstler in einer fremden Stadt ist, allein um vier Uhr morgens im Hotelzimmer sitzt und mit keinem, der ihm wirklich wichtig in seinem Leben ist, telefonieren kann, weil alle schlafen, da bei ihnen der Tag morgen wieder normal laufen wird?

Letztlich glaube ich, dass wir Künstler aufgrund des Persönlichkeitstypus in zwei Kategorien eingeteilt werden können – der extrovertierte und der introvertierte Künstler. Beide lieben aber ihren Beruf. Ein Kreis, der sich nie schließt … Fehlt dem einen die Aufmerksamkeit, leidet er. Wird dem anderen die Aufmerksamkeit zu viel, leider er ebenso.

Das Sängerleben ist eine ganz spezielle Sache und stellt uns vor viele Herausforderungen abseits der Bühne. Vor allem wir Frauen sind von vielen körperlichen Umstellungen beeinflusst. Die ewigen Reisen, die zahlreichen Zeitumstellungen verursachen einen permanenten Jetlag, der nicht selten unseren Hormonhaushalt auf den Kopf stellt. Die Schwangerschaft stellt für eine Sängerin immer ein gewisses Risiko dar. Dann gibt es natürlich noch den normalen Zyklus einer Frau, der einen enormen Einfluss auf die Elastizität der Stimmbänder hat. Am Ende der Sängerkarriere einer Frau kommt dann noch die Menopause. Das alles sind in der Opernwelt nach wie vor Tabuthemen, die an gewissen Tagen die Stimmqualität einer Sängerin beeinflussen.

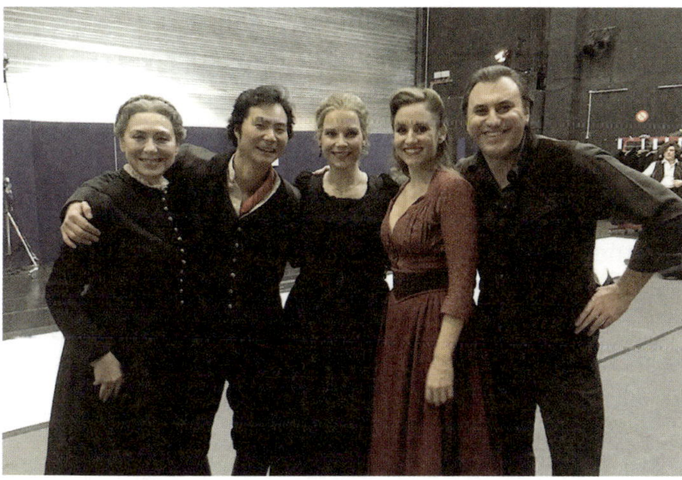

Mit dem Team des »Cavalleria Rusticana« in Paris.

Eine Art Geiselhaft ist das berühmte prämenstruelle Syndrom, kurz auch PMS genannt. Kurz bevor frau ihre Menstruation bekommt, leidet sie an den Auswirkungen von PMS. Welche Frau kennt das nicht – das äußert sich in Rückenschmerzen, Kopf- oder Unterleibsschmerzen, Spannungsgefühlen in der Brust, einer niedrigen Schmerzgrenze, Gereiztheit und Wassereinlagerungen im Körper. Bis heute kenne ich keine Sängerin, die je darüber offen gesprochen hat, obwohl wir alle – mal mehr, mal weniger – darunter leiden.

Offenbar ist es unvorstellbar, dass eine Solistin wegen PMS indisponiert sein könnte. Eine Aufführung abzusagen wegen PMS? Dazu fehlt uns einfach der Mut. Beobachtungen wie diese sind aber keine Einbildung. Auch renommierte Hormonspezialisten wie der Wiener Gynäkologe Johannes Huber bestätigen, dass PMS die Stimme beeinflusst: »Im zweiten Teil des Monatszyklus wird das Progesteron-Hormon abgebaut. Aus diesem Mangel resultiert ein sogenanntes Stimmbandödem. Diese Wasseransammlung in den Stimmbändern verhindert, dass Sängerinnen die ganze Bandbreite ihrer Stimmkapazität ausnützen können«, erklärt er. Die Stimmbänder sind nicht mehr so elastisch, der Schleim wird dicker, und die Stimme ist weniger flexibel. Vor allem die hohen Töne sind in dieser Zyklusphase, so Huber, ein Problem für die Sängerinnen. Es ist, als müsste man einen Marathon mit angeschwollenen Füßen oder ein paar Litern Wasser, die man sich noch extra umgeschnallt hat, laufen.

Diese Hormonschwankungen sind ein Teil der weiblichen Natur, jede Sängerin hat sich daran gewöhnen müssen, dass sie an bestimmten Tagen im Monat stimmlich eine Extraleistung bringen muss, um ihr Niveau zu halten. Ich behaupte, mehr als eine Sängerin würde sich freuen, allein deswegen ein Mann zu sein. Am Ende unserer Karriere wartet dann die Menopause auf uns – in dieser Phase kämpfen Sängerinnen mit dem umgekehrten Phänomen. Keine Wasseransammlungen auf den Stimmbändern erschweren uns das Leben, sondern die Stimmbänder werden trocken, weil nach der Menopause sowohl das Östrogen als auch das Östriol – das Hormon für eine vitale Schleimhaut im Körper der

Frau – zur Mangelware wird. »Die Stimmbänder sind dann nicht mehr so elastisch, was wiederum die Stimmqualität reduziert«, erklärt Universitätsprofessor Johannes Huber. »Durch Lutschbonbons, die mit Östrogen angereichert sind, kann man dieses Problem mittlerweile aber in den Griff bekommen«, so Huber.

Zum Glück sind wir Frauen von der Natur etwas stärker ausgestattet, was die Schmerzempfindlichkeit angeht – aber auch wir haben unser Limit.

Wir Frauen witzeln gerne darüber, wie es wäre, wenn Männer die Kinder auf die Welt bringen müssten. Viele meinen ironisch, die Menschheit wäre wahrscheinlich schon längst ausgestorben. Eine andere Version, über die wir gerne lachen, lautet so: Wahrscheinlich würden sich die Männer die ersten drei und die letzten drei Monate der Schwangerschaft in einen künstlichen Schlaf versetzen lassen. Die Geburt des Kindes würde der Mann dann im künstlichen Tiefschlaf – quasi unbemerkt – erleben, und im Alter von drei Jahren, wenn der Nachwuchs schon selbstständig ist, lässt sich das »starke« Geschlecht aus dem künstlichen Schlaf aufwecken. Nein, das sind keine bösartigen Männerwitze. Tatsächlich spielen auch hier die weiblichen Hormone eine Rolle. Sie verleihen der Frau eine unglaubliche Gelassenheit vor der Geburt. Das Progesteron ist ein enormes Beruhigungshormon, das der Frau die nötige Ruhe für die Schwangerschaft gibt. Eine entscheidende Rolle spielt auch das Oxytocin, das gerne als »Kuschelhormon« bezeichnet wird. Warum? Es wirkt wie ein emotionales Kittmittel zwischen der werdenden Mutter und ihrem Baby, das in ihrem Körper heranwächst. »Es ist dafür verantwortlich, dass die emotionale Bindung zum Baby derart stark heranwächst, dass die Schwangere die Kraft bekommt, die Geburt zu meistern, ohne die Nerven zu verlieren«, so Huber. Dieses Hormon führt gegen Ende der Schwangerschaft auch zur Auslösung der Wehen. Nach der Geburt steuert dieses Hormon wieder die Psychologie der jungen Mutter und die Mutter-Kind-Beziehung.

Wenn die Familienplanung abgeschlossen oder zumindest im Finale liegt, stehen wir vor der nächsten mentalen Hürde. Es ist der Vierziger. Eine Zahl, mit der man sich als Frau erst einmal »anfreunden« muss. Eines ist an diesem Zeitpunkt gewiss: Steht der Vierer einmal vor deinem Alter, dann ist der Fünfer nicht mehr weit. Wenn ich über mein Alter nachdenke, taucht in meinen Erinnerungen oft meine Mutter auf. Sie feierte ihren fünfzigsten Geburtstag auf der Bühne. Nach der Vorstellung wurde sie mit Blumen überhäuft. Alle, der Operndirektor, die Kollegen, ihre Freunde kamen, um sie auf der Bühne mit einem Rosenmeer zu feiern. Als wir in unsere kleine Wohnung in Riga zurückkehrten, wirkte sie wie ein beladener Jubilar. Als ich vierzig wurde, wusste ich, nun bewege ich mich auch auf diesen Moment zu. Wenn man auf die fünfzig zusteuert, beginnt sich frau ganz unbewusst auch für Anti-Aging-Methoden aller Art zu interessieren. Die ersten Fältchen tauchen auf, häufig sind die Augenringe länger im Konterfei präsent, als es einem recht ist. Die Sünden der Jugend, wie ein zu langes Sonnenbad, zu wenig Schlaf, beginnen sich zu rächen. Wenn ich meine Fotos betrachte, als ich zum Beispiel Anna Bolena sang, denke ich mir: Mein Gott, wie sehe ich da attraktiv aus. Die Haut ist noch so wahnsinnig glatt und prall. Vielleicht weil ich damals gerade mit Katie schwanger war. Da reifen der Ehrgeiz und der Wunsch, dieser jugendlichen Frische zu einem

Revival zu verhelfen. Bei der täglichen Kosmetik greife ich nur zu natürlichen Produkten, die nach der Traditionellen Chinesischen Medizin hergestellt werden. Doch ich würde lügen, wenn ich nicht schon mehr als einmal darüber nachgedacht hätte, mit sanften Methoden mehr Glanz in mein Gesicht zu zaubern. Damit meine ich nicht unbedingt Botox – mir Schlangengift ins Gesicht injizieren zu lassen würde mich beunruhigen. Vielmehr denke ich an Hyaluron, das ein Bestandteil des Bindegewebes ist, um den schleichenden Volumenverlust auszugleichen, oder auch andere Methoden wie Needling, das ursprünglich die Chinesen vor vielen Jahrhunderten entwickelt haben und von der Ästhetischen Medizin weiterentwickelt wurde. Warum denn auch nicht? Mein Konterfei ist auch eine Art Visitenkarte von mir, und mit diesem stehe ich seit zwei Jahrzehnten auf der Bühne. Ich war stets eine, die sehr genau die Karrierestationen ihrer Vorbilder und ihrer »Konkurrentinnen« beobachtet hat. Dass nun neue, jüngere Kolleginnen nachrücken, ist der Lauf der Zeit und fair. Die junge Generation benötigt Rollen, wo sie sich beweisen, gegeneinander messen können, um den Durchbruch zu schaffen. Partien wie die Charlotte oder der Cherubino sind prädestiniert dafür. Auch deswegen mache ich Platz und widme mich neuen, dramatischen Rollen, denke an neue Optionen für mein Künstlerleben nach …

Ja, von Zeit zu Zeit ist man als Künstler gespalten, ob alle Nebengeräusche, die der Erfolg mit sich bringt, unbedingt sein müssen, ob ich überall mit einem Lächeln mitspielen muss. Aber letztendlich liebe ich meinen Job, bin dankbar für mein Talent und nehme diese Nebenverpflichtungen auch gerne in Kauf, weil wir durch den Erfolg auch viel positive Energie zurückbekommen.

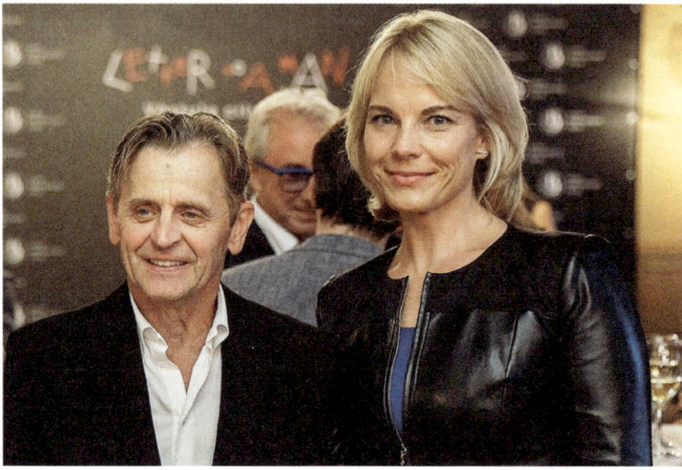

Mit dem Ballet-Tänzer Mikhail Baryshnikov, der wie ich in Lettland geboren wurde.

17
DAS BALTIKUM: EINE »KLINGENDE REGION«

Viele Jahre war ich nicht zu Hause, war eine Rastlose, die zwischen den Opernhäusern in Wien, Berlin, München, Paris, London und New York pendelte. Jetzt, da mein Vater älter wird und ich Mutter von zwei Kindern bin, wächst in mir die Sehnsucht, Lettland wieder mehr in mein Lebenszentrum zu rücken. Meine Kinder sollen meine Wurzeln kennenlernen, den Stolz der Letten, ihren zurückhaltenden Charakter, ihre Liebe für Lieder und ihre bodenständige, bäuerliche Mentalität. Die drei baltischen Staaten Lettland, Litauen und Estland waren immer etwas Besonderes, und sie haben viele Gemeinsamkeiten. Zum Glück ging ihre einzigartige Identität in der Sowjetzeit nicht verloren – vielleicht war es die besondere geografische Lage, die das Baltikum vor diesem Verlust bewahrte. Ich bin auf eine lettische Schule gegangen, habe trotzdem Russisch gelernt; diese Parallelität der Sprachen und der Kulturen erinnert mich an das zweisprachige Kanada. Viele, die zum ersten Mal nach Lettland kommen, sind überrascht, wie mitteleuropäisch es ist. Das beginnt schon bei der Religion – die evangelische und katholische Kirche sind in Lettland viel stärker verankert als die orthodoxe. Ähnlich wie in Österreich, wo die Volksmusik und die Musikkapellen aus den ländlichen Regionen nicht wegzudenken sind, singen die Letten immer, überall und ohne bestimmten Grund. Einen wichtigen Platz in ihrem Herzen nehmen die traditionellen lettischen Volkslieder, die Dainas, ein.

Dainas können allein oder im Chor gesungen werden; rund eine Million Lieder sind bekannt, und es gibt kein wichtiges Thema, über das in den Dainas nicht gesungen wird. Für jede Gelegenheit oder Stimmung gibt es eine Daina; selbst Politiker scheuen sich nicht, eine berühmte Daina vorzutragen, wenn es der Anlass erfordert.

Aber die Geschichte des Baltikums und insbesondere jene von Lettland ist nicht nur von Liedern geprägt. Blenden wir zurück in die graue Vorzeit. Die Sprachen, die heute im Baltikum gesprochen werden, gehören zu zwei völlig getrennten Sprachfamilien: Lettisch und Litauisch sind originäre indogermanische Sprachen, Estnisch gehört zur finnougrischen Sprachfamilie, ist also mit dem Finnischen und Ungarischen verwandt. Ein Este hat dennoch Mühe, Ungarisch oder Finnisch zu verstehen. Russisch ist durch die lange Zugehörigkeit zur UdSSR heute noch immer »Lingua franca« in den baltischen Staaten – allerdings ist Englisch längst die Sprache der Jungen.

Das Baltikum war schon immer eine Region der Gegensätze; die Nähe zu Russland, aber auch zu Deutschland oder Schweden hat dazu geführt, dass um Lettland ebenso heftig gekämpft wurde wie um Estland oder Litauen: Alle paar Jahrhunderte wechselten die Machthaber. Das Baltikum ist ein fruchtbarer Landstrich; in der hügeligen Region ohne Gebirge dominiert die Agrarwirtschaft. Aber die Balten waren immer schon mehr als nur Bauern. Die Handelsstraßen von Nord nach Süd, die sogenannte Bernsteinstraße, und von West nach Ost, mit den Stützpunkten der Hanse, kreuzten sich auf dem Boden des Baltikums. Und wer in Riga oder Tallinn, dem früheren Reval, das Sagen hatte, konnte auf eine europäische Schlüsselposition verweisen. Und so ist die Geschichte von Riga auch mit den Kreuzzügen und insbesondere mit dem Deutschen Ritterorden verbunden.

Die Gründung von Riga im Jahre 1201 war ein »strategischer Schachzug«. Bremen und Lübeck, die eine führende Rolle in der Hanse spielten, suchten nach einem »deutschen Brückenkopf« gegen die livländischen Bauern – das historische Livland umfasste das Gebiet der heutigen Staaten Estland und Lettland. Und so verlieh der Bischof von Livland, der Bremer Ratsherr Albert von Bexhovede, Riga das Stadtrecht. Wenige Jahrzehnte später wurde Riga Mitglied der Hanse, und der Plan schien aufzugehen. Die Hanse handelte mit Fellen und Fischen, mit Stoffen und Gewürzen, Waffen und Südfrüchten. Ein loser Städteverbund sicherte bereits im Mittelalter einen ersten gesamteuropäischen Warenaustausch und bescherte so auch Riga und Tallinn wirtschaftlichen Aufschwung.

Mit dem Siegeszug der Hanse begann sich auch der Deutsche Ritterorden für das Baltikum zu interessieren. Gegründet wurde der Ritterorden im Jahre 1190 durch Kaufleute aus Bremen und Lübeck im Zuge des dritten Kreuzzugs während der Belagerung von Akkon. Als karitative Vereinigung konzipiert, die sich insbesondere der Krankenpflege widmete, begann sich der Orden schon nach wenigen Jahren auf Missionierungsprojekte zu konzentrieren, in Siebenbürgen ebenso wie im Baltikum. Im vierzehnten und fünfzehnten Jahrhundert kam es zur Bildung des Deutschordensstaates, der seine Unabhängigkeit bis zur Reformation behaupten konnte und auf dem Höhepunkt seiner Entwicklung ein Gebiet von 200 000 Quadratkilometer umfasste. Mit dem Ende des »heiligen Experiments« – der christlichen Missionierung und deutschen Ostexpansion – kam Livland unter den Einfluss von Polen, das sich zur Großmacht entwickelt hatte.

Parallel zu den Versuchen, das Baltikum als »deutschen Brückenkopf« im Osten zu etablieren, gab es entgegengesetzte Strömungen und Entwicklungen. Estland wurde seit dem dreizehnten Jahrhundert von Dänemark aus missioniert; Dänemark und der Deutsche Ritterorden stritten sich in der Folge um das Gebiet, bis es sich 1561 freiwillig unter schwedische Oberhoheit begab. Ganz anders die Situation in Litauen; hier hießen die Gegner Polen und Russland. Nach dem Mongoleneinfall war Russland so geschwächt, dass sich Polen mit Litauen vereinigte und zu einer zentralen Großmacht avancierte. Der Aufstieg von Litauen/Großpolen zur europäischen Großmacht ging mit dem Aufstieg von Vilnius einher, das 1235 gegründet worden war.

Turbulent und kriegerisch verlief die Geschichte des Baltikums auch in der Neuzeit; der katholische »Modell-Staat« des Deutschen Ritterordens wandelte sich zum lutherischen Herzogtum, die deutsche Oberschicht verlor an Einfluss, der heimische Landadel gewann an Boden. Livland unterwarf sich freiwillig dem vereinigten Litauen/Großpolen. Schweden forcierte seine Expansionspolitik, die römisch-katholische Kirche begann mit der »Remissionierung«: Der Dreißigjährige Krieg verwüstete Europa und erreichte auch die baltischen Staaten. 1621 eroberten die Schweden Livland; in der Folge kam es zu grundlegenden sozialen Veränderungen: Der deutsche Adel wurde weitgehend entmachtet, die livländischen Bauern aufgewertet.

Hundert Jahre später kam es zu einem neuerlichen Herrschaftswechsel: Nach dem Großen Nordischen Krieg wurde Livland 1721 Russland zugesprochen. Im riesigen russischen

Imperium lagen die baltischen Staaten an der Peripherie. In den Städten wurde um alte Privilegien gerungen, die Oberschicht sprach Deutsch, die Fronten verliefen entlang der konfessionellen Trennlinien. Es dauerte Jahrzehnte, bis die neuen Herren in Moskau in die Verwaltungsstrukturen eingriffen: Katharina die Große wollte sich neben Friedrich II. von Preußen als Aufklärerin beweisen und begann mit der Aufhebung der Leibeigenschaft. Im Großen und Ganzen konnten sich die baltischen Staaten aber auch unter russischer Herrschaft ihre Autonomie weitgehend bewahren. 1795, bei der zweiten Teilung Polens, geriet dann auch Litauen unter die Herrschaftsgewalt von Russland.

Nach den Napoleonischen Kriegen begann sich Russland mehr um seine Peripherie zu kümmern. Die deutschsprachige Oberschicht entdeckte Lettisch, Estnisch und Litauisch als Ausdruck einer neu geförderten Identität. Damals begann man auch das während der Arbeit und bei Festen gepflegte Liedgut aufzuzeichnen, Kulturvereine wurden gegründet, und in der Zeit des Vormärz entstand eine baltische Gegenbewegung, die die politischen Entwicklungen des zwanzigsten Jahrhunderts vorbereitete.

Um sich ein lebendiges Bild vom Baltikum Mitte des neunzehnten Jahrhunderts zu machen, braucht man sich nur den einjährigen Aufenthalt von Richard Wagner in Riga vor Augen zu führen. 1837 kam er als Dirigent von Königsberg nach Riga; er kam in ein deutsches Theater und erhoffte sich auch ein entsprechendes Repertoire. Doch zu seiner großen Überraschung spielte man Bellini und Meyerbeer, Spontini und Auber. Sechs Jahre nach der Uraufführung der »Norma« in Italien musste der 24-jährige Kapellmeister die keltische Tragödie nun in Riga einstudieren. Die Oper von Riga setzte also ganz auf aktuelle Kompositionen – man war weltoffen und trotz der deutschsprachigen Oberschicht alles andere als »deutsch-hörig«. Richard Wagner fand Riga dennoch zu provinziell. Von Russland dürfte er nicht viel bemerkt haben, nur der russische Kalender verwies auf eine andere politische Region; und als er den Freund seines Stubenmädchens des Diebstahls verdächtigte, wurde dieser ohne Prozess nach Sibirien deportiert. Wagner hat daraufhin nie wieder eine Anzeige erstattet. Was Richard Wagner an positiven Eindrücken mitnahm, waren vor allem die tiefe Platzierung des Orchesters, die Dunkelheit im Zuschauerraum und die arenaartige Anordnung der Sitzreihen. Das Urmodell von Bayreuth entstand demnach bereits 1837 in Riga im Kopf von Richard Wagner.

Gegen Ende des neunzehnten Jahrhunderts verstärkten sich die Bemühungen um eine nationale Identität in Lettland, Estland und Litauen. Eine wichtige Funktion kam dabei auch der Volksmusik zu, große Chorfeste mit Tausenden Teilnehmern in Trachten wurden inszeniert. Zur Unabhängigkeit der drei baltischen Staaten kam es jedoch erst mit dem Ende des Ersten Weltkriegs; 1920 waren alle drei Staaten international anerkannt. Die goldenen Jahre der Freiheit dauerten jedoch nur ein Jahrzehnt. Es folgten die Weltwirtschaftskrise, die Flucht in autoritäre Systeme und der Zweite Weltkrieg; für das Baltikum erwies sich insbesondere der Hitler-Stalin-Pakt als fatal. Lettland, Estland und Litauen wurden der UdSSR zugeschlagen – und so waren auch die Weichen für nach 1945 gestellt. Nach dem Zweiten Weltkrieg versuchte die Sowjetunion die Autonomie von Lettland, Estland und Litauen endgültig zu untergraben; ein Teil dieser Strategie war der massive Zuzug von Russen, der bis heute Probleme nach sich zieht.

Mit dem Zerfall der UdSSR schlug 1991 erneut die Stunde der Befreiung. Symbol dieser Entwicklung waren nicht zuletzt die zahlreichen Musikfeste, die als »Liedertafeln« in die Geschichtsbücher eingingen; die »singende Revolution« der Balten wurde so zum Fanal des Zerfalls der UdSSR. 2003 wurden die baltischen Sängerfeste von der UNESCO als immaterielles Kulturerbe anerkannt. Und eine ganze Schar von baltischen Sängerinnen und Sängern sowie Dirigenten illustriert den hohen Stellenwert, den die Musik bei der Selbstfindung von Lettland, Estland und Litauen gespielt hat.

So weit die wechselvolle Geschichte meines Landes und der gesamten baltischen Region. Aber was macht die lettische Seele aus? Was ist das Typische an einem Letten? Für mich sind es vor allem zwei Attribute, zunächst einmal der starke Wunsch nach Privatsphäre: Wir Letten müssen nicht »everybody's darling« sein, haben nicht viele Freunde, die wenigen Freundschaften sind dafür stark und halten oft ein Leben lang. Die Familie und das eigene Heim sind den Letten »heilig« – ein Indiz dafür ist auch, dass die Letten lieber auf ihren Bauernhöfen leben als im Dorfverband. Die zweite prägende Eigenschaft ist die Liebe zur Natur: Der größte Wunsch jedes Letten ist ein eigenes Grundstück, auf dem er Beeren, Obst und Gemüse anbauen kann; in der Gartenarbeit gehen die Letten regelrecht auf. Gerade diese beiden Eigenschaften sind auch ein Spiegelbild meiner Persönlichkeit. Auch ich hüte meine Familie wie einen Schatz, und Gartenarbeit ist für mich die beste Möglichkeit, nach einer kräfteraubenden Tournee meine Batterien wieder aufzuladen. Und vielleicht fühle ich mich deshalb so zu meiner Heimat hingezogen, weil ich mir wünsche, dass meine Familie meine lettische Seele besser versteht.

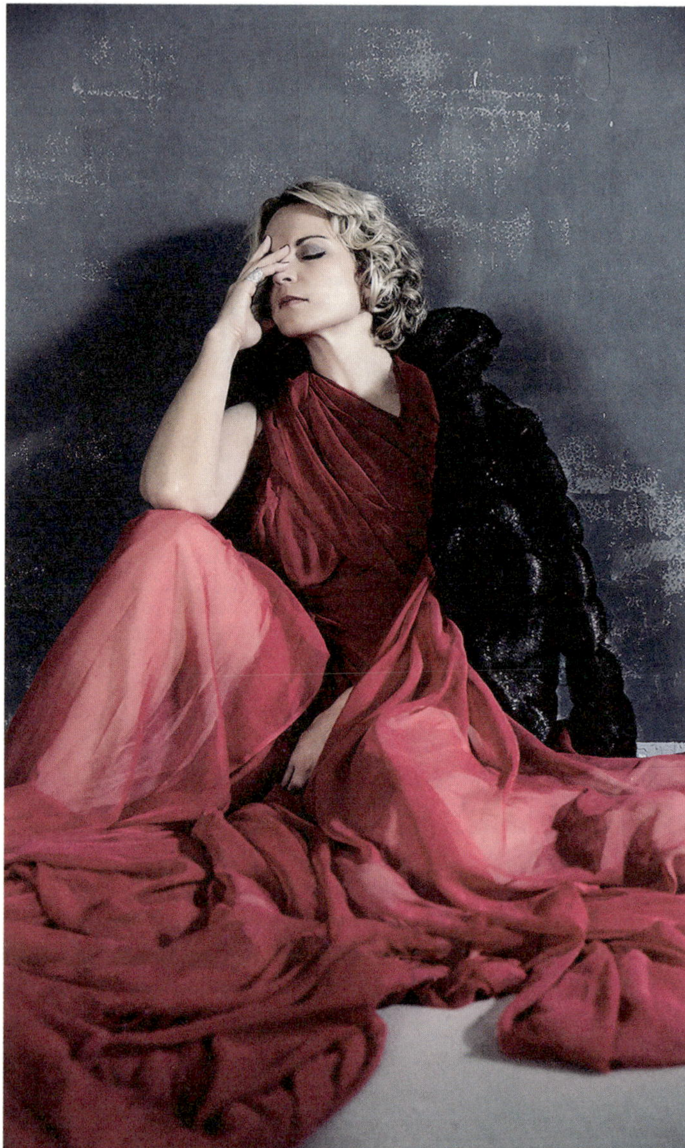

ANHANG

WETTBEWERBE UND AUSZEICHNUNGEN

1998 Nationaler Gesangswettbewerb | Siegerin | Lettland

1998 Belvedere Wettbewerb Wien | Halbfinale | Österreich

1999 Mirjam Helin Intern. Singing Competition | 1. Preis | Finnland

2000 Latvian Great Music Award | Lettland

2001 Cardiff Singer of the World Competition | Finalistin | England

2005 Grammy Award Bajazet | Nomination

2006 MIDEM Classical Award Best Opera

2006 Europ. Cultural Prize in Music by Pro Europa | Solist Category | Schweiz/ Deutschland

2006 Überreichung des Sena Jurinac Ringes | Österreich

2007 Echo Klassik Award für CD Aria Cantilena | Singer of the Year

2007 Three Star Order by Latvian State | Lettland

2009 Echo Klassik Award für CD Bel Canto | Singer of the Year

2009 Musical America Award | Vocalist of the Year | USA

2009 MIDEM Classical Award | Singer of the Year

2010 Latvian Great Music Award | Lettland

2013 Österreichische Kammersängerin

2013 Echo Classic Award for CD Romantique | Solist. Einspielung

2015 Musikverein Steiermark | Ehrenmitgliedschaft | Österreich

2015 Echo Classic Award for Meditation

2016 Opera News Award | USA

2018 Gada ridziniens-Rijan of the year 2018 | Lettland

2018 Grammy Award »Der Rosenkavalier« | Nomination

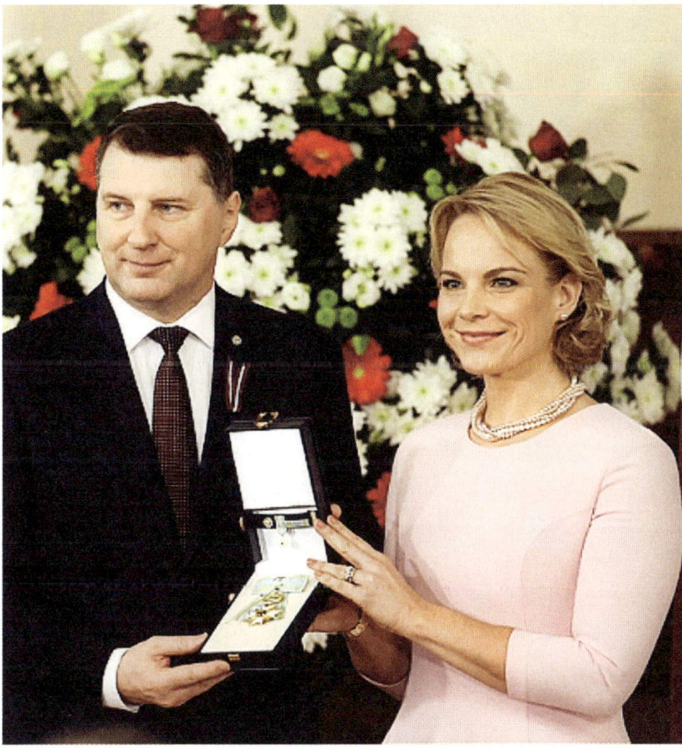

Mit dem lettischen Präsidenten Raimonds Vējonis.

CD-AUFNAHMEN

2001 Arien | Mozart; Rossini; Bellini; Donizetti; Massenet | Arie Favorite | Vilumanis; Latvian National Orchestra | Ondine

2003 Arien | Donizetti, Gaetano | Anna Netrebko Opera Arias/Alisa | Noseda; Wiener Philharmoniker | DG

2005 Gesamtaufnahme | Bellini, Vincenzo | Norma/Adalgisa | Haider; Gruberová, Machado, Miles; Staatsphilharmonie Rheinland-Pfalz | NC

2005 Gesamtaufnahme | Vivaldi, Antonio | Bajazet/Andronico | Biondi; D'Arcangelo, Daniels, Ciofi, Genaux; Europa Galante | EMI

2005 Arien | Mozart, Wolfgang Amadeus | Opera & Concert Arias | Langrée; Camerata Salzburg | EMI

2006 Arien | Chapí; Massenet; Offenbach; Rossini; Villa-Lobos; Monsalvatge; Strauss, Richard | Aria Cantilena | Luisi; Staatskapelle Dresden | DG

2006 Arien | Mozart, Wolfgang Amadeus | Das Mozart-Album/Sesto | Weigle; Staatskapelle Dresden | DG

2006 Gesamtaufnahme | Rossini, Gioacchino | Il Barbiere di Siviglia/Rosina | Gómez-Martínez; Brownlee, Gunn, Simone; Münchner Rundfunkorchester | Sony

2006 Arien | Mozart, Wolfgang Amadeus | Opera New Generation/Fiordiligi | Langrée; Camerata Salzburg | EMI

2006 Arien | Mozart, Wolfgang Amadeus | Jubileum Mozart

2007 Arien | Mozart, Wolfgang Amadeus | The Opera Project/Fiordiligi | Langrée; Camerata Salzburg | EMI

2007 Arien | Delibes; Saint-Saëns; Verdi; Chapí | Die Operngala der Stars | Armiliato; Netrebko, Vargas, Tézier; SWR Sinfonieorchester Baden-Baden und Freiburg | DG

2008 Arien | Offenbach, Jacques | Anna Netrebko Opera Arias/ Niclause | Villaume; Netrebko; Prague Philharmonia | DG

2008 Arien | Mozart, Wolfgang Amadeus | Opera Gala/Cherubino | Vilumanis; Latvian National Symphony Orchestra | Ondine

2009 Arien | Donizetti; Bellini; Rossini | Bel Canto | R. Abbado; Filarmonica del Teatro Communale di Bologna | DG

2009 Arien | Saint-Saëns, Camille | Love Songs/Dalilah | Armiliato; SWR Sinfonieorchester Baden-Baden und Freiburg | DG

2009 Arien | Rossini; Donizetti | Prima Donna/Tancredi; Aurelio | R. Abbado; Filarmonica del Teatro Communale di Bologna | Decca

2009 Arien | Mozart, Wolfgang Amadeus | Opera 2009/Finta giardiniera | Langrée; Camerata Salzburg | EMI

2009 Gesamtaufnahme | Bellini, Vincenzo | I Capuleti e i Montecchi/Romeo | Luisi; Netrebko, Calleja; Wiener Symphoniker | DG

2009 Arien | Donizetti, Gaetano | State of the Art/Orsini | R. Abbado; Filarmonica del Teatro Communale di Bologna | DG

2010 Arien | Barbieri; Bizet; Lehar; Balfe; Montsalvatge; de Falla; Ravel; Chapí; Bernstein; Gallardo del Rey; Luna; Obradors; Serrano | Habanera | Chichon; Orchestra Sinfonica Nationale della RAI | DG

2010 Arien | Vivaldi, Antonio | The World of Castrati/Andronico | Biondi; Orchestra Europe | Virgin

2010 Arien | Villa-Lobos, Heitor | 111 More Classic Tracks/Bachianas brasileiras no. 5 | Luisi; Dresdner Staatskapelle | DG

2012 Arien | Bellini, Vincenzo | Große Diven/Romeo | R. Abbado; Filarmonica del Teatro Communale di Bologna | Universal

2012 Arien | Donizetti; Saint-Saëns; Tschaikowski; Gounod; Vaccai; Berlioz; Lalo | Romantique | Abel; Filarmonica del Teatro Comunale di Bologna | DG

2012 Arien | Mozart, Wolfgang Amadeus | The Legend of Mozart/ Ch'io miscordi di te | Langrée; Camerata Salzburg | Virgin

2012 Arien | Bizet, Georges | Classical 2012/Carmen | Chichon; Orchestra Sinfonica Nationale della RAI | Decca

2012 Arien | Donizetti, Gaetano | First Choise/Alisa | Noseda; Netrebko; Wiener Philharmoniker | DG

2012 Arien | Mozart, Wolfgang Amadeus | Opera 2012/Sesto | Vilumanis; Latvian National Symphony Orchestra | Virgin

2012 Arien | Donizetti, Gaetano | Opera 2012/Sara | R. Abbado; Filarmonica del Teatro Communale di Bologna | Decca

2012 Arien | Mozart, Wolfgang Amadeus | Mozart Treasures | Langrée; Camerata Salzburg | Virgin

2012 Arien | Saint-Saëns, Camille | Klassik für sich/Dalila | Abel; Filarmonica del Teatro Comunale di Bologna | DG

2013 Gesamtaufnahme | Verdi, Giuseppe | Messa da Requiem/ Mezzosopran | Barenboim; Harteros, Kaufmann, Pape; Orchestra del Teatro alla Scala | Decca

2013 Arien | Bizet; Delibes; Saint-Saëns; Offenbach; Villa-Lobos; Chapí; de Falla | Elīna/The Best of Elīna Garanča | DG

2014 Arien | Gounod; Mascagni; Gomez | Meditation | Chichon; Dt. Radio Philharmonie Saarbrücken | DG

2016 Arien | Thomas; Cilea; Berlioz; Verdi | Revive | R. Abbado; Orchestra de la Comunitat Valenciana | GD

2016 Lieder | Pauls; Raimonds | Baltas Paslepes | Raimonds Pauls | LnT

2017 Arien | Mozart; Vivaldi | Arien/Bajazet | Langrée; Camerata Salzburg; Biondi; Europa Galante | Erato

DVD-AUFNAHMEN

1999 4th Miriam Helin Competition | Brahms; Sibelius; Rossini | Irina Gavrilovici (Piano) | Finnish Broadcasting Company | (Video)

2002 Operdziedataja | Primadonna on Rollerskates | Rigas Kinostudija 2003 20 Years Singer of the World in Cardiff | Finale 2001 | Opus Arte

2005 Werther | Massenet, Jules/Charlotte | Jordan; M. Álvarez, Eröd, Sramek, Tonca; Orchester der Wiener Staatsoper | TDK

2006 La Clemenza di Tito | Mozart, Wolfgang Amadeus/Annio | Harnoncourt; Schade, Kasarova, Röschmann, Bonney; Wiener Philharmoniker | Arthausmusik

2006 Così fan tutte | Mozart, Wolfgang Amadeus/Dorabella | Harding; Wall, Degout, Mathey, Bonney, R. Raimondi; Mahler Chamber Orchester | EMI

2007 Die Operngala der Stars | Delibes; Saint-Saëns; Verdi; Chapí | Armiliato; Netrebko, Vargas, Tezier; SWR Symphonie Orchester Baden-Baden und Freiburg | DG

2008 Anna Netrebko Souvenirs/Making of | Offenbach, Jacques/ Niclause | Villaume; Netrebko; Prager Philharmoniker | DG

2010 Carmen | Bizet, Georges/Carmen | Nézet-Séguin; Alagna, Frittoli, Rhodes, Metropolitan Opera Orchestra | DG

2010 La Cenerentola | Rossini, Gioacchino/Angelina-Cenerentola | Benini; Brownlee, Alberghini, Corbelli, Relyea; Metropolitan Opera Orchestra | DG

2010 Missa Solemnis | Beethoven, Ludwig van/Mezzosopran | Thielemann; Stoyanova, Schade, Selig; Staatskapelle Dresden | UNITEL

2010 Te Deum | Bruckner, Anton/Mezzosopran | Barenboim; Röschmann, Vogt, Pape; Wiener Philharmoniker | UNITEL

2010 Silvesterkonzert | Berlioz; Saint-Saëns; Bizet; de Falla; Chapí | Dudamel; Berliner Philharmoniker | DG

2011 Anna Bolena | Donizetti, Gaetano/Giovanna Seymour | Pidò; D'Angelo, Netrebko, Meli, Kulman; Orchester der Wiener Staatsoper | DG

2013 Messa da Requiem | Verdi, Giuseppe/Mezzosopran | Barenboim; Harteros, Kaufmann, Pape; Orchestra del Teatro alla Scala | Decca

2016 La Favorite | Donizetti; Leonor de Guzman | Chichon; Polenzani, Kwiecien; Bayerisches Staatsorchester | DG

2017 Der Rosenkavalier | Strauss, Richard / Oktavian | Weigle; Fleming, Groissböck, Brück, Morley | Metrop. Opera Orchestra | Decca

2017 50Years at Lincoln Center | Saint-Saens / Dalila | Nézet-Séguin | Metrop. Opera Orchestra | Live Performance

BILDNACHWEIS

Die Abbildungen im Innenteil des Buches stammen aus dem Privatbesitz von Elīna Garanča, mit Ausnahme von: S. 60 li., 61 li., 86 li., 87, 131, 140 o., 143, 165 (Wiener Staatsoper/Michael Pöhn), 60 r., 61 r., 63, 69, 86 r. (Wiener Staatsoper/Axel Zeininger), 75, 110 (Deutsche Grammophon), 79 (Marco Brescia/Teatro alla Scala), 83 (Roland Rudolph, Wien), 95 (Karina Schwarz/DG/Mathias Bothor), 107 (Marty Sohl/Metropolitan Opera), 113 (Gabo/DG), 115 (AMI Promarketing), 128, 204 (Ken Howard/Metropolitan Opera), 140 u. (APA/Neubauer), 186, 246 (Volker Hage/Deutsche Grammophon).